[季刊 経済理論 第55巻 第1号] 目次

経済理論学会第65回大会共通論題

『資本論』150年・『帝国主義論』100年と資本主義批判

司会・運営委員 河村哲二・大黒弘慈・竹内晴夫・森岡真史・米田 貢

- 003 開会の辞………竹内晴夫
- 004 2007–10年金融恐慌が浮き彫りにした現代資本主義の歴史的特徴………高田太久吉
- 015 循環する世界資本主義システムと反復・回帰する原理と段階
  ──『資本論』150年と『帝国主義論』100年，宇野没後40年に寄せて………新田 滋
- 025 日本経済の金融化と階級的覇権の交代………渡辺雅男
- 036 共通論題討論の記録

論文

- 043 サブプライム金融危機の機序と「サブプライム証券化機構」………小林正人
- 056 不況の滞貨と景気回復………塩見由梨

海外学界動向

- 068 第12回世界政治経済学会に参加して………江原 慶

書評

- 072 サミュエル・ボウルズ=著／植村博恭・磯谷明徳・遠山弘徳=訳
  『モラル・エコノミー──インセンティブか善き市民か』………山田鋭夫
- 075 青木孝平=著『「他者」の倫理学──レヴィナス，親鸞，そして宇野弘蔵を読む』………沖 公祐

書評へのリプライ

- 076 『生産的労働概念の再検討』に対する
  書評[評者=阿部浩之氏]へのリプライ………安田 均

- 080 経済理論学会 第65回大会報告
- 085 経済理論学会 第65回大会報告(英文)
- 090 経済理論学会 第65回大会分科会報告
- 113 経済理論学会2017年度会務報告………代表幹事
- 118 第3回(2016年度)経済理論学会ラウトレッジ国際賞………国際賞選考委員会
- 119 第5回(2018年度)経済理論学会ラウトレッジ国際賞推薦依頼………国際賞選考委員会／植村博恭
- 120 第9回(2018年度)経済理論学会奨励賞募集要項………選考委員会
- 121 2018年度経済理論学会第66回大会の開催について………大会準備委員会
- 124 論文の要約(英文)
- 127 刊行趣意・投稿規程
- 128 編集後記………黒瀬一弘

CONTENTS

The 65th Annual Conference, Plenary Session:

Capital 150th anniversary, *Imperialism* 100th anniversary and the Critique of Capitalism

Chair and Organizer......
Tetsuji KAWAMURA, Koji DAIKOKU, Haruo TAKEUCHI, Masashi MORIOKA, and Mitsugu YONEDA

- 004 An Essay on the Systemic Crisis of the Contemporary Financialized Capitalism: Focusing on Capital Markets and the Over-accumulation of Moneyed Capital......**Takuyoshi TAKADA**
- 015 Long Cycle of World Capitalism and Recursion of Principle compatible/incompatible Situations......**Shigeru NITTA**
- 025 The Financialization of Japanese Economy and the Hegemonic Change of Class Power......**Masao WATANABE**
- 036 Discussion

ARTICLES

- 043 The Subprime Financial Crisis and the "Subprime Mortgage Securitization Mechanism"......**Masato KOBAYASHI**
- 056 The Overstock and Its Dissolution under Depression......**Yuri SHIOMI**

SURVEY

- 068 The 12th Forum of the World Association for Political Economy......**Kei EHARA**

BOOK REVIEWS

- 072 Samuel Bowles/translated by Hiroyasu UEMURA, Akinori ISOGAI, and Hironori TOYAMA, *The Moral Economy: Why Good Incentives Are No Substitute for Good Citizens*......**Toshio YAMADA**
- 075 Kohei AOKI, *Ethics of the 'Other': Read Lévinas, Shinran, and Kozo Uno*......**Kosuke OKI**

BOOK REVIEW REPLY

- 076 Reply to Hiroyuki ABE's Review of *Rethinking of Productive Labour* by **Hitoshi YASUDA**

Activities of JSPE

- 080 The 65th Annual Conference of the JSPE (in Japanese)
- 085 The 65th Annual Conference of the JSPE (in English)
- 118 The 2016 JSPE-Routledge International Book Prize
- 121 Call for Papers 2018: The 66th Annual Conference of the JSPE

- 124 Article Summaries
- 127 Aims and Scope, and Instructions for Authors
- 128 Editorial Postscript......**Kazuhiro KUROSE**

経済理論学会第65回大会
共通論題

『資本論』150年・『帝国主義論』100年と資本主義批判

報告者
高田太久吉 中央大学・名誉
新田　滋 専修大学
渡辺雅男 一橋大学・名誉

司会・運営委員
河村哲二 法政大学
大黒弘慈 京都大学
竹内晴夫 愛知大学
森岡真史 立命館大学
米田　貢 中央大学

開会の辞

竹内晴夫（愛知大学）　ただいまから第65回大会の共通論題のセッションを開始いたします。今大会のテーマは，幹事会の討議を経て「『資本論』150年・『帝国主義論』100年と資本主義批判」としました。昨年の大会は「21世紀の世界とマルクス──『資本論』150年を迎えるにあたって」とし，『資本論』の現代的意義ならびに現代資本主義分析のための方法について議論が行われました。今大会も引き続き，『資本論』刊行150年を意識し『資本論』の歴史的意義を検討するものですが，それに加えて『帝国主義論』刊行100年も視野に入れ，現代資本主義の歴史的性格，資本主義の発展段階を解明しようという企画です。この両著書を意識しつつ現代資本主義分析と批判を展開し，新たな社会を構想しオールタナティブを提示することは，ポリティカル・エコノミーを標榜する経済理論学会にふさわしい課題であると考えました。

とくに，『帝国主義論』が解明しようとした資本主義の発展段階，すなわち独占資本主義段階や帝国主義段階という理論的把握については，100年を経て現代のグローバル資本主義のもとでのメガ・コンペティションや経済のサービス化，情報化，金融化によって経済構造そのものが劇的に変化しており，この検証が必要です。現代において資本主義の歴史的性格とはいかなるものか。21世紀の世界はどこに向かいつつあるのか，改めて問い直すことが求められます。そしてまた『資本論』が想定していた理論の一般的枠組みについても，現代に即したさらなる検証と理論化が不可避となっています。このようなテーマのもとで議論を重ねることで，100年，150年のスパンで資本主義経済の運動を捉えることのできる本学会の真価がいかんなく発揮されるものと思われます。

報告者として，まず高田太久吉氏に，金融化という視点から現代資本主義の特徴について論じていただきます。次に，新田滋氏が『資本論』150年，『帝国主義論』100年，宇野没後40年の現在の位置から新たな経済学方法論を提示されます。最後に，渡辺雅男氏が金融化と階級論について報告をされます。いずれも資本主義の歴史的位置づけを意識した報告です。

コメンテーターは，鍋島直樹会員と前畑雪彦会員です。お二人には，それぞれ3つの報告に対してコメントをお願いしています。まず基調報告とコメントをいただき，その後，討論に進みます。それでは，司会の大黒弘慈会員，森岡真史会員，お願いします。

報告

2007-10年金融恐慌が浮き彫りにした現代資本主義の歴史的特徴

高田太久吉 中央大学・名誉

I 本稿の目的とアプローチ

　2007-10年の金融恐慌／世界不況を契機に，第二次世界大戦後久しく沈静していた資本主義の存続可能性をめぐる議論が国際的に活発化している。これは，世界の左翼陣営の間でいわゆる「全般的危機」が議論された戦間期以来の状況であり，資本主義の将来に関する国際世論が，冷戦体制の終結で「歴史の終わり」が語られた1990年代前半期の局面から大きく変化したことを示している。

　この歴史的に稀有な状況は，資本主義を歴史的に規定された社会体制として批判的に考察してきたマルクス経済学に，新たな発展を促す重要な機会を提供している。言い換えれば，今日の状況は，マルクス経済学に対し，現代資本主義を改めて歴史的・世界的視野で考察し，現代資本主義の歴史規定性を分析する新たな方法と概念を模索する理論的な課題を提起している。その意味で，本大会が「『資本論』150年・『帝国主義論』100年と資本主義批判」を共通論題に掲げ，現代資本主義批判のさまざまなアプローチを提起し，議論し合う機会を提供したことには大きな意義がある。

　周知のように，現代資本主義を政治経済学的に考察する方法には，さまざまなアプローチと理論枠組みが存在する。

　第1に，現代資本主義に顕著に観察される基本的な変化ないし現象に着目し，その背景や作用を検討することを通じて，現代資本主義の歴史的特徴と規定性を明らかにしようと試みるアプローチがある。このようなアプローチとしては，筆者が重視する金融化アプローチの他に，新自由主義化，グローバル化，ICT化に着目するアプローチが存在する。

　第2に，マルクス経済学およびその影響下で発展してきた，現代資本主義のトータルな分析のための理論枠組みに依拠して，現代資本主義の歴史的特徴の解明をめざす立場がある。このような理論枠組みとしては，独占資本主義論，帝国主義論，レギュラシオン理論，資本蓄積の社会構造（SSA）論，長期波動論，世界システム論などが挙げられる。

　現代資本主義の政治経済学的分析においては，多くの場合，第一のアプローチのいずれかを，第二の理論枠組みのいずれかに組み入れるという複合的な方法が採用されている。ただし，これらの内のいずれのアプローチと理論枠組みを組み合わせるかについては，唯一正しい方法について研究者の合意は形成されておらず，依然として多くの選択肢が存在する。

　例えば，P. M. スウィージーの業績を継承する米国のマンスリー・レビュー派は，独自の独占資本主義論に依拠しつつ，貨幣資本の蓄積と金融化に着目するアプローチ（独占・金融資本主義論）を提起している（Foster [2010]）。他方，SSAの代表的論者として活発な発言を続けているD. コッツは，金融化論の知見と新自由主義批判をSSAの枠組みに組み込むことで，1980年代以降の新しいSSAを構想している（Kotz [2015]）。R. ボワイエをはじめとするレギュラシオン学派の論者の多くは，金融化の諸現象に着目して金融主導型資本主義の概念を提起し，現代資本主義の運行を規制する金融市場の役割を重視している（Guttmann [2008]）。さらに，フランスの経済学者M. ウッソンは，コンドラチェフ／マンデルの系譜を引く長期波動論の基礎上に新自由主義化，ICT化の議論を組み込んで，1980年代以降の資本主義を，半世紀を超える長期波動の下降局面として位置づける議論を提示している（Husson [2012]）。

　後述するように，筆者は現代資本主義分析における金融化アプローチの可能性に着目している。しかし，以上の状況からも明らかなように，「金融化」アプローチは，唯一正しいアプローチというわけではなく，われわれが利用可能な現代資本主義分析の有望なアプローチの一つに過ぎない。またこれをどのような理論枠組みに

依拠して応用するのかについてもさまざまな選択肢がある。

以上のような現代資本主義論の方法的な多様性と錯綜した状況を踏まえながら、なお筆者が現代資本主義の分析における金融化アプローチの可能性に着目する主要な理由は以下の通りである。

第1に、先の大恐慌と並んで資本主義の歴史を画する2007-10年の経済危機が、世界市場における過剰生産恐慌ではなく、アメリカの金融中枢であるウォール街を震源とする世界的金融恐慌として発生したことである。「恐慌は資本主義的生産関係に内在する諸矛盾の集中的・暴力的な爆発であり、調整である」との理解に立てば、資本主義の歴史を画する甚大な経済危機(本稿では危機と恐慌の差異には立ち入らない)が、最大の国際金融センターの一つであるウォール街で、国際金融市場を主導する巨大金融機関の連鎖的破たん/前例のない政府介入として発生した経緯は、看過できないことである。

周知のように、マルクスは「再生産過程の全関連が信用に立脚しているような生産体制においては、……一見したところでは、全恐慌が信用恐慌および貨幣恐慌としてのみ現れる」(『資本論』第3巻第5篇第30章)と指摘した。かれが考える貨幣恐慌には「過剰生産恐慌に付随する貨幣恐慌」およびこれとは区別される「独自の通貨危機」という二つの概念が含まれているが、筆者の理解では、今回の金融恐慌をこれらの概念のいずれかで説明することは困難である。

今回の恐慌の独自の性格を理解するためには、現代資本主義における金融システムの新しい構造と役割——マルクスの時代とは根本的に異なった——を念頭に置くことが必要である。したがって、今回の恐慌を契機に、世界の多くの研究者が、現代資本主義研究における金融化アプローチの可能性に着目するようになり、金融化アプローチを組み込んだ現代資本主義研究が激増したのは当然のことであった。

第2に、1970年代の危機を契機として、現代資本主義は、実体経済(生産、雇用、消費、貿易他)の面で成長率の低下、賃金・雇用の長期低迷、経済格差の拡大、資本蓄積率の傾向的低下、国際マクロ不均衡などの問題を内包しながら、グローバル化と途上国の経済発展に支えられて、全体としては比較的平穏な成長経路をたどってきた。1980年代以降の資本主義は、成長率の傾向的低下、国際競争の激化、経済のサービス化・金融化など、資本の過剰蓄積のさまざまな兆候を伴いながらも、世界的な規模での過剰生産恐慌と呼べる事象(生産/投資の急増/急減、これに伴う金融危機/物価変動)、は経験していない。この経緯は、周知のように、バーナンキFRB議長(当時)によってマクロ経済政策の成功の証として称揚され、「大いなる平穏(great moderation)」と呼ばれた(Bernanke[2004])。

これと対照的に、金融市場においては、ブレトンウッズ体制の崩壊を契機に、きわめて重大な銀行危機、通貨危機、国家的デフォルトが頻繁に発生し、非常に不安定な状況が継続してきた。過去40年以上にわたって、銀行危機、通貨危機、バブル崩壊は金融システムの順調な運行を時折中断する異常な現象ではなく、国際金融システムの運行に付随する日常的現象になっている(IMF[2012])❖1)。また、英国の金融ビッグバン、米国のグラス=スティーガル法撤廃に象徴される金融制度改革が主要国で相次ぎ、さらに近年では「マイナス金利」をいとわない超金融緩和政策が国際的に推進されている。いわゆる実体経済と一見対照的な金融経済のこのような不安定かつ不透明な様相は、現代資本主義の再生産と蓄積を制約する諸矛盾が、もっぱら金融市場において集中的に発現していることをうかがわせる(Bank of England[2011])。

第3に、マルクスは体系的に仕上げられた恐慌論を残さなかったが、かれが、恐慌は信用制度の役割を抜きにして説明できないと考えていたことは間違いない。信用制度に依存した商業資本(とりわけ、最終的消費から遊離した卸売業や遠隔地取引の分野)の自立的運動が増幅する架空取引/過剰取引は、過剰生産を隠ぺいして累積させることで、恐慌(商業恐慌)の最重要な契機と考えられていた。その際、マルクスが想定した信用制度は、資本の再生産過程から遊離した蓄蔵貨幣を社会的に集中し、それを利子生み資本として産業資本と商業資本に貸し付ける、商業銀行中心の信用制度であった。そこでは、商業銀行の預金・貸出業務が、社会的な貯蓄と投資を媒介する金融仲介機能の中軸に位置づけられる。

しかし、現代の複雑に発展した金融システムは、マルクスの時代のそれとはまったく様相を異にしており、さらに「ハイファイナンス」と「金融資本」がクローズアップされた、ヒルファーディングやレーニンの時代のそれと比較しても、根本的に異なった構造的発展を遂げている。現代の金融システムにおいては、無条件に商業銀行の預金・貸出業務を信用制度の中軸と想定することは適切ではない。現代の金融システムを特徴づけているのは、巨大かつ流動的な証券市場の成立であり、膨大かつ多様な架空資本の発行/流通である。要するに、

現代の金融システムは，直接的な金銭貸借関係ではなく，証券ベースの金融取引の巨大かつ重層的なシステムとして運動している。

このシステムの中では，旧来の株式・債券市場に加えて，仕組み証券市場，デリバティブ市場に代表される新たな架空資本市場が急膨張(セキュリタイゼーション)している。そして，これらの架空資本市場を主導しているのはかつての商業銀行ではなく，証券の組成，引き受け，販売，自己勘定取引，貸借を主要業務とする，投資銀行もしくは大手銀行の投資銀行部門である。これら投資銀行の最重要な顧客は，追加の投資資金や窮迫した手元資金の補てんを必要とする産業企業や流通企業ではなく，莫大な貨幣資本を証券ベースで運用する年金，保険，投資ファンド，資産管理会社，投資信託などさまざまな機関投資家である。さらに，大手投資銀行とこれら機関投資家との複雑かつ連鎖的な取引を支えているのは，預金／貸出市場ではなく，レポ市場，資産担保コマーシャルペーパー(ABCP)市場，証券貸借市場などの，やはり証券ベースのホールセール短期金融市場である。

このような証券ベースの金融システムが歴史的に形成されてきた最大の契機は，ヒルファーディングが夙に解明したように，20世紀初頭における株式会社制度の普及と，これに伴う証券取引所の発展であった。しかし，現在われわれが目の当たりにしている証券ベースの金融システムは，大手投資銀行とその証券化業務を支えるシャドーバンキング，年金・保険に代表される巨大機関投資家，ヘッジファンドや投資ファンドに象徴される投機的機関投資家，企業・金融機関・富裕層・公的組織の金融資産をグローバルな規模で管理する巨大資産管理会社，などのグローバルで階層的なネットワークとして機能している。現代資本主義を主導する資本形態を，独占的な企業と銀行が融合・癒着した金融資本として捉えることは，正確な把握ではないし，証券市場の中心はヒルファーディングが考察した発行市場ではなく，さまざまな機関投資家間の流通市場に移っている*2)。

以上の3点は，現代資本主義の政治経済学において，金融(証券)市場，金融産業，架空資本，金融的動機と金融的判断が，企業・家計の財務活動をふくむ現代資本主義の蓄積と運行にきわめて重大な作用を及ぼしていることを示唆している(Epstein[2005])。いうまでもなく，現代資本主義の歴史的特徴は，どのような理論枠組みに依拠するにせよ，金融化に止まらず，新自由主義の隆盛や経済のグローバル化，これらが促進した所得と富の極度の集中，さらにはICT化が企業，家計，投資家の意思決定／行動に，したがって労働市場に及ぼした歴史的作用を度外視して明らかにすることはできない。しかし，現代資本主義の蓄積，循環，恐慌の考察において，金融システムの歴史的変化が引き起こした作用はとりわけ絶大であり，これを度外視して今回の恐慌の原因，メカニズム，帰結を立ち入って考察することは不可能と言っても過言ではない。

本稿は，以上のような問題意識から発し，第1に，2007-10年の経済危機の要因，経過，帰結を考察することを通じて，この恐慌がマルクス経済学の標準的な過剰生産恐慌論で説明が難しい，新しい形態の金融恐慌であったことを明らかにする。第2に，現代資本主義における恐慌の形態変化の基本的な要因として，貨幣資本の過剰蓄積が促進した「経済の金融化」および「金融の証券化」を中心とする，金融システムの歴史的変化を説明する。第3に，以上の考察を踏まえて，今回の恐慌を契機に国際的に高まっている資本主義の「限界論」あるいは「衰退論」をめぐる議論に言及する。

本稿の主要論点を構成するキーワードは，「貨幣資本の過剰蓄積」，「経済の金融化」，「金融の証券化」，「架空資本の膨張」，「現代の金融恐慌」である。

II
2007-10年の経済危機は如何なる危機であったのか？

筆者の理解では，2007-10年の経済危機は，それが世界経済全体に及ぼしたコストの甚大さ，その波及の地理的範囲の広大さにおいて，1930年代(大恐慌)，1970年代(スタグフレーション)の経済危機と並ぶ，資本主義の歴史を画する甚大な危機であった。

前述のIMFのデータベース(IMF[2012])によれば，2007年夏のベア・スターンズ危機から，実質GDPの回復によって危機終結が確認された2011年までの期間に，深刻な銀行危機を経験した国は，米英，EU諸国，東欧などを含め25か国に渡っている。これらの国では，いずれも銀行救済のための巨額の流動性供給／政府保証が提供され，この内，米英を含む15か国で，一部銀行が国有化されている。この間，米国では，GDP比31%の産出低下，同23%の政府債務増加，同4.5%の財政費用が生じており，同様にEU諸国でも，全体としてGDP比23%の産出低下，同20%の政府債務増加，同4%の財政費用が生じている。金融危機がも

たらしたコストは，総じて経済の金融化が急激に進行した諸国で深刻であった。とりわけ甚大な損失に見舞われたのは「金融立国化」を積極的に推進したアイスランドとアイルランドで，いずれもGDP比で40％を超える財政負担が発生している。

2007-10年の経済危機の根底には，すでに多くの研究者が指摘しているように，1970年代の経済危機（スタグフレーション）をもたらした全般的な資本の過剰蓄積が存在する。しかし，70年代以降，過剰な資本は，国際競争の激化にもかかわらず，制御困難な過剰投資／過剰生産に向かわなかった。むしろ多くの実証研究が明らかにしたのは，資本蓄積率の傾向的低下，企業の内部留保と金融投資の増大，経済成長率をはるかに上回る金融資産の累積（証券ベースの信用膨張）であった。今回の経済危機自体は，多くの指標に照らして言えば，全般的な過剰生産とそれに伴う利潤率低下によって引き起こされた過剰生産恐慌ではなく，とりわけ80年代後半以降に進行した貨幣資本の過剰蓄積を主因とし，金融市場を震源とする金融恐慌であった（髙田［2015］，第5章；Skarstein［2011］）。

1970年代に顕在化した国際競争の激化，賃金圧力の強まり，利潤率低下——これらはいずれも資本の過剰蓄積の表現——のもとで，企業が賃金抑制による利潤率の回復を優先し，ICT化とリストラで可能になった生産性上昇を賃金引き上げに充当することを回避し，雇用増を伴う拡張的投資を抑制したために，資本蓄積率（投資／利潤比率）が低下した（雇用・賃上げなき利潤回復）。さらに，ICT化にともなう生産手段の低廉化，節約も資本蓄積率の低下につながった。このため，1980年代中期以降，利潤率は相当程度回復したが，回復した利潤は実物投資・生産増加ではなく，配当増加，経営者報酬引き上げ，自社株買い，内部留保積み上げに向けられ，これらはいずれも貨幣資本の過剰蓄積——グローバルな規模での「過剰流動性」——という形態で，資本の過剰蓄積を進行させた。さらに，貨幣資本の過剰はFRBの反復的な金融緩和政策，低金利政策によって増幅された（Karabarbounis & Neiman［2012］; Lazonick［2014］; ILO & OECD［2015］）。

工業国で過剰に蓄積された貨幣資本は，1980年代に強まった新自由主義（ワシントン・コンセンサス）の影響下で資本取引の自由化を進めた南米や東欧諸国に流入し，次いで90年代には，成長著しい東アジア諸国に流入し，いずれも深刻な債務危機，通貨危機，銀行危機を誘発した。この結果，途上国から工業国に逆流した貨幣資本は，ニューエコノミー論にあおられてNASDAQ市場に流入し，2000年代初頭にいわゆるICTバブルとその崩壊を引き起こした（エンロン，ワールドコム他の大規模破たん）。

さらに，ICTバブル崩壊で株式市場から逃避した機関投資家の資金が，国債や高格付け企業の社債に代表される適格証券に対する大きな需要を生み出した。しかし，財政再建が叫ばれる工業国では国債発行は抑制され，豊富な内部資金を抱えながら拡張的投資に慎重な企業の社債発行も，機関投資家の強まる需要を埋めるには不十分であった。この債券不足は，年金など長期運用と安定利回りを求める機関投資家の需要に応えることができる高格付け企業が減少したことも影響していた。米国の格付け会社大手スタンダード・アンド・プアーズによれば，1980年には，米国企業の中で最上位のAAA格付けを持つ企業は60社を超えていた。しかし，この数は，2008年にはわずか6社に減少し，2015年現在依然としてAAA格付けを維持している企業は3社しか残っていない。この結果，米国の資本市場では，投資適格証券に対する膨大な超過需要が「市場に例を見ない過剰流動性」と債券利回りの極度の低下の形で発生した（Altman［2007］; Caballero［2010］）。

投資適格証券に対する超過需要は，大手銀行の証券化業務をめぐる競争を激化させ，住宅ローンの膨張を背景に，金融証券化（債務の証券化）への動きを加速させた。その際，大手金融機関の証券化業務は，資金調達，リスク管理，さらには規制対応の理由から，CDO, SIV, CLO, SPCなど，さまざまな規制外＝簿外のペーパーカンパニー（シャドーバンキング）の拡張を引き起こした。さらに，証券化業務をめぐる大手銀行の競争激化は，一層の金融自由化と，デリバティブ業務をはじめとする金融革新の動きを加速させた。この動きは，やはり投資適格証券の不足に悩む欧州銀行を巻き込んで進展した（Lysandrou［2014］）。豊富な資金を抱える欧州の大手金融機関は，欧州における金融証券化の立ち遅れのもとで，ウォール街が供給するシンセティックCDO（信用デリバティブ絡みのCDO）の最大の投資家になった。

1990年代後半期以降，仕組み証券とデリバティブ商品を中心とする証券化業務は，大手銀行の最大の収益源になった。この収益増加は，レポ市場やABCP市場に流入する機関投資家の短期資金に依存した大手銀行の業務拡大／バランスシート拡張（レバレッジの上昇）をともなった。しかし，連邦準備制度理事会の金利

引き上げを契機に住宅ローン市場で表面化した信用不安が，レポ市場やABCP市場の借り入れ担保に差し入れられていた一部仕組み証券の格付けの引き下げを招き，これらの市場で激しい「取り付け」が発生した。この「[静かな]取り付け」は，担保証券のレポ取引における「掛け目」の大幅引き下げ（評価価値の低落）および追証請求の形態で発生し，手持ちの高格付け担保資産が乏しい大手銀行は，追証に応じることができず，証券化業務の維持に必要な資金繰りが途絶し，自社ディーリングデスクとシャドーバンキング（簿外子会社）を含む証券化業務全体が崩壊した。さらに，仕組み証券市場の閉塞とシャドーバンキングの危機は，これらを支えていたモノライン保険，大手保険会社の財務危機を介して金融デリバティブ市場に波及し，金融システムの中枢が機能マヒに陥った（高田[2015]，第7章）。

ウォール街を震源とする金融危機は，投資信託（MMF）からの資金逃避⇒MMFの対欧州融資の回収という経路で，欧州に流入していたドル資金の米国への逆流を引き起こし，これはさらに，欧州内における債務国（周縁国）から債権国（独）への資金逆流（独・仏・蘭銀行の資金引き上げ，信用収縮）を誘発した。この国際的資本フローの二重の逆流によって，それまで自国に流入する海外からの貨幣資本に依存して順調な成長を続けてきたいわゆる周縁国で，海外からの資金調達が途絶して国債発行が困難になり，深刻な財政危機と経済危機が広がった（高田[2012]; Forster, Vasardani, & Ca'Zorzi [2011]）。

以上の意味で，2007-10年恐慌は，「経済の金融化」と「金融の証券化」が米英を中心にしつつグローバルに進展した資本主義(financialized capitalism)の段階で発生した，最初の世界恐慌であった。『ソシアリスト・レジスター』の共同編集者レオ・パニッチ／サム・ギンディンは，この点について次のように指摘している。

「今回の恐慌——21世紀の最初の構造的危機——は，20世紀後半期に発展した資本主義的金融[制度・市場]の歴史的動力と矛盾を念頭においてはじめて理解することができる。」(Panitch & Gindin [2011])

III
貨幣資本の過剰蓄積と金融システムの変化

すでに金融化アプローチによる多くの研究が明らかにしているように，1980年代以降，企業の収益回復と内部留保の増大（資本蓄積率の低下と銀行離れ），さまざまな機関投資家の運用資産のめざましい増大，証券市場への資金流入を促進する年金制度改革，富裕層向け減税，株式価格の下振れを防止するための金融緩和政策，金融産業の収益機会を拡張し投資家を金融市場に呼び込むための金融自由化その他の要因を背景に，世界のGDP成長率を上回る金融資産と金融市場の拡大が進行した。これらの現象の根底には，単なる資本の過剰蓄積ではなく，世界的な貨幣資本の過剰蓄積と，これに促された信用の過度膨張が作用していた。

1980年代以降に顕著になった貨幣資本の過剰蓄積は，70年代の経済危機を契機としているが，多くの歴史的要因の相乗的結果として発生した。それらの内，もっとも重要な要因は，経営者の権力回復／労働組合の組織率と交渉力低下が可能にした賃金・雇用の抑制による労働分配率の低下，ICT化が可能にした生産性上昇と資本／雇用の節約，これらの結果生じた利潤率の回復と株価上昇，経営者報酬の増大と富裕層向け減税（所得と富の集中），確定給付制度から確定拠出制度に転換した企業年金制度であり，これら諸要因が相まって，富裕層と機関投資家が証券市場で利殖のために運用する資金を急増させた。一方における賃金・雇用抑制と，他方における大手企業経営者を中心とする富裕層への所得集中は，グローバルな経済格差を拡大し，この格差を埋め合わせる住宅ローン，カードローン他さまざまな家計向けローンの膨張を引き起こした(Blackburn[2006])。1980年代以降，実質賃金の傾向的低下にもかかわらず米国の消費支出が傾向的に低下しなかった主要な理由は，家計部門の債務増加による民間消費の下支えであった（高田[2017]; Foster & Magdoff [2009]; Davis[2009]）。

米国における家計債務の増大（家計貯蓄率の低下）は，多国籍企業と富裕層の対外資金移転と並んで，グローバルなマクロ不均衡——米国の国際収支悪化，中国・ドイツなど黒字国の「過剰貯蓄」——の重要な要因である。このようなマクロ不均衡を背景とする黒字国から米国債市場への資金還流は，米国企業の資本蓄積率の低下，企業内部留保・流動性の増大，富裕層への所得と富の集中と相まって，米国証券市場における適格証券（2A以上の格付けをもつ「安全」資産）に対する需要の急増，適格証券の不足を拡大した。

米国の国債市場／社債市場を中心に顕在化した適格証券の不足＝貨幣資本の過剰蓄積は，高格付け証

券の価格を押し上げ，その利回りをさらに低下させた。このような債券投資の過熱は，適格証券の価格上昇を引き起こしただけではなく，リスク選好的な機関投資家のハイイールド（高リスク）証券への需要を急増させ，リスク証券のデフォルト率を低下させ，証券市場のリスクをバブル的なブーム（金融的熱狂）に埋没させた。さらに，過剰な貨幣資本の蓄積が及ぼす金利の低下圧力は，安全資産とリスク証券（ジャンクボンド）の利回り格差をあいまいにし，機関投資家のリスク取り入れを活発化させた。こうした傾向は，マネタリスト的景気観にもとづく金融緩和政策（リフレ政策）の反復と，経済成長率の長期的停滞およびデフレ傾向によって増幅され，短期金融市場と証券市場で，史上前例のない長期的超低金利が現出した（Altman[2007]）。

経済成長率の低下，家計貯蓄率の低下，実物的投資需要の減退，企業の手元流動性の増大，長期的低金利は，預金／貸出の利ザヤを圧縮し，銀行が仲介する貯蓄・投資の間接金融の経路を衰退させた。豊富な流動性資金を保有する企業と莫大な富（金融資産）を集中した富裕層の資金，さらに，広範な中間層の貯蓄を集中する年金，保険，信託他の機関投資家の資金が，株式・債券市場に動員されるようになり，これらの投資需要に応えるために，投資銀行と大手銀行は，旧来の株式市場や債券市場に変わる新しい架空資本市場として，仕組み証券市場およびデリバティブ市場を急拡大させた。

1990年代以降，グローバルな規模での適格証券不足を埋めるために，さまざまな仕組み証券とデリバティブの組成・販売・ディーリングをめぐって進展した金融革新（金融証券化の新段階）は，金融システムの歴史的な構造変化を引き起こした。これらの変化の中には，大手金融機関が仕組み証券業務を拡張するために利用する簿外組織／シャドーバンキングの拡大，架空資本の需要と利回りに絶大な影響力をもつ大手格付け会社の役割増大，投資家のリスク管理をサポートするモノライン保険および信用デリバティブ（CDS）市場の膨張，投資銀行と投機組織の資金繰りを支えるレポ市場／ABCP市場など短期金融市場の拡大が含まれる。

貨幣資本の過剰蓄積のストレス（適格証券市場における過度の需給ギャップと利回り低下）が強まる下では，あらゆる資産，所得，リスクが証券化される。住宅ローンだけではなく，各種の消費者ローン，商工業向けローン，保険会社の保険商品，病院・学校の「収入」が，さらにはまだ発見されていない資源の採掘権，炭酸ガス排出権，将来の気候変動が金融商品化（証券化）される。これらの商品は，大手金融機関による金融証券化のための材料になり，証券化に対する需要が増大するのに伴って，証券化の材料として利用される「原資産」の範囲も拡大される。

証券の組成／販売で利益をあげる投資銀行の価値増殖過程は，マルクスが利子生み資本の循環範式として提示したG—G'ではなく，「原資産」の証券化プロセスを含むG—W—W'—G'で表現される複雑かつ媒介的な金融商品の「生産工程」に転嫁する（Pozsar[2013]）。このプロセスには，原材料に加え，多大の労働力と情報が投入される。他方，利子生み資本のG—G'運動を担うのは，MMFをはじめとする投資信託，さまざまな資産管理業者，ミンスキーのいわゆるマネーマネージャーである。マネーマネージャーの役割は，短期債務の長期債務への転換，あるいは安全資産のリスク資産への転換によって，利ザヤあるいは価格差を稼ぐことである[※3]。

19世紀の過剰生産恐慌が，信用制度に支えられた卸売業を中心とする過度取引の破たん＝商業恐慌／貨幣恐慌として顕在化したのと同じように，現代の金融恐慌が，ホールセール短期金融市場の膨張に支えられた投資銀行，巨大機関投資家，格付け会社が主導する架空資本市場の過度膨張とその破たんとして，したがって伝統的な銀行業および資本市場ではなく，大手銀行の証券化業務を担うシャドーバンキングと，その拡張を支える短期金融市場（レポ市場，ABCP市場）の閉塞・崩壊の形態で発生した主要な要因は，以上のような金融システムの変化に見出すことができる。以上の意味で，今回の金融危機は貨幣資本の過剰蓄積とこれが促進した「経済の金融化」および「金融の証券化」の所産と考えることができる（高田[2015]，第7章；Lysandrou[2014]）[※4]。

IV 金融恐慌の帰結と資本主義衰退論をめぐって

恐慌は過剰に蓄積された資本の暴力的な破壊・減価を引き起こす。今回の金融恐慌における過剰な貨幣資本の解消は，1つには，仕組み証券市場を中心とする架空資本市場の収縮，架空資本の大幅減価によって，もう1つには，金融証券化（securitization）を主導してきた大手金融機関・シャドーバンクの連鎖的破たんと，これ

に対処するための政府主導の資本集中によってなされた。ただし，仕組み証券の価格暴落の影響がどの程度投資信託，年金，保険など伝統的な機関投資家のポートフォリオに及んだのかという点については，これまでのところ十分な分析がなされていない。

仕組み証券市場の収縮によって，架空資本市場における資金フローは変化――CDO市場の事実上の消滅，CDS市場の収縮――したが，恐慌発生からすでに10年が経過した現在，歴史的低金利状態に目立った変化は見られず，金利・為替を原資産とするデリバティブ市場をはじめとする架空資本市場の膨張も継続している。貨幣資本の過剰蓄積を反映する富裕層・機関投資家の管理する金融資産は，経済成長率を上回る速さで増大を続けている。さらに，企業の内部留保，現金および流動性資産の増大も依然として顕著である。これらの傾向は，全体としての貨幣資本の過剰蓄積が依然解消に向かっていないことを表している。貨幣資本の過剰蓄積が継続する理由は，第1に，金融市場の崩壊を防止し，企業・富裕層の資産を保護するために，政府・金融当局が救済，支援，補助金を拡大し，金融緩和政策を継続していることであり，第2に，機関投資家・富裕層の観点からは，当面経済成長率が顕著に回復する見通しは乏しく，今後も金融的利回りが経済成長率を上回ると予想されていることである（McKinsey Global Institute［2016］）。

金融恐慌による大手銀行の破たんと，政府・金融当局による救済を通じて，金融業における資本の集中がさらに大きく進んだ。その際，破たん金融機関の資産の多くが買収機関に継承され，過剰な貨幣資本の徹底的な破壊は回避された。さらに，恐慌を契機とするバランスシートの収縮と政府・金融当局の不良資産買い上げ・資本注入によって生き残った金融機関の自己資本比率が回復した。その後の銀行制度改革（ドッド＝フランク法）にもかかわらず，ウォール街の資本集中がさらに進み，その政治的・経済的影響力は基本的に維持されている。

企業活動と家計，さらには政府の財政活動が架空資本市場に深く組み込まれ，富裕層の手元に集中された莫大な「富」の多くが金融資産＝架空資本の形態で所有されている現状で，金融当局は，架空資本市場のリスクを高める急激な金融引き締めを実施することはできない。現在では，大手銀行だけではなく，政府，保険，年金その他架空資本市場に依存している金融のあらゆる仕組みが，「Too Big To Fail原則」の適用対象

であり，「政府介入の後退」という新自由主義の命題にもかかわらず，金融制度全般に対する政府保証が拡大されている（高田［2015］，第9章）。

企業のバランスシートに内部留保として累積する「過剰」流動性，拡大する格差のもとで富裕層が集中する膨大な金融資産，年金・保険・投信が管理・運用する莫大な投資資金を，「人間にふさわしい雇用」創出と国民福利の向上に振り向けることのできる政策手段は見当たらない。これらの貨幣資本の多くは，今後も高格付け証券への投資に向けられ，したがって，適格証券に対する超過需要は継続し，低金利の下での機関投資家の利回り競争（リスク取入れ）は今後も強まることが予想され，甚大な金融恐慌の「火種」は無くなっていない。構造的な国際不均衡は解消せず，グローバルな所得格差も拡大しており，マクロ経済的諸要因の中に貨幣資本の過剰蓄積と経済の金融化に向かう傾向を逆転させる要因は乏しい。こうした状況を念頭に置くと，経済の金融化を資本主義の健全な発展経路からの逸脱あるいは後退ととらえ，金融恐慌を契機とする，その終焉と新しい「健全な」グローバル経済への転換を予想する見解があるが，説得力に欠けていると言わざるを得ない[5]。

過去数十年の資本主義の経過に照らしてみれば，米英を中心とする工業国の企業，金融機関，富裕層は，今後も過剰な貨幣資本（金融資産）をますます累積させ，その多くが架空資本市場に投入されると予想される。これは，今後も経済の金融化・金融の証券化が継続することを意味する。その場合，年金・保険などの機関投資家は，利回りの確保のために，旧来の株式・債券市場ではなく，破たんしたCDOに代わる新たな架空資本市場への資金運用を増大させる可能性が高い（年金・保険の投信化）。その理由は，巨額の資金をグローバルに運用する機関投資家にとって，投資証券の信用度と利回りを規定する格付けは今後も決定的に重要であり，株式投資はその要件を満たさないからである。長期かつ異常な低金利状態の下で，年金基金などの機関投資家が，資金をヘッジファンド，LBO，REITなどいわゆる代替的投資に委ねる傾向は確かに高まっているが，この傾向には自ずから限度がある。また，フォーチュン500に代表される大手企業はすでに膨大な余剰資金を抱えており，キャッシュフローと株価に悪影響を及ぼすレバレッジ上昇に警戒的で，機関投資家が求める高格付け債券を今後も継続的に発行し続ける可能性は小さい。

今後の機関投資家の運用先として予想されるのは，日本をはじめとする経常黒字国で，金融証券化が遅れている国での証券化業務の開拓・深耕，グローバルな規模での資本の集中（巨大独占企業間の合併・買収・合同）と結びついた，新しい形の仕組み証券市場（ジャンクボンドの現代版？），中国が提唱する一帯一路構想に象徴されるグローバルなインフラ投資に関わる半国家的資金需要に関わる債券市場，一部途上国および移行国（東欧）向けシンジケートローンとその証券化業務，あるいは地球温暖化関連のデリバティブ取引などであろう。これらの証券の多くはシャドーバンキングとタックスヘイブンを利用し，債務（およびキャッシュフロー）とリスクの金融工学的加工を加えた新しい仕組み証券の形態で発効されると予想される❖6)。

　ただし，これらの分野が，今後世界的な経済成長の回復が見通せない状況の下で，どの程度「過剰な貨幣資本」を吸収することができるのかは依然として不透明である。将来の経済危機の引き金として可能性が高いのは，ユーロ危機後のギリシャ，スペイン，ポルトガルに見られた，経済危機と財政危機が誘発する政治危機と社会不安が引き金となって発生する体制的危機が，グローバルな金融システムを混乱に陥れる危険性であろう。これと並んで予想されるのは，中間層，低所得層の貯蓄を管理する機関投資家（年金基金，投資信託，保険会社他）が過度のリスクを取入れて破たんする危険性である。これら機関投資家は，適格証券の不足と利回りをめぐる競争激化を背景に，旧来の株式・債券に代わる代替的投資（ハイイールド投資）に振り向ける資金の割合を高めている（Cikoja & Paklina[2011]）。大規模機関投資家の資金運用の失敗と破たんは，深刻な社会不安と政治危機を，さらにはウォール街を含む国際金融市場における深刻な混乱を誘発する可能性を孕んでいる。このような混乱を政府は見過ごさないであろうが，納税者負担による救済は政治的混乱を誘発するであろう（UNCTAD[2016]）。

要約

　1980年代以降，新自由主義イデオロギーの浸透，多国籍企業主導のグローバル化の進展，経済の金融化と金融の証券化，ICT化にともなう企業経営の質的変化他の要因が相まって，資本主義を歴史的・構造的に変容させてきた。2007-10年の世界恐慌は，これらの諸要因の歴史的作用が相まって累積させてきた，現代資本主義の蓄積様式の矛盾の集中的な発現であった。これら要因は相乗的に相まって，貨幣資本のグローバルな過剰蓄積を促進してきたのであり，いずれを度外視しても，今回の恐慌の原因を十分に説明することはできない。1970年代以降先進工業国を含む世界の多くの国で，おびただしい回数の重大な通貨危機，バブル崩壊，銀行危機が繰り返され，その帰結として今回の金融恐慌が資本主義の歴史を画する甚大な世界恐慌として発生した。この経緯がわれわれに示しているのは，現代資本主義の矛盾が，直接的な過剰投資／過剰生産恐慌ではなく，すぐれて金融システムの危機（銀行危機，通貨危機，証券危機）として累積・発現する事実である。

　2007-10年の世界恐慌を引き起こした上述の諸要因は，恐慌によって除去ないし転換されず，近い将来それらの作用が衰弱，消滅すると予想することも困難である。むしろ予想されるのは，より攻撃的・野蛮な形態での新自由主義の強まり（トランプ政権，安倍政権他），多国籍企業の更なるグローバル化戦略と資本の集中，継続的低金利のもとでの利回りをめぐる機関投資家の競争激化とリスク取入れ，ICT化によるグローバルな規模での労働力排除と「地球のスラム化」，以上の帰結としての国際政治の危険な行き詰まりと政治不安・社会不安の高まりであろう。さらに，こうした政治不安・社会不安は，グローバルな格差拡大，世界的な難民問題，テロの拡散，地球環境問題，ファシズムの脅威その他の要因とあいまって現代の国際政治を著しく不透明にしている（Robinson[2013]; Streeck[2016]）。

　このような世界経済と国際政治の閉塞状況を背景に，(A)資本主義が総資本の集団的知恵によって，あるいは下からの改革要求に迫られて，現在の閉塞と窮状を打開して，世界資本主義としての経済的・政治的・イデオロギー的統合性を回復（新しい覇権の形成を含む）するのか，それとも，(B)資本主義は安定した成長軌道に復帰するための手段をすでに使い尽くしており，社会的統合性の回復はもはや不可能で，歴史的過渡期に避けられない政治的・社会的混乱を経て，資本主義自体の体制的転換へと向かうのかという問題が活発に議論されている。これらいずれの立場にも，現代資本主義が1930年代以来の重大な歴史的岐路に立ち至っているという認識が共有されている。

　資本主義の歴史と現段階を，一つには資本蓄積と

信用制度の歴史的関連，もう一つには資本主義の発展段階と恐慌の形態変化との関連に着目して考察してきた筆者の関心に照らして言えば，資本主義の歴史を画する甚大な恐慌が，資本主義の持続可能性と新たな，拡大された再生産・資本蓄積の条件に繋がらず，前例のない政府介入にもかかわらず大規模な金融危機の要因を除去し得なかっただけではなく，米国トランプ政権成立に象徴される国際政治の閉塞と混乱を深めている経緯に，資本主義の歴史的限界が表れているのである。

註

1) 1970年代の経済危機以降，世界資本主義は工業国，途上国を問わずおびただしい経済危機に見舞われてきたが，それらの殆どは，過剰生産とそれに伴う利潤率低下ではなく，今回の危機を含め通貨危機，銀行危機，証券危機（バブル崩壊）の形態で発生した。1970年から2011年の期間に世界各国で発生した金融危機を調査したIMFのデータベースによれば，この期間に147件の銀行危機，218件の通貨危機，さらに66件のソヴリン危機が発生している。ここでは，銀行危機は重大な銀行取り付けと銀行システムにおける相当の損失，あるいは銀行の清算が発生し，これらに対処するために中央銀行からの莫大な「流動性」提供，GDPの3％以上の銀行救済費用の拠出，国有化，政府保証，少なくともGDPの5％以上の不良資産買い上げ，預金凍結ないし銀行業務停止など政策的介入手段のうち少なくとも3つ以上が発動された事案とされている。また，通貨危機は，対米ドルで10％以上の為替下落，もしくは前年の下落幅をさらに10パーセントポイント以上上回る為替下落が発生した事案と定義されている。さらに，ソヴリン危機は，IMF，世界銀行その他の情報から収集された，政府の対民間債務不履行，債務リスケジュールなどの事案を意味している（IMF［2012］）。

2) ロンドン／シティをベースとするシンクタンク・ザ・シティUKの最近のリポートによれば，2014年末現在，年金基金，投資信託，保険基金で構成される伝統的な機関投資家のグローバルな運用資金の総額は，108.5兆ドルとなっている。この他に，ソブリンウェルス・ファンド，ヘッジファンド，株式投資ファンドなど代替投資と呼ばれる非伝統的な機関投資家の運用資金が約17兆ドル存在する。同リポートによれば，富裕な個人投資家がさまざまな機関投資家や投資顧問業／資産管理会社等を介して金融的に運用している資産が56.4兆ドルに上っている（The CityUK［2013］）。また，世界の金融市場の動向を長期的に調査しているマッキンゼー・グローバル研究所の資料によれば，グローバルな金融資産の総額は過去数十年にわたり経済成長率を上回って増加を続けてきたが，2012年現在，株式，国債・社債など債券，仕組み証券，貸付債権を合わせた金融資産の総額は225兆ドルで，同年の世界のGDP総額の3.12倍に達している。なお，これには多くの金融専門家が広義の架空資本と見なしているデリバティブが含まれていないことに注意が必要である。また，銀行融資を中心とする貸付債権は，62兆ドルで，金融資産総額に占める割合は27％に止まっている（McKinsey Global Institute［2011］）。さらに，米国財界系シンクタンク・カンファレンスボードの調査によれば，米国機関投資家の運用資産のシェアを見ると，年金基金と保険会社のシェアは前者が40％，後者が25％程度で大きな増減なく推移しているが，もっとも顕著な変動は，投資信託のシェアの大幅増加と対照的な貯蓄金融機関の大幅減少として現れている。1980〜2009年の期間に，前者は2.9％から28.4％に増加し，後者は32.6％からわずか4.9％に激減している。米国の家計貯蓄に占める預金の割合は，1980年代後半以降急激に低下して10％程度にとどまっているが，逆にMMFを含む投資信託の割合は，70年代末以降着実に増大し，近年では15％を上回っている。また，非金融企業の外部負債に占めるローンのシェアが80年代後半期以降50％台から30％台に急減したのと対照的に，債券発行による資金調達の割合は，同じ期間に40％台から60％台に上昇し，この傾向は2008年の金融危機で一時逆転しかけたが，2010年以降はいっそう両者の乖離が拡大している（The Conference Board［2010］）。さらに，2015年現在，世界巨大銀行組織上位10社の資産合計は2兆5000億ドルであるが，世界の資産管理会社上位10社の資産合計は，約19兆ドルに達している（BNP PARIBAS［2016］）。これらのデータの解釈に際しては，架空資本を中心とする金融資産の評価額が，新規発行額や償還額とは別に，将来の収益見通しや金利変動によって増減すること，さらに，MMFや資産管理会社の多くが大手金融機関の関係会社であることを念頭に置く必要があるが，全体として，預金金融機関を中心とする預金／貸出型金融仲介の顕著な衰退を表していることは否定できない。

3) 金融主導型資本主義のこれらの特徴に着目する論者は，現代資本主義をポートフォリオ資本主義，マネー・マネージャー資本主義，ファンド資本主義，クーポン（利札）資本主義他の呼称で呼んでいる。しかし，これらの呼称は，現代資本主義の特徴付けとして間違っているわけではないが，現代資本主義に特有の資本蓄積と競争の歴史的構造を説明できない不完全な呼称であり，分析概念として有効性は持たない。

4) 以上のように，今回の恐慌の歴史的特徴を理解する一つの重要な論点は，1920年代と同様に過剰に蓄積された貨幣資本が，なぜ20年代には株式市場に流入し，今回は伝統的資本市場とは異なる仕組み証券市場・デリバティブ市場に流入したのか，今回の場合，なぜ，通常は価格弾力性が大きい株式市場が過剰な貨幣資本の主要な吸収部面にならなかったのかという問題である。これは，言い換えれば，ウォール街発のグローバルな金融恐慌が，なぜグローバルな株式市場の崩壊ではなく，仕組み証券市場の崩壊という新しい金融恐慌として顕在化したのかという問題である。この問題に答えるためには，現代の過剰な貨幣資本を集中的に管理している年金，保険，投資信託など機関投資家の投資行動と資産選択基準について立ち入って検討する必要がある。このためには，米国資本市場の動向，機関投資家と富裕層の投資行動・資産選択を制約する公的規制や社内規制，これらに重要な影響を及ぼしている現代ファイナンス論および金融工学についての分析が必要であり，本稿の範囲を超えるので別の機会に議論したいが，とりあえずHaldane［2014］；Cardona & Fender［2003］；International Monetary Fund［2015］，を参照

❖ 5) 「金融化」を資本主義の健全な発展経路からの乖離，逸脱，後退などと考え，新自由主義の勃興がこれを促した——したがって，今回の恐慌を契機とする新自由主義の衰退とともに金融化の流れも逆転する——と主張する立場は，ポストケインジアンを中心とする一部「金融化論者」の間で有力であるが，問題含みの考え方である（Hein [2015]）。こうした考え方は，実体経済と金融経済を対立的，二元論的に捉える考え方に根差している。筆者の立場は，現代資本主義の金融化は，資本主義の発展・成熟過程の歴史的所産であり，単なる金融監督制度の不備や金融産業の暴走が原因ではなく，貨幣資本の過剰蓄積を慢性的に抱えるようになった現代資本主義の蓄積様式の本質的特質を表現していると考えるソティロプロス他の見解（Sotiropoulos, Milios & Lapatsioras [2013]）に近い。したがってそれは，「民主的で透明な」金融制度を目指す政策転換によって解消できる問題ではなく，また，ジョヴァンニ・アリギの所謂「覇権国の移転」によって解消する世界システム上の過渡的現象でもない。筆者の理解では，バブルと金融危機の頻発，消費および投資の低迷，極度の低利子率の傾向的永続化，所得と富の格差の異常な拡大，トランプ政権誕生に見られる政治的・社会的分断／矛盾の先鋭化，全体としてのマクロ経済政策の有効性低下，新規雇用創出の低迷等を合わせ，現代資本主義の金融化に付随する諸現象を，全体として資本主義が歴史的衰退に向かっている兆候と見るべきではないかと思われる。これらの諸問題は，ロボット，ICT，AIの普及（第3の産業革命）が促進する「人間労働の排除」と，グローバル化と国際紛争が引き起こす地球環境問題によって，さらに深刻化が予想される。

❖ 6) 筆者が注目しているのは，多国籍企業によるグローバルな資本集中（合併・買収・再編）運動の強まりが提供する金融的利得の可能性である。サブプライムローンの証券化が大手銀行に莫大な利益をもたらしたのは，低格付け（BB以下）のモーゲッジを加工して高格付け（AA以上）の仕組み証券を組成・販売することで可能になった大幅な（数十ベーシスポイントから数パーセントの）鞘取りであった（高田 [2008]）。同様に，自社よりも格付けの低い企業を株式交換などを利用して吸収合併し，事業と雇用のリストラによって自社と同等の格付けを得ることに成功すれば，莫大な「創業者利得」が可能になる。この意味で，現代資本主義を特徴づけているのは，単なる「経済のグローバル化」ではなく，多国籍企業と巨大機関投資家が主導する，グローバルな資本集中の新しい段階と見るべきではないかと思われる（Sawaya [2011]）。

参考文献

- 高田太久吉 [2008]「資産証券化の膨張と金融市場」『月刊経済』（2008年4月）。
- 高田太久吉 [2012]「欧州経済統合の矛盾と金融・財政危機」『前衛』（2012年3月）。
- 高田太久吉 [2015]『マルクス経済学と金融化論 金融資本主義をどう分析するか』新日本出版社（2015）。
- 高田太久吉 [2017]『引き裂かれたアメリカ』大月書店，第4章（2017）。
- Altman, E. [2007], Global Debt Markets in 2007: New Paradigm or the Great Credit Bubble?, *Journal of Applied Corporate Finance* (Summer, 2007).
- Bank of England [2011], *Growing Fragilities? Balance Sheets in the Great Moderation*, Financial Stability Paper, (April 2011).
- Bernanke, F. [2004], Remarks by Governor Ben S. Bernanke, At the Meetings of the Eastern Economic Assocciation, Washington DC. (February 20, 2004).
- Blackburn, R. [2006], Finance and the Fourth Dimension, *New Left Review*, (May-June 2006).
- BNP PARIBAS [2016], *History and Major Causes of U. S. Banking Disintermediation*, (January 2016).
- Caballero, R. [2010], The "Other" Inbalance and the Financial Crisis, NBER Working Paper, (January, 2010).
- Cardona, M. & I. Fender [2003], The Changing Incentive Structure of Institutional Asset Managers: Implication for Financial Markets, Banque de France, FSR, (June, 2003).
- Cikoja, F. & N. Paklina [2011], Pension Fund Use of Alternative Investments and Derivatives: Regulation, Industry Practice and Implementation Issues, IPOS Working Papers on Effective Pension Supervision, No. 13, (September 2011).
- The CityUK [2013], *Fund Management* (September 2013).
- The Conference Board [2010], *The 2010 Institutional Investment Report*, Research Paper, 2010.
- Davis, G. F. [2009], *Managed by the Markets: How Finance Re-Shaped America*, Oxford, (2009).
- Epstein, G. A. [2005], Introduction: Financialization and the World Economy, in *Financialization and the World Economy*, Edward Elgar.
- Forster, K., M. A. Vasardani & M. Ca'Zorzi [2011] Euro Area Cross-Border Financial Flows and the Global Financial Crisis, European Central Bank, Occasional Paper, (July 2011).
- Foster, J. B. [2010], The Age of Monopoly-Finance Capital, *Monthly Review*, (February 2010).
- Foster, J. B. & F. Magdoff [2009], *The Great Financial Crisis: Causes and Consequences, Monthly Review Press*, (2009).
- Guttmann, R. [2008], A Primer on Finance-Led Capitalism and Its Crisis, *Revue de la Régulation*, (Autumn 2008).
- Haldane, A. G. [2014], The Age of Asset Management? , Speech at the London Business School, (April 4, 2014).
- Hein, E. [2015], Causes and Consequences of the Financial Crisis and the Implications for a More Resilient Financial and Economic System: Synthesis of FESSUD Work Package 3, FESSUD Working Paper, (November 2015).
- ILO & OECD, [2015], *The Labour Share in G20 Economies*, Report prepared for the G20 Employment Working Group, (February 2015).
- Husson, M. & F. Louçà [2012], Late Capitalism and Neo-Liberalism: A Perspective on the Current Phase of the Long Wave of Capitalist Development, (January 2012).
- International Monetary Fund, [2012], *Systemic Banking Crises Database: An Update*, (June 2012).
- International Monetary Fund [2015], The Asset Management Industry and Financial Stability, *Global Financial Stability Report*, (April 2015).
- Karabarbounis, L. & B. Neiman [2012], Declining Labour Shares and

- the Global Rise of Corporate Saving, NBER Working Paper, (October 2012).
- Kotz, D. M. [2015], Neoliberalism, Globalization, Financialization: Understanding Post-1980 Capitalism, (August 2015).
- Lazonick, W. [2014], Profits without Prosperity: How Stock Buybacks Manipulate the Market, and Leave Most Americans Worse Off, Conference Paper, (April 2014).
- Lysandrou, P. [2014], The Shadow Banking System and the Financial Crisis: A Securties Production Function View, FESSUD Working Paper, (2014).
- McKinsey Global Institute [2011], *Mapping Global Capital Markets 2011*, (August 2011).
- McKinsey Global Institute [2016] Diminishing Returns: Why Investors May Need to Lower Their Expectations, (May 2016).
- Panich, L. & S. Gidin [2011], Capitalist Crises and the Crisis This Time, in Panich, L., G. Albo, & V. Chibber, ed., *The Crisis This Time, Socialist Register 2011*, pp. 1-20.
- Pozsar, Z. [2013], Shadow Banking, Federal Reserve Bank of New York, *Economic Policy Review*, (2013).
- Robinson, W. I. [2013], Global Capitalism and Its Anti-"Human-Face": Organic Intellectuals and Interpretations of the Crisis, *Globalization*, Routledge, (2013).
- Sawaya, R. R. [2011], Capital Accumulation and the Occupation of Global Markets, PUC-SP, Working Paper, (2011).
- Skarstein, R. [2011], Over Accumulation of Productive Capital or of Finance Capital? A View from the Outskirts of a Marxist Debate, *Investigation Economica*, (April-June 2011).
- Sotiropoulos, D. P., J. Milios & S. Lapatsioras, *A Political Economy of Contemporary Capitalism and Its Crisis: Demystifying Finance*, Routledge (2013).
- Streeck, W. [2016], On the Dismal Future of Capitalism, in Wolfgang Streeck, W. et al. (eds.), *Does Capitalism have a Future? Socio Economic Review*, (2016).
- UNCTAD [2016], *World Investment Report 2016*, 2016.

報告

循環する世界資本主義システムと反復・回帰する原理と段階
―『資本論』150年と『帝国主義論』100年，宇野没後40年に寄せて

新田 滋 専修大学

I

『資本論』の意義

マルクス『資本論』は，古典学派のアダム・スミス『国富論』，リカード『経済学および課税の原理』によって扱われた長期的・構造的な次元における「自然価格」論に「生産価格」論として取り組んだが，それにとどまらず，重農学派のケネー『経済表』を先駆とする社会的再生産過程の表式的分析をも行い，また，価値形態論，資本循環論，市場価値論，資本主義的な労働過程・生産過程の原理的分析から，商業資本，信用制度，景気循環の原理的分析などに独自の境地を切り開いた。とくに(かなり錯綜を残していたものの)価値形態論，市場価値論の問題提起は，客観的費用(≒労働)価値説対 主観的効用価値説，平均原理 対 限界原理，等々の二項対立を止揚する理論的可能性を秘めたものであった。(但し，十全にその可能性が展開されているとはいえないように思われる。新田[2014年]，新田[2016年b]，等を参照。)

さらに，『資本論』は，原理論的な研究にとどまらず資本の原始的蓄積過程や産業資本的蓄積様式に関する多面的な経済史的研究にまで及んでいる。

だが，もとより『資本論』は，たんに原理的分析に歴史的分析を付け加えた経済学の書であるというにはとどまらない。『資本論』そのものにおいてはいささか背後に隠れてしまっているが，人間存在の存在論的な根底から資本主義的階級権力に至るまでを，市民社会{資本・賃労働・土地所有}・国家・外国貿易・世界市場と恐慌という体系プラン構想(このプラン自体，流動的で未完成ではあったが)に即して包括的に論理化しようとしたところに，その圧倒的な普遍的意義があるといえよう。それは，哲学，歴史学，人類学から法律学，政治学，社会学といった関連諸分野にまで有機的に連関する論理的体系の構想を背後にもったものにほかならない。

ところが，周知のように，19世紀末からの資本主義市場経済の構造的な諸変容により，『資本論』の原理的規定がそのままではあてはまらないような諸現象があらわれはじめた。そこから，それらをどのようにとらえるべきかという課題に当面することとなったわけであり，20世紀初頭のまさに『資本論』50年＝『帝国主義論』0年という歴史的位相において，修正主義論争，保護関税論争，帝国主義論争という問題設定が浮上してくることとなったわけである。

II

『資本論』50年と帝国主義論・金融資本論

ローザ・ルクセンブルク『資本蓄積論』，ヒルファディング『金融資本論』，レーニン『帝国主義論』，等々は，19世紀末以降における資本主義的生産様式の構造的変容を解明しようとしたものにほかならなかった。それらはまさしく『資本論』(第一巻)50年という歴史的地点において，『資本論』の原理的規定と逆転した様相を呈した諸現象に対して提起された修正主義論争，保護関税論争，帝国主義論争の所産であった[※1]。

そこでは，小生産者の残存傾向や新中間階級，「労働貴族」の増加傾向によって，階級対立は複雑化，不分明化していく一方で，帝国主義的な国際対立が激化していき，ついには帝国主義戦争へと至った時代背景において，「帝国主義の最も弱い環」における「戦争を内乱へ」と転化した「『資本論』に反する革命」を志向する階級闘争として，すなわち労農同盟による反戦平和を要求する反帝・階級闘争として先鋭化していった。こうした時代背景のもと，独占資本主義化も相まって，『資本論』と現実との乖離があらわれはじめたのであった。

そこで論争の対象とされたのは，先進諸国の経済発展による階級闘争の穏健化，体制内化であり，保護関税・関税戦争であり，帝国主義的国際対立であった。

また，その基底にあるものとして関連を想定された経済現象としての，巨大株式会社，資本の流動化，銀行・産業融合，金融寡頭制，独占資本主義／組織資本主義，カルテル関税・ダンピング資本輸出，金融資本と経済政策，等々をどうみるか，であった。理論的な側面においては，独占・寡占の形成による利潤率均等化機構の阻害，景気循環の形態変化といった諸現象が問題となった。

このような諸論争の中からヒルファディング『金融資本論』，レーニン『帝国主義論』が登場してきた。しかし，そこにおいて新たに，『資本論』の論理体系と『金融資本論』，『帝国主義論』とをどのように関連付けるかという方法論的な問題が浮上してくることとなった。

III
独占資本主義論と宇野三段階論

ヒルファディング，レーニンは，『資本論』における集積・集中の論理の延長上に『金融資本論』，『帝国主義論』を位置づけようとした。その後，この発想を継承する正統派的な流れにおいては，独占資本主義論が展開された[※2)]。

それに対して，独自の回答を与えたのが宇野弘蔵であった。宇野は，「金融資本」の出現は，重工業における固定資本の巨大化という特殊歴史的な具体的条件によるものであるとし，それは『資本論』の論理の延長上に説きうるものではないとした。その上で，「金融資本」，帝国主義などは原理論とは異なる段階論の対象であるとし，原理論と段階論を基準として（日本資本主義などの）現状分析を行うものとする三段階論の方法を提唱した。

だが，双方いずれの立場に立つにせよ，19世紀末以降の景気循環の形態変化，利潤率均等化機構の阻害といった諸現象によって，自由競争的な原理論モデルから乖離し始めた構造変化を歴史的認識として共有していたことは確認しうるであろう。

IV
『資本論』100年＝『帝国主義論』50年と国家独占資本主義論

世界大恐慌，第二次大戦を契機として，先進資本主義諸国においては国家の経済介入が増大した。ちょうど，『資本論』100年＝『帝国主義論』50年にあたる1967年に前後する時期に，いわゆる国家独占資本主義をめぐる論争がさかんになった。

国家独占資本主義論には多様なバリエーション[※3)]があっただけでなく，組織資本主義論(コッカ)，後期資本主義論(マンデル，ハーバマス，オッフェ)，混合経済体制論(サミュエルソン)，やや時期的に遅れてフォーディズム論(レギュラシオン学派)，福祉国家段階論(加藤榮一)，その他，無数の類似概念[※4)]が提起されたが，いずれにせよ，国家の経済介入の増大を歴史的対象としてどうとらえるかという問題意識を共有するものであった。

この時期はいまだ，金融資本的蓄積様式であれ，独占資本主義であれ，それが機能不全に陥ったために，産業国有化から社会主義への世界史的な過渡期として，国家の経済介入が増大しているというとらえ方が説得力をもちえた時期であったといえよう。

V
1980年代以降の新自由主義への「再逆転」と方法論の混迷

1｜1980年代以降の新自由主義への「再逆転」

ところが，1980年代以降の新自由主義的再編，旧ソ連・東欧圏の崩壊，グローバリゼーション，帝国主義的国際摩擦の再帰という新たなる歴史的位相の展開の中で，そのような歴史的パースペクティブは無効化を余儀なくされていくこととなった。

まず，遊休貨幣資本としての「貨幣資本の集積・集中」[※5)]と「金融拡大」(「金融化」)[※6)]の歴史的傾向についてみると，第一次大戦前においては，それはイギリスにおいて海外投資に傾斜し産業的衰退過程に入るというかたちで進行していたが，それとは対称的に当時のアメリカ，ドイツなどでは重工業の「生産拡大」が進行していた。また，第二次大戦後の高度成長期には，全世界的に産業的蓄積による「生産拡大」が進行したが，1980年代以降になるとアメリカでは，イギリスと同様に「金融拡大」と「産業の空洞化」が進行するようになってきた。つまり，「金融拡大」は，第一次大戦までの進行，戦間期以降の後退をへて，1980年代以降，再度，進行局面に入っているということができる。

他方，生産資本の集積・集中過程[※7)]，独占・寡占の支配が強化される傾向についてみると，19世紀末から20世紀中葉までは続いていたといってよいが，1970～80年代以降のグローバル競争の激化により，米

欧企業の世界市場に対する独占的支配力は喪われていったということができる。

たとえば，鉄鋼，自動車，造船という代表的な重工業部門において，欧米諸国はおおむね1960年代までの独占的な地位を失い，1980年代以降は，国内的な独占・寡占に対してはグローバルな自由競争，国家の経済介入に対しては自由放任が復活してきた。また，管理通貨制の側面における戦後のインフレ政策からディス・インフレ政策への転換に伴って，独占・寡占企業の製品価格への価格転嫁による恒常的な価格上昇のもとでの非価格競争から，コスト・ダウンによる低価格をめぐる価格競争への回帰がもたらされた。

第二次大戦後の世界経済過程を概括的にとらえると，1960年代までのアメリカを中心とした西側先進資本主義諸国における独占資本主義・国家独占資本主義とそれを基盤とした福祉国家体制が，まずは日本の輸出攻勢にはじまるグローバル競争の激化によって掘り崩されていく過程であったといえる。やがて，日本資本主義も1990年代後半以降になると，グローバル競争で劣勢に置かれるようになっていった。

こうして，不均等発展は水面下では激しく進んでいたものの，依然としてアメリカを中心とする覇権秩序のもとで「超帝国主義」的平和が続いていた。1970～80年代にはパクス・アメリカーナはかなり動揺したものの，サミット体制によって支え続けられ（パクス・コンソルシス論，国際政策協調論などがその時期流行った），「超帝国主義」体制としてはむしろ進展をみせたといえる。そうした中，旧ソ連・東欧圏が消滅した1990年代には，IT革命，金融ビジネスを基軸としたアメリカ経済の復活と東アジア・中国等の新興工業諸地域の勃興がリンクした「グローバル成長連関」（河村哲二［2016年］）が形成され，いわばパクス・アメリカーナの第二局面として一時的に再強化されていった。

さらに1990年代後半になると，グローバルな競争がよりいっそう激化し，「グローバル・デフレ構造」として価格競争を激化させるような「ニューエコノミー」が現出した。このことは，世界市場競争において利潤率均等化法則の阻害要因となる独占的要因が後景に退いたことを意味していたと解釈できる。

それとともに，金融の規制緩和も進められたために，古典的な景気循環機構が，もちろんそのままの形ではないにせよ繰り返される金融恐慌（ブーム＆バースト）として復活することともなった。それは，景気循環に左右される相対的過剰人口の循環的な排出という資本主義的人口法則の復活とも解釈できる事態である（もちろん，19世紀中葉イギリス産業資本主義とは大きく異なる側面も多いことはいうまでもない）。

20世紀中葉までは『資本論』，原理論からいわば遠心力が働いていると考えられ続けてきたのであるが，1980年代以降になると，むしろ『資本論』，原理論を直接適用したほうが，かえって現状分析がやりやすいという状況変化も起こってきていたといわなければならない。

2 方法論の混迷

それでは，このような状況変化に直面したとき，『資本論』と『帝国主義論』，『金融資本論』は改めてどのように位置づけられるべきであろうか。これは方法論的に厄介な問題である。まず，『資本論』的な原理論の適合的な局面が反復・回帰してきたという事実をどのように位置づけたらよいのか，という難問が生じてくる。それは，とりわけ宇野三段階論にとっての難問である。

そもそも原理論の抽象根拠となるはずの「純粋化傾向」が，19世紀末以降，不可逆的に「逆転」してしまったという歴史認識が，宇野弘蔵においては，原理論と段階論を分化する三段階論という方法論を要請したのだからである。

[伊藤誠説]

宇野学派において，こうした問題意識を受け止めた上で，それに対応しようとする試みとして，いちはやく伊藤誠［1990年］は，1980年代以降の「純粋化傾向の逆転」からの再逆転を「逆流」と呼んで，それが突きつける方法論的な問題を提起してきたことは周知の通りである。伊藤説における「逆流」仮説の位置づけは，おおむね以下のような構図になっているといってよいであろう。（伊藤誠［2016年］においても従来の見解が改めて再確認されている。）

　宇野三段階論
　　＋鈴木・岩田世界資本主義論（抽象根拠を古典的
　　　帝国主義段階に延長）
　　＋「社会主義に対抗する資本主義」の世界経済論
　　　的現状分析
　　＝戦間期・高度成長期・新自由主義的グローバル
　　　化期の諸局面の分析
　　＝「逆流」局面の分析

これはいうなれば，「逆流」局面も既成の宇野三段階

論・世界資本主義論・「社会主義に対抗する資本主義」の世界経済論的現状分析に基本的にはそのまま接続して処理すればよいとする考え方であろう。

だが，このような伊藤「逆流」仮説に対しては，すでに1997年の段階で，山田鋭夫氏から次のような鋭い疑義が呈されていた。

「[82頁]たんに『逆流』をいうのでなく，『逆流』が資本主義の長期歴史認識（宇野理論でいえば段階論）にどういう変更を迫るかこそ，聞きたいところである。」(北原勇・伊藤誠・山田鋭夫[1997年])

実際，伊藤説には，原理論のある部分は19世紀中葉の自由主義段階，ある部分は古典的帝国主義段階，ある部分は「逆流」期に対応するという方法論的なわかりにくさがあることは否定できないように思われる。

[山口重克説]

他方，原理論で説明可能な対象は，19世紀中葉に限定せず，分析者の主観的問題関心によって適宜，抽象の根拠とすることができるとする考え方も提出された。代表的な例として山口重克説が挙げられよう。

山口説においては，「金融資本」段階を19世紀末から20世紀初頭，20世紀の1920年代～30年代，第二次世界大戦後の20世紀後半，冷戦終結後，の四つの局面に分類しつつ（山口[2013年]8頁，21頁），原理論は，19世紀中葉に限定されるものではなく，「現実のすべての資本主義経済についての共通ないし不変の一般的要因」として，商品経済的論理だけで説明できる諸要因から抽象されるべきものとされている（山口[1996年]，145頁）。

しかし，これは，「純粋化傾向」にもとづく「方法模写説」による宇野三段階論の方法論と根底的に決別する方向といってよく，研究者の主観的な問題関心によって，近代経済学，非主流派経済学の各派——レギュラシオン理論，世界システム論，制度派，進化派，ポスト・ケインズ派……——，政治学，社会学，……等々の多様なモデル理論との間で，どれを選択してもよいことになるという問題がある。もちろん，それで悪いという論理もないが，そうした場合，純粋資本主義の原理論モデルという主観的構築物と，他のさまざまな主観的構築物とはまったく同格の存在であり，どのような手法を選択するかはまったく個人個人の主観的な選好次第ということになる。

[この時期における原理論不要説の一定の説得性]

そのように考えてくれば，たしかに，1960年代までの独占資本主義モデル，国家独占資本主義モデルないしフォーディズム・モデルのあてはまる時期や，1980年代以降の新自由主義的な「再逆転」期ないしポスト・フォーディズム・モデルのあてはまる時期までにおいて，自由競争的な19世紀中葉モデルとの間に，帰納的に共通する原理論を抽出することに不毛性を感じたとしても致し方のないことであったように思われる。そこでは，レギュラシオン学派のように，『資本論』は19世紀中葉の自由主義競争モデル，『帝国主義論』は19世紀末以降の独占モデルとし，さらに20世紀中葉以降のフォーディズム，ポスト・フォーディズム……と，それらの国別・時代別に多様化していく諸モデルを構築していけばよいとするような考え方にも一定の説得力があったといわざるをえないであろう。

VI
2010年代におけるさらなる転換

ところが，2010年代以降の歴史的局面は以下に概観するように，さらに「再々逆転」ともいうべき転換を示すに至っているといわなければならない。その結果，歴史的パースペクティブそのものにある重大な変容が生じてきていると考えられるのである[※8)]。

[国家の経済介入の再増大]

2008年恐慌[※9)]を転機として，2008年から2009年にかけての企業破綻と政府救済により国家の経済介入の流れが加速し（Bremmer[2010]，32頁），主要国の財政金融政策の規模が激増することとなった。だが，それに先だって，中国，ロシア，湾岸諸国を中心に，21世紀の最初の10年間に政府の富，政府による投資，政府による所有が目を見張るほどの復活をみせ，政府系ファンド（SWF）を創設して他国への戦略的投資に乗り出すようになっていた。2009年時点において時価総額でみた世界の4大銀行のうち3行を，5大企業のうちの3社を，中国の政府系が占めるに至っていた（ibid., 13頁）。

これらの断片的な事例からも覗えるように，すでにして2000年代以降，国家資本主義化ともいわれる国家の経済介入の再増大が指摘される状況となってきている。

[不均等発展による帝国主義的対立の顕在化]

1990年代以降展開してきた「グローバル成長連関」

（河村）のもとで激化の度を増していったグローバル競争の結果，東アジア・中国，インド，ロシア，ブラジルなどの台頭がめざましく，そこに不均等発展による覇権不安定期への移行がはじまりつつある。この背景にあった20世紀末〜21世紀初頭における「グローバル成長連関」のもとでのニューヨーク金融市場を媒介とする東アジア・中国をはじめとする周辺諸国の急激な経済発展は，19世紀末〜20世紀初頭にみられた「多角的決済機構」(S. B. ソウル)——ロンドン金融市場を媒介とする世界的資金循環——のもとでのアメリカ，ドイツをはじめとする周辺諸国の急激な経済発展❖10)と相似的であり，そこには循環的な反復・回帰とさえいいうるような現象が看て取れるであろう。

そうした中で，とくに中国のGDPが世界第2位に躍進した2010年代になると，中国の周辺海域への進出，AIIB（アジア・インフラ投資銀行）設立，「一帯一路」構想，等々，不均等発展の傾向はアメリカを中心とする覇権秩序の中に収まりきらない様相を呈しつつあり，再び帝国主義的国際対立の様相が顕在化しつつあるといってよい状況にある❖11)。

以上を要するに，1980年代以来の「再逆転」傾向は，2010年代以降，いわば「再々逆転」へとさらなる反転の様相を呈し始めているとみなさざるをえないということである。

VII
発展段階論から長期循環論へ

「純粋化傾向」とその「逆転」という歴史パースペクティブに立脚していた宇野三段階論にとって，1980年代以降の「再逆転」という現象は，方法論的な位置づけに当惑する現象としてあった。そこにさらに2010年代以降の「再々逆転」という現象が加わることによって，当惑の度はいっそう深まることとなったといわなければならない。

なぜなら，宇野三段階論の大前提には，重商主義政策→自由主義政策→帝国主義政策という国家介入のon→off→on，あるいは（＋）→（−）→（＋）が歴史一回的な世界史的現象であるという歴史的パースペクティブがあったからである。しかしながら，on→off→on→off→on→……，あるいは，（＋）→（−）→（＋）→（−）→（＋）→……というように，反復的な循環現象であるとしかみえなくなっている現在の歴史的パースペクティブからは，宇野三段階論の方法はもはや維持しがたくなっているといわなくてはならない。

それでは，今日のわれわれがこのような歴史的地点に立たされているとするならば，そこからはどのような方法論が考えられることになるであろうか。そこから浮かび上がる論理的可能性は，集積・集中⟷自由競争，国家介入⟷自由放任，帝国主義的対立⟷超帝国主義という反復現象を「あたかも永久に循環するかのような」ものとして，原理論的な経済法則に吸収（内面化）できるのではないかということである。

もちろん，ただ2回だけの反復をもってただちに循環的な反復・回帰というのは早計であろう。しかしながら，過去に遡っていわゆる重商主義段階にも，政商的な特許会社による貿易や製造業の独占，重商主義的な保護・規制政策，重商主義戦争，等々として同様な循環的な反復・回帰を看て取ることができる。それどころか，いわゆる「資本主義の発生期としての重商主義段階」よりもさらに遡る中世，古代の商工業においても同様なパターンが繰り返されてきたといえるのである。それについては，夙にヴェーバー，ピレンヌ，ブローデル，ウォーラーステイン，アリギといった多くの論者が指摘してきた通りである❖12)。

たとえば，アリギ(Arrighi[1994])においては，遊休貨幣資本の貨幣財産としての集積・集中と「金融拡大」（「金融化」）という現象は，資本主義世界経済の長期的な循環の中でジェノヴァ，オランダ，イギリス，そして1980年代以降のアメリカと，いずれもそれらの「覇権」の末期においてみられた現象であることが明らかにされている❖13)。

アリギによると，ジェノヴァ，オランダ，イギリス，アメリカという資本主義世界経済のそれぞれの覇権国の時期においては，三つの局面がみられた。すなわち，①「旧い」世界システムの構造が崩壊し「新しい」世界システムの構造が創設された金融拡大期，②「新しい」世界システムの優位が貿易と生産の世界的拡大へとつながった生産拡大期，③いまや「旧い」世界システムの構造が崩壊しつつあり「新しい」世界システムの構造が作られつつある金融拡大期，である。このうち，①と③の過程は重なり合って現われる(Arrighi[1994]，邦訳20頁，参照)。

また，「金融拡大」は，戦争と国家の戦時国債への融資といった「高等金融 high finance」と分かちがたく結びついていた。その意味で，「金融拡大」の時期は国家介入の増大の時期でもある(Arrighi[1994]，邦訳167,

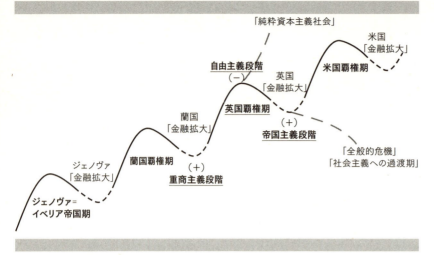

図は、アリギによる資本主義世界経済における覇権交替のとらえ方を参考にしたものである❖14)。

ジェノヴァ=イベリア帝国の衰退期＝「金融拡大」期は、同時にオランダ覇権の勃興期＝「生産拡大」期であり、八十年におよぶ独立戦争の時期を経て、オランダは「海洋自由論」(グロティウス)を掲げて世界商業・海運の覇権を掌握するに至った。オランダ覇権の衰退期＝「金融拡大」期は、同時にイギリス覇権の勃興期＝「生産拡大」期であり、蘭・仏・英と三つ巴となった重商主義戦争の時期を経て、いわゆる自由主義段階に至った。イギリス覇権の衰退期＝「金融拡大」期は、同時にアメリカ覇権の勃興期＝「生産拡大」期であり、英・独・米と三つ巴となった帝国主義・全体主義戦争の時期を経て、戦後パクス・アメリカーナといわれる時期に至った。アメリカ覇権の衰退期＝「金融拡大」期は、同時におそらく東アジア・中国覇権の勃興期＝「生産拡大」期である蓋然性が高まっている（無論、歴史的にまだ確定したわけではないが）。

このように長期にわたる資本主義世界経済における覇権交替が透視できるような歴史的地点に立ち至った現在から改めて振り返ると、マルクスの経済学批判体系が構想・展開されたのはイギリス覇権期の「生産拡大」と国家介入のoffないし(−)局面であり、19世紀中葉における「純粋化傾向」、「資本の文明化作用」とともに進む両極分解、窮乏化の極限において資本主義社会の自己崩壊を予測したわけである。

それに対して、宇野弘蔵の三段階論が要請されたのは同じくイギリス覇権期の「金融拡大」と国家介入のonないし(＋)局面であったということになる。宇野は、19世紀末以降における歴史的傾向の帝国主義的な国家介入への「逆転」から、一方で「純粋化傾向」の極限に「純粋資本主義社会」を想定し、他方で「逆転」傾向の延長上に「社会主義への過渡期」を想定しつつ、原理論、段階論、現状分析からなる三段階論の方法を組み立てたのであった。

だが、2010年代現在に立ち至っている歴史的パースペクティブを踏まえるならば、もはや原理論は、自由競争⟷独占・寡占、自由放任⟷国家介入、超帝国主義⟷帝国主義の反復現象をも、「あたかも永久に循環するかのような」経済法則として包含するものへと拡張されなくてはならなくなったというべきではないだろうか。如上の展開からは、このような論理的可能性が要請されることになるわけである。

VIII
原理論拡張の現実性

以上から、原理論を拡張する論理的可能性が浮かび上がってきたわけであるが、その現実性について検証するためには、「生産拡大」⟷遊休貨幣資本としての「貨幣資本の集積・集中」と「金融拡大」、自由競争⟷独占・寡占、自由放任⟷国家介入、超帝国主義⟷帝国主義の反復現象を「あたかも永久に循環するかのような」ものとして、原理論的な経済法則に吸収できるか否かについて検討してみる必要があろう❖15)。

だが、本稿では紙幅の制約上、「生産拡大」⟷「金融拡大」の反復循環についてのみごく簡単に触れるにとどめざるをえない。自由競争⟷独占・寡占、自由放任⟷国家介入、超帝国主義⟷帝国主義の反復現象を原理論の抽象度で扱いうるか否かについては多岐にわたる論点を検討せねばならないため要点に触れるだけでも到底紙幅に収めることは不可能であり、別の機会に委ねざるをえないことをご諒解頂ければと思う❖16)。

[「生産拡大」⟷「金融拡大」]

「生産拡大」と「金融拡大」の循環的交替については、次のように原理論的にとらえることができると考えられる。

すなわち，資本蓄積が進むと，さしあたりは生産資本の集積・集中も進行し，それに伴って人件費上昇をはじめとする労働者階級の地位向上（政治過程における「民主化」の経済的基礎となる過程）も進行することになるであろう（＝いわゆる「資本の絶対的過剰」）。

しかし，そのことは人件費高騰によって資本蓄積にとっての費用条件を悪化させるため，他方において集積・集中が進んでいた貨幣資本は再投資機会を喪失するようになる。その結果，過剰化した貨幣資本は，対内的には近代以前であれば土地集中に向かわざるをえなかったが，近代以降においては，一つの径路として同一産業部門の内部でのシェア獲得競争をつうじた資本集中・独占化（今日的にいえばM&A）へと向かわざるをえなくなる。それは，株式会社形式を槓杆にできる場合には，その支配集中機構をつうじた金融寡頭制へと向かうこととともなる。

他方，別の径路として，過剰化した貨幣資本が主に生産・流通系列圏からみた対外投資に向けられることとなれば，圏内の産業を空洞化させながら対外的に金融利益を追求することとなり，いわば「金融拡大」が進行することになる。（ここで，「内／外」とは，あるまとまりをもった生産・流通系列の圏域の「内／外」のことを意味する。）なお，いわゆる直接投資の場合には，「産業の空洞化」は起こってもただちに「金融拡大」となるわけではないが，現地企業の資本所有が流動化・証券化されて短期的な投機対象となる度合いが高まるにつれて「金融拡大」の一環に巻き込まれていくこととなるであろう。

他方，低コストを背景に，遊休貨幣資本の流入と技術移転によって新興工業地域が台頭し，そこから新たな「生産拡大」期，さらにはまた次なる「金融拡大」期へとつながっていく可能性が生じることとなる。

これが，循環パターンとして現れる「生産拡大」⟷「金融拡大」のメカニズムにほかならない。かくして，原理論は，少なくとも貨幣資本の集積・集中と「金融拡大」に関する限りは，反復現象を長期循環として含むものとして再定義することが可能なのではないだろうか。

IX
新しい方法論の展望

さて，以上のように，「生産拡大」⟷「金融拡大」の反復現象を「あたかも永久に循環するかのような」ものとして，原理論的な経済法則に吸収（内面化）できる可能性が高いことをみてきたが，他の長期循環的な反復現象についても同様のことがいえるとすれば，宇野三段階論の方法論そのものが見直されざるをえなくなるであろう。

そこから論理的に要請される新たな方法論とは如何なるものであろうか。それは，さしあたりアウトラインのみ臆断的に提示しておくとすれば，

- 循環する世界資本主義システムを一般的，抽象的に把握する拡張された原理論[17)]
- 世界資本主義システムの長期循環，覇権交替の歴史過程を概念的に把握する世界システムの歴史理論
- それらを媒介とする現状分析

という基本的に単純な構造になると考えられる。

宇野三段階論における原理論と段階論の区別と関連は，通常考えられるような単純な抽象度の違いといったものではなく数々の難解な方法論的性格を帯びていたが[18)]，ここで提起されている拡張された原理論と世界システムの歴史理論との関係は，抽象度の違いというごくシンプルな論理的性格をもつものとなるであろう。

X
結語

マルクスは「経済学の方法」について，16世紀以来の下向法的な分析において，まずは現実の歴史過程から帰納法的に得られた範疇規定や理論的規定を，上向法的な総合によって弁証法的に再構成するものとした。しかし，その基礎には，先行する経済学者たちによって積み重ねられた，下向法的分析すなわち帰納的分析があったというべきであろう。

また，宇野の場合も，19世紀末以降の「純粋化傾向とその逆転」の歴史過程からの帰納的分析から得られた金融資本・帝国主義規定と，『資本論』の原理論的規定とをどう関連づけるかに腐心した。その結果，宇野は，下向法・上向法という方法論自体から距離をとり，独自の三段階論的方法論を提唱したわけである。

しかし，今現在それらにあてはまらない新しい歴史過程を経験しつつあるならば，そこから改めて下向法的分析すなわち帰納的分析によって新たな論理化を試みるしかない筈である。それがある程度行き着いた歴史的地点において，はじめて上向法的な総合による弁証法的再構成も可能となる。「上向法的な総合による弁

証法的な再構成」などといったものは，それがある程度行き着いた歴史的地点において，はじめて可能となるものでしかないであろう。

1980年代以降の新自由主義的な「再逆転」の歴史的傾向から，2010年代以降に至ってさらなる「再々逆転」ともいうべき変容を示している現在の歴史的地点に立つとき，否応なしに，世界システムにおける覇権交替を含む長期循環を包摂した対象レベルの帰納的分析から再出発した上で，原理論を再定義する可能性がみえてくる。そうであれば，一時期には一定の説得性をもちえたにしても，原理論なき歴史モデル理論の積み重ね（レギュラシオン理論，世界システム論……）だけでよいと考えるよりも，拡張された原理論を踏まえた上で世界資本主義分析を行う方法論が改めて追求されてしかるべきであろう。

それは何よりも，『資本論』という著作が，たんなる19世紀中葉の歴史モデルに還元されるにはあまりにも精緻な原理論的研究のみならず，（先行する諸時代への）歴史学的研究，さらには普遍的な哲学的・思想的含蓄を豊饒にもっているという理由からにほかならない。そのような体系性をもった理論体系を，単純に資本主義市場経済の構造転換ごとに更新される歴史モデル理論と同一に論ずること自体に無理があるからである。

『資本論』150年と『帝国主義論』100年，宇野没後40年という歴史的位置は，まさにこのように下向法における帰納的分析からの方法論的な再起動への要請をわれわれに突きつけているといえるのではなかろうか。

注

❖1) 帝国主義論・金融資本論の形成史については，入江節次郎・星野中編 [1973年]，宇野弘蔵監修 [1973年]，鈴木鴻一郎編 [1972年]，降旗節雄 [1972年]，等参照．

❖2) 独占資本主義論については，北原勇 [1977年] など，すぐれた諸研究が蓄積されてきた．ただし，集積・集中の過程を不可逆的なものとみるのではなく，長期循環的な反復現象としてとらえ直してみる必要があるのではないだろうか．

❖3) 代表的な論者として，ヴァルガおよびその影響を受けた日本の諸論者（宇佐美誠次郎・井上晴丸，島恭彦，池上惇），ツィーシャンクおよびその影響を受けた今井則義・井汲卓一，宇野三段階論に位置づけようとした大内力，等々が挙げられる．

❖4) ネオ・コーポラティズム論（シュミッター），大衆社会論（オルテガ），高度大衆消費社会論（ロストウ），「ゆたかな社会」論（ガルブレイス），脱工業社会論（ダニエル・ベル），消費社会論（ボードリヤール），消費資本主義論（アルブリトン），等々，枚挙に暇がない．

❖5) 「貨幣資本」，「貨幣財産」はマルクスにおいても多義的であったが，ここでの使い方はさしあたり次のような用語法に対応している．「[S. 608] 高利による富裕な土地所有者達の破滅も，小生産者たちの吸血も，両方とも大きな貨幣資本の形成と集中……とをもたらす．」「[S. 610] 高利は，生産諸手段が分散しているところで貨幣財産を集中……する．」（『資本論』第3巻第5編第36章．傍点は引用者．）

❖6) 本稿では，「金融拡大」ないし「金融化」という用語は，社会的再生産過程に対して過剰化した遊休貨幣資本の蓄積を出発点として，実物資産価値に対する金融資産価値の膨張傾向が一定期間持続し，産業資本も産業的投資収益（営業収益）よりも本業外の金融的投資収益（営業外収益）に傾斜していく現象，およびそれらに随伴する諸現象を指すこととする．

❖7) 集積・集中過程の進行と反転といっても，従来，遊休貨幣資本としての「貨幣資本の集積・集中」と，「重工業における固定資本の巨大化」に伴う独占・寡占のもとでの「生産資本の集積・集中」とが理論的に未分化のまま論じられる傾向にあった．だが，それらは関連しながらも別個の過程としてとらえられる必要がある．「生産資本と貨幣資本の集積・集中」については用語上の整理検討が必要であるが，さしあたり，レーニン『帝国主義論』においては，「第一章　生産の集積と独占体」において「生産の集中」が，「第二章　銀行とその新しい役割」において「[銀行業務の集中による] あらゆる資本と貨幣収入の集中制御」がそれぞれ対象とされ，「第三章　金融資本と金融寡頭制」において「生産と資本の集中」が総括される用語法となっていることを確認しておきたい．つまり，レーニンが「生産と資本の集積・集中」としているところを，本稿ではより原理論的に厳密に「生産資本と貨幣資本の集積・集中」と言い換えているものである．

❖8) 但し，グローバルな自由競争をつうじた集積・集中過程の進行については，1980年代以降における M&A の増加傾向がまさしくそれを示しているといえようが，2010年代現在もそれはいまだ進行途上であって，一部の IT 業界における市場を除いて独占・寡占が支配する局面に至っているとはいえない状況である．

❖9) 周知のように，1980年代以降の金融規制緩和の行き過ぎによって，1990年代以降，「金融不安定性」が増大し，ブーム＆バーストが頻発するようになった．これらは実体経済から遊離した金融経済に内在的な恐慌が実体経済に悪影響をもたらした側面が大きかった．ところが，2000年代に入ると，東アジア・中国経済の急成長にともない賃金，原材料・エネルギー資源価格の急騰が発生し，世界市場規模での「資本の絶対的過剰」ともいえる状況が現出していた．このことが，たんなる金融過程の恐慌現象でしかなかったサブプライム危機が2008年のリーマン・ショックを契機として大規模な世界恐慌へと発展することとなった決定的要因であると考えられる．この点については，新田 [2013年] 参照．

❖10) 「[35頁] イギリスを中心とするこのような多角決済の機構は，当時ドイツ，アメリカのまわりに発展してきた地方的市場と，後進農業諸国の市場とを多角的に結合し，それらをポンド資金の世界的資金循環機構として統一的に編成するものであったが，それは結果的にみると，イギリスとこれら工業諸国との激しい輸出競争を一定の産業的分業編成の中に調整する機能を果たした」．

(侘美光彦[1976年])

11) 大西広[2003年]は早くからこの点を指摘しているが，米ソ冷戦期も一貫して不均等発展にもとづく帝国主義対立の状態とする点で本稿とは視点が異なっている。

12) この点については，新田[2016年a]も参照されたい。

13) とはいえ，ジェノヴァやオランダの覇権期はいまだ「資本主義社会」の発生期にある商人的資本主義であり，イギリス覇権期は「資本主義社会」の古典的な完成期であり，アメリカ覇権期は「資本主義社会」に対する国家・中央銀行の介入が強まった時期であり，それぞれ質的に異なっている。一見同じようにみえる循環パターンにも，それぞれに異質な側面も同時に存在していることはいうまでもない。殊に，今日の「金融拡大」現象は，資本主義世界経済の反復する循環パターンとしての側面と，アメリカ覇権期に特有の管理通貨制・不換通貨制・変動相場制によって引き起こされる資産インフレとしての側面とが重合したものととらえられるべきと考えられる(新田[2016年a]参照)。

14) いうまでもなく，各論者ごとにとらえ方は異なるところがあるため，あえてここではアリギの見解に準拠して図式化を試みたが，筆者自身がそれに全面的に賛同しているわけではない。たとえば，ウォーラーステインの場合は，最初の覇権国はオランダとされ，それ以前のイベリア(ポルトガル・スペイン)は最後の世界帝国システムをめざしながら挫折したものと位置づける。本稿では，この部分はウォーラーステインに従って，「ジェノヴァ=イベリア帝国期」とした。他方で，アリギもウォーラーステインもともに見落としていることとして，すでに13～14世紀におけるモンゴル帝国，10世紀前後におけるイスラム帝国のユーラシア大陸全般を覆う資本主義世界経済の展開，さらに遡って，中華帝国圏，古代ローマ帝国圏はいうに及ばず紀元前のヘレニズム帝国，アケメネス朝ペルシア帝国の諸時代にみられたユーラシア大陸各地に局所的に発展した資本主義市場経済群とそれら相互の陸路・海路による密接な東西交易ネットワークによる世界市場の展開という歴史的事実が考慮に入れ直されなければならないであろう。

15) ただし，これも本稿では詳論できないが，これらの原理的に想定される反復・回帰は，かならずしも同期的に長期波動を描くとは限らないことには注意が必要である。現実における世界システムの歴史的推移においては，多様な周期をもつ諸要因と，非周期的な諸要因とがあると考えられる。したがって，それらの諸要因が複合して現実の長期循環と発展変化が起こるものととらえられるべきであろう。

16) さしあたり，不均等発展にもとづく帝国主義的対立が反復・回帰するメカニズムを原理論的な抽象度に引き付けて考察する試みは，新田[1996年]・[1998年]において行っている。

17) ただし，このように拡張された原理論において扱われる「資本主義」は，いわゆる「労働力の商品化」によって社会的再生産過程の根底から市場経済に包摂・編成されるようになった「資本主義社会」ではないことに注意されるべきである。それは，社会の一部を包摂・編成する問屋制家内工業，再版農奴制，エンコミエンダ，奴隷制プランテーション，等々の多様な労働管理様式によって資本価値増殖を追求する商人資本主義的なものである。そのようなものとして，宇野原理論に引き付けていえば流通論的な次元で扱われるべきものといえる(その場合，いわゆる流通論的な次元は大幅な拡張を要することとなろう)。この観点からは，「労働力の商品化」を基礎とする産業資本主義的な「資本主義社会」は，それら「資本主義」一般の特殊形態にすぎない(いわゆる分配論・総過程論的な次元は流通論の特殊理論にすぎないこととなる)。ところが，それにもかかわらず，イギリス覇権期の「純粋化傾向」の極限に想定される「純粋資本主義社会」の論理は，方法論の観点からみて決定的な重要性をもっている。というのは，そもそも「資本主義」という範疇，商品・貨幣，資本という範疇を，共同体的な制度・慣習や国家の政策・法制度などから分離して純粋なものとして抽出するためには，「純粋化傾向」の極限に想定される「純粋資本主義社会」の論理が必要不可欠だからである。それ抜きでは，恣意的な理念型を構成する方法論か，効用・費用といったあらゆる社会に共通どころかあらゆる生命体にすら共通な経済原則へと経済学，社会科学を還元してしまうか，しかなくなる。実際，世界システム論やレギュラシオン理論，あるいはある種の社会学，政治学，等々おいては，論者ごとに恣意的に思い思いの「資本主義」概念が用いられているが(同じ世界システム論者でも，ウォーラーステインのそれがたんなる商人資本主義を指しているにすぎないのに対して，アリギのそれはブローデルに倣って「市場経済」と国家権力の結合したものだとされる，等々)，それも主観的な理念型を構成する方法論によりながら，通俗的に古典的な資本や資本主義の範疇を受容しつつ恣意的に改変して用いているにすぎないのである。この点について詳しくは，新田[2010年]・[2015年]・[2016年a]を参照のこと。

18) たとえば，宇野においては，原理論は「純粋化傾向」の極限に想定される「純粋資本主義社会」から抽象したものであって，現実の重商主義段階，自由主義段階，帝国主義段階から抽象された段階論からさらに抽象度を上げたものが原理論というわけではないとされる。

参考文献

- 入江節次郎・星野中編[1973年]『帝国主義研究』I・II，御茶の水書房
- 宇野弘蔵[1950年／1952年]『経済原論』岩波書店
- 宇野弘蔵[1964年]『経済原論』岩波文庫
- 宇野弘蔵[1962年]『経済学方法論』東京大学出版会
- 宇野弘蔵[1971年]『経済政策論(改訂版)』弘文堂
- 宇野弘蔵監修[1973年]『講座 帝国主義の研究：両大戦間におけるその再編成』(1 帝国主義論の形成)青木書店
- 伊藤誠[1990年]『逆流する資本主義――世界経済危機と日本』東洋経済新報社
- 伊藤誠[2016年]『マルクス経済学の方法と現代世界』桜井書店
- 大西広[2003年]『グローバリゼーションから軍事的帝国主義へ――アメリカの衰退と資本主義世界のゆくえ』大月書店
- 河村哲二[2016年]「グローバル資本主義の歴史的位相の解明と段階論の方法」，SGCIME『グローバル資本主義と段階論』御茶の水書房
- 北原勇・伊藤誠・山田鋭夫[1997年]『現代資本主義をどう視るか』青木書店

- 北原勇［1977年］『独占資本主義の理論』有斐閣
- 鈴木鴻一郎編［1972年］『マルクス経済学講義』青林書院新社
- 侘美光彦［1976年］『国際通貨体制』東京大学出版会
- 侘美光彦［1995年］『世界大恐慌』御茶の水書房
- 新田滋［1996年］「世界資本主義と経済政策――国際公共財供給システムの問題――」，河村哲二編著『制度と組織の経済学』日本評論社，所収
- 新田滋［1998年］『段階論の研究――マルクス・宇野経済学と〈現在〉』御茶の水書房
- 新田滋［2010年］「宇野三段階論の保存=封印――宇野原理論の多層性とそのアンバンドリング」，櫻井毅・山口重克・柴垣和夫・伊藤誠編『宇野理論の現在と論点【マルクス経済学の展開】』社会評論社
- 新田滋［2013年］「2008年恐慌における資本の絶対的過剰と管理通貨制――宇野『恐慌論』／大内『国家独占資本主義』再考――」，『専修大学社会科学研究月報』第600号
- 新田滋［2014年］「マルクス経済学と限界分析」（一）（二）（三），『専修大学経済学論集』第117号，第118号，第119号
- 新田滋［2015年］「唯物史観と範疇模写説――ヘーゲル・マルクスと宇野弘蔵の方法論を繋ぐミッシング・リンク――」，専修大学社会科学研究所『社会科学年報』第49号
- 新田滋［2016年a］「〈広義の段階論〉序説――『資本主義』の超長期的循環と『資本主義社会』の生成・発展――」，SGCIME『グローバル資本主義と段階論』御茶の水書房
- 新田滋［2016年b］「宇野派原理論と新古典派ミクロ経済学について」，経済理論学会 第64回大会 第1分科会：特設分科会（資本主義の基礎理論）セット企画「資本主義の原理的解明」（福島大学）
- 降旗節雄［1972年］『帝国主義論の史的展開』現代評論社
- 山口重克［1996年］『価値論・方法論の諸問題』御茶の水書房
- 山口重克［2013年］「小幡道昭による山口批判へのリプライ」『宇野理論を現代にどう活かすか』WorkingPaper Series, 2-10-2, http://www.unotheory.org/files/2-10-2.pdf
- 山田鋭夫［1991年］『レギュラシオン・アプローチ』藤原書店
- Arrighi［1994］, *The Long Twentieth Century: Money, Power, and the Origins of Our Time*, Verso. アリギ『長い20世紀――資本，権力，そして現代の系譜』土佐弘之監訳，柄谷利恵子・境井孝行・永田尚見訳，作品社，2009年
- Bremmer［2010］, *The end of the free market: who wins the war between states and corporations?*, Portfolio. イアン・ブレマー『自由市場の終焉――国家資本主義とどう闘うか』有賀裕子訳，日本経済新聞出版社，2011年
- Hilferding［1910］, *Das Finanzkapital*. ヒルファディング『金融資本論』林要訳，国民文庫［1］［2］
- Marx［1867/73/85/94］, *Das Kapital*, I-III, *MEW*, Band 23-25, 1962, Diez Verlag, Berlin.（『資本論』からの引用は，引用文中に原著頁数を［S. 54］のように示し，文末括弧内に『資本論』第一巻第一章等と記すこととする．）
- Ленин［1917］, Империализм, как высшая стадия капитализма（популярный очерк）. レーニン『帝国主義――資本主義の最高の段階としての』宇高基輔訳，岩波文庫，1956年
- Wallerstein［1979］, *The Capitalist World-Economy*. ウォーラーステイン『資本主義世界経済I――中核と周辺の不平等――』藤瀬浩司・麻沼賢彦・金井雄一訳，名古屋大学出版会，1987年
- Wallerstein［1974］［1980］［1989］, *The Modern World-System*, 1, 2, 3, Academic Press Inc. ウォーラーステイン『近代世界システム』I・II・III，川北稔訳，名古屋大学出版会，2013年

報告

日本経済の金融化と階級的覇権の交代

渡辺雅男 | 一橋大学・名誉

　本稿は，日本経済の金融化をテーマに最近日本で発表された，いくつかの研究成果を利用しつつ，第一に**企業**の蓄積活動がどのように変化しているのか，第二に**国家**の経済政策がどのような条件や環境を経済の金融化のために準備してきたのか，第三に経済の金融化の背後にある**階級**関係にどのような変化が生じているのかといった相互に関係する諸点を理論的に反省してみようという一試論である。金融活動が企業にとっても，国家にとっても，また社会構造に関しても，重要な意味を持つことはいまに始まったことではない。だが，1980年代から90年代にかけて，先進資本主義諸国を襲った大きな政治的，経済的，社会的変化の波は，これまでの資本主義の発展の歴史のなかでも類を見ない種類の構造変化（地殻変動）であった。資本蓄積が金融活動を通じて直接に行なわれるようになったこと，非金融法人企業でも金融投資が活発に行われ，もはや金融的致富活動の主体が投資銀行に限られるものではなくなったこと，資本家階級の内部で産業資本家（経営者）から貨幣資本家（機関投資家）への覇権の交代が進行したことなど，資本主義の歴史のなかでも特筆すべきユニークな現象が折に触れて報告されている。「経済の金融化」の名で語られるこの新しい現象を政治経済学者は「実体経済と金融経済の乖離」[*1]，「利潤率の上昇と資本蓄積率の停滞の同時進行」[*2]，あるいはより専門的には「investment-profit puzzle」や「株主価値志向」といったテーマ[*3]で，しばしば論じてきた。どうやら資本主義は新しい発展段階あるいは新たな局面に入ったようである。これまで，この段階ないし局面を「ポスト・フォーディズム」として理解する立場もあれば，「逆流する資本主義」といったネーミングで考えようとする立場もあった[*4]。本稿は，資本家階級内部での階級的覇権の交代として，本質的な規定を考えてみることが必要だろうと考えている。本稿はそのための準備作業として，企業，国家，階級が経済の金融化に対してどのような関わり方をしているか考えてみた[*5]。ただし，本報告が注目する構造関連はあくまで一国レベル，社会的レベルのそれであって，グローバルなレベルのそれではない。企業については多国籍企業の動向，国家政策については世界システムの変化，階級についてもグローバルな階級構造が問題になっているわけではない。これについては，他日を期したい。

I 金融化に向かう企業の蓄積活動

1 企業活動の金融化

　これまで日本の政治経済学者は日本の企業活動が金融化の道を歩んでいることに対して懐疑的だった。日本経済には金融化の兆候は見られないとする西洋の研究[*6]がそうであり，「株主価値志向」の浸透という部分的金融化だけが見られるとする嶋野智仁[*7]もかつてはそうした見解を踏襲していた。その嶋野も2016年に新たな論文[*8]を発表し，企業活動が金融化しているという，先行論文とは正反対の主張に転じる。その転換はいくつかの根拠によって支えられているが，第一の根拠は，固定資産に注目した**企業資産の金融化**である。

　経済の金融化は，実物資産に比べて，預金，証券，投資信託などの金融資産の蓄積が急速に進むことを意味している。嶋野は『法人企業統計』（財務省）に基づいて企業の総資産を分解・解析し，企業規模別に以下のような表を作成した（第1表）。

　この表が示すように，大企業においては，1998年の第1四半期から2013年の第1四半期にかけて固定金融資産の比率は12.6％から29.5％に大幅に増加したが，これはもっぱら固定資産株式の比率が同期間において9.4％から25.2％にまで急増したことに起因するものである。この固定資産株式の急増に由来する固定金融資産の大幅な増加が流動金融資産の低下を大きく上回ることで，同期間における総金融資産もまた40.3％

第1表 | 総資産に各資産が占める割合（規模別）　単位：%

		1975Q1	1990Q1	1998Q1	2013Q1
流動資産	全規模	39.7	40.1	30.6	27.0
	大企業	36.6	38.7	27.7	20.7
	中堅・中小企業	43.3	41.1	33.2	34.4
固定金融資産	全規模	6.3	6.8	8.1	19.0
	大企業	9.3	10.0	12.6	29.5
	中堅・中小企業	2.8	3.6	4.2	7.3
固定資産株式	全規模	3.4	4.1	5.5	15.6
	大企業	5.1	6.4	9.4	25.2
	中堅・中小企業	1.4	2.0	2.2	4.7
総金融資産	全規模	46.0	46.8	38.7	46.1
	大企業	45.9	48.7	40.3	50.2
	中堅・中小企業	46.1	44.8	37.4	41.7
有形固定資産	全規模	21.1	19.7	25.6	17.5
	大企業	23.9	23.7	28.7	17.8
	中堅・中小企業	18.2	16.2	23.1	16.9

嶋野，前掲2016年論文，82頁，表1。

から50.2％まで増加した。他方で有形固定資産は同期間に28.7％から17.8％に低下しており，総金融資産の増加幅と有形固定資産の低下幅がほとんど等しいこともまたこの表のなかで示されている。つまり，実物資産から金融資産（固定資産株式）への資産の代替が進んだことがこの分析から明らかになるのである[9]。

企業活動の金融化を傍証する第二の根拠は収益の金融化である。収益の金融化は，『法人企業統計』における「受取利息等（当期末）」と「その他の営業外収益（当期末）」の合計額を調べてみればよく分かる。それを行った嶋野は「日本の非金融・保険業では受取配当金などの金融的収益の増加が2000年代前半以降に顕著となっている」[10]こと，また，「通常の生産的活動から得た営業利益に減価償却を足した粗利潤に対する金融的収益の割合……この比率もまた2000年代以降に主に大企業において大きく増加しており，日本の非金融・保険業においても金融投資から得られる金融的収益が利潤形成に果たす重要性が2000年代以降相対的に高まっていることがわかる」[11]と指摘している。

日本の非金融法人企業の受取配当金が増加しているという嶋野の観察は，日経NEEDSのデータに基づく磯部の研究によっても支持されている。磯部によれば，「2012年度では，製造業と非製造業の営業外収益のそれぞれ64.2％と60.9％が受取配当金であった」[12]。磯部はこの日本の非金融法人企業の受取配当金増加の一つの要因として，日本企業の海外への直接投資からの配当収益の増加をあげている[13]。

企業活動の金融化を立証する第三の根拠は支出の金融化である。金融収益の増加と並んで金融化の過程では金融的支出（配当支出や支払利息）の急増が見られるはずである。このことは，すでに嶋野が2015年の旧稿[14]で「株主価値志向」の問題として指摘していた。たしかに2000年代以降において株主配当が急増しているのである。この事実は，個別企業のレベルで利潤分配の覇権（ヘゲモニー）が経営者（産業資本家）から株主（貨幣資本家）の手へと移りつつあることを示している。

以上，資産，収益，支出の面から見て，企業活動が1990年代後半から急速に金融化していることが確認できる。

2 労働分配率の低下

次の問題は，労働分配率と金融化の関係である。

企業活動の金融化は，まずなによりも利潤を資本家階級内部でどのような割合で分配するかという，階級内の力関係の問題である。これに対し，利潤率と労働分配率の問題は，労働と資本という階級間の力関係を象徴する。このことは，一見すると金融化の問題とは異なるように見える。ただ，そうは言っても，経済の金融化が一定の労使関係を前提にして開始されるという意味で，労働分配率の低下は，金融化に先行するのであって，金融化の歴史的で社会的な前提条件をなすものと言ってよいだろう。

マーク・アップ率の引き上げなど，分配率を最終的に決定するのは企業の方であるから，覇権は企業が握っている[15]。

嶋野が『法人企業統計』の年次データから計算したところによると，表2に示すように，「2000年代以降においては配当を増加させ賃金を削減するという分配のあり方が日本企業において大企業を中心に定着してきている」[16]。すなわち，労働分配率の低下と，利潤分配率の上昇が金融化のベースになっていることが確認できるのである。

こうした変化の背後にあるのは，しばしば指摘されているように，株主の利益を最優先するよう要求する外国

第2表 | 労働分配率の低下と利潤分配率の上昇

	2001年	2006年	2009年	2013年
労働分配率	63.9	53.3	64.8	56.0
利潤分配率*	3.7	12.9	8.7	11.7

*配当支出が付加価値に占める割合。
嶋野，前掲2016年論文，91頁，注7から作成。

人投資家の圧力である。

「『株式会社ニッポン』の最大株主は、いまや外国法人（発行済み日本株の所有比率31.7％, 2014年度）であり、本邦企業（21.3％）や金融機関（27.4％）の所有比率を上回る。しかも、外国法人の日本株所有のターゲットは、日本の代表的な企業や金融機関である。『物言う株主』として株主総会で企業経営のあり方を見直し、日本的経営は退けられ、ROE（株主資本利益率）を最大化する経営が追求され、株主への配当金と役員報酬を増やすために、賃金が削減される。株式市場における売買高も、その60～70％はファンドや欧米の大口投資家によって占められている。」[17]

佐々木・米澤は1992年から1996年にかけて、また、野田・阿部は1997年から2004年にかけて外国人投資家の増大と労働分配率の低下の相関関係を明らかにしている[18]。

では、この動きが強まるのはいつごろなのか。経営者と株主の力関係が逆転する転機はいつなのか。

嶋野は、利潤率と資本蓄積率の1964年以降の推移をグラフにして示している（第1図）。それによると、1990年代以降、両者のグラフに乖離が始まり、その動きは明確に（逆方向に）離れてくる。いわゆるinvestment-profit puzzleの始まりである。

1990年代が転機だということがここから分かる。この時期に日本的経営をめぐるそれまでの状況に大きな変化が訪れたのである。戦後長く経営権に基づく経営者の覇権は日本的経営の名で守られていた。それが経営者階級によって放棄されたのがこの時期なのである。それを象徴するのが1995年に日経連によって発表された提言文書『新時代の「日本的経営」』であった。日経連はこの提言で、労働者を、「長期蓄積能力活用型グループ」「高度専門能力活用型グループ」「雇用柔軟型グループ」という3つのグループに分け、労働力の「弾力化」「流動化」を進め、総人件費を節約し、「コスト削減」を徹底化した。その後、労働者の大量解雇、労働市場の規制緩和が進められ、経済政策が新自由主義の色に染まっていったが、その流れの中で、財界が政治に及ぼした悪影響の元凶が、この「新時代の『日本的経営』」なのである。こうした経済環境のなかでどのよ

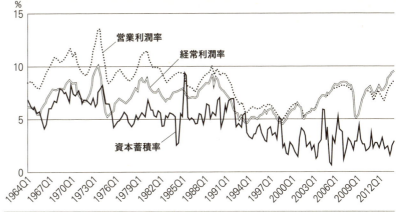

第1図　日本の非金融・保険業（全規模）の利潤率と資本蓄積率

嶋野、前掲2016論文、85頁、第6図。

うな動きが企業経営の中から生まれてきたか、それを示唆しているのが嶋野の研究のもっとも独創的な点である。嶋野は「金融化の代理変数を含んだ投資関数の推計」を行い、その際、「利潤分配率と産出・資本比率という実物面の変数」に、金融化のもう一つの代理変数である「固定金融資産・総資産比率」を併せて投資関数に含めている。それにより明らかになったのは、つぎのような興味深い事実である。

「前期[1990年代より以前]においては利潤分配率の上昇を通じた内部資金の増加は資本蓄積を促進したが、後期[1990年代より後]にはもはやその様な傾向は見られないということである。」[19]「後期の推計結果は1990年代末以降の金融投資の増加が実物投資を低下させ、資本蓄積の増加が実物投資を低下させ、資本蓄積にネガティブな影響を与えていることを示している。」[20]

「ネガティブな影響」が有意性として認められるようになったことが、前期と異なるこの後期の特徴である。「これは[とくに]大企業において『株主価値志向』の浸透が特に強く、長期的な成長（蓄積率）に対して資本の効率性（利潤率）がより重視された結果であろう」と嶋野が推測しているが、その推測は貴重である[21]。経営者階級が貨幣資本家階級の利害へ屈服し、それに従属したことで企業の蓄積活動は停滞するようになったということである。

嶋野が指摘するように、「利潤分配率の上昇や金融投資の増加は、株主価値を満たすための成長率（蓄積率）を犠牲にした資本効率（利潤率）の向上を意図してもたらされた」（同上）ものである。言い換えれば、金融化とは労働分配率の下降と国民経済の重大なリスクを意味しているのである。

II 金融化を促進する国家の経済政策

金融を通じて利益（蓄積元本）を確保するのが企業の金融化だとすれば，そのような環境を準備して企業の蓄積活動を促進するのが資本主義国家の経済政策である。企業の金融化を支えるため，国家はどのような経済政策を行ってきたのか，それを整理する[22]。そもそも，国家の経済政策の動機は二重である。一つは，国家自体の財政的必要性である。1970年代以降，石油危機に由来する財政収支の悪化に対処した大量の国債発行はこの必要性に駆られたものであった。もう一つは，社会の支配的勢力の要求に応じた秩序の維持と環境整備である。石油危機以降，日本経済は設備投資資金需要の減退に見舞われ，その一方，減量経営の掛け声に呼応する経営合理化の進展により企業は手元の余裕資金が潤沢になり，経営の現場では，短期の余裕資金を自由金利市場である現先市場で運用する機会が増えてきた。こうした企業法人の側で生じた余裕資金の積み上がりと運用意識の高まりに呼応するかのように，国家による金融自由化への取り組みが加速化する。「護送船団方式」と呼ばれた，すべての金融機関の存続を可能にする従前のシステムから，金利の自由化を突破口にした金融市場の規制緩和（自由化と競争）へ向けた新たな構造転換が始まったのである。金融制度改革がその具体的な現われだった。つまり，金融化を進めた国家の経済政策の背後には，石油危機といった外発的要因や，企業の余裕資金の積み上がりといった内発的要因が認められるのである。

1 戦後の経済政策と資本蓄積

戦後日本の経済政策を振り返ってみると，敗戦からほぼ10年間の戦後復興期では，傾斜生産方式などの産業政策であり，高度成長期の1960年代前半までは，道路・港湾などの産業基盤の整備と拡充政策であり，60年代後半以降では，国債発行を伴う各種の経済・財政政策に置かれていた。とくに70年代以降の安定成長期（低成長期）には，建設国債の例に見られるように，経済政策の財源は国債の発行に求められるようになった。そして，この国債の大量発行は国債の流通市場の誕生と金利の自由化へ向かう大きな流れを準備した。

戦後日本で国債が発行された最初の年は1965年である。その後，1973年の第一次石油危機が契機になって景気が後退し，それに対処するため国は国債（建設国債）発行を通じた積極財政への政策転換を行った。

結果として，国債依存度（一般会計歳出額に占める国債発行額の割合）は10％台に上昇，しかも，1975年度には建設国債だけでは財源が足りず，初めて特例法に基づく特例国債（赤字国債）が発行され，それ以降は歯止めがなくなったかのように国債の大量発行が続けられた。国債の発行残高は急増し，1975年度末の約15兆円から，1980年度末に約70兆円，1983年度末に100兆円を突破，1987年度末で150兆円へと膨らんでいった。国債依存度も1979年度がピークの約35％，その後はある程度の抑制がはかられたものの，20％台を保って推移していった。これだけ大量に発行すれば，従来の国債引き受け制度ではうまくいかないのは自明である。大量発行以前は，金融機関がシンジケートを組んで，発行された国債を全額引き受けていた。証券会社以外の金融機関には国債の売買が禁止されていたから，日本国内には国債の流通市場が存在しなかった。大量発行が開始されると金融機関は政府に売却規制の緩和を要求し，政府は1977年に発行後1年以上を経過した国債の市中売却を認め，ここに国債の流通市場が誕生する。こうして既発国債が自由金利商品として流通し始め，この後，80年代に入ると銀行預金と国債金利とのせめぎあいのなかで，金利の自由化は大きく進展する。同時に，1985年には大口預金金利の自由化が実施され，預金金利の自由化もさらに進行した。

社債市場の自由化も1970年代後半か

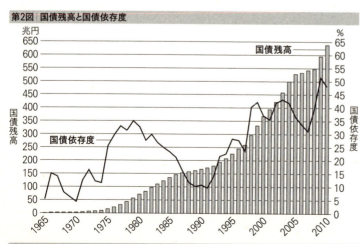

第2図　国債残高と国債依存度

財務省，ホームページ「一般会計公債の推移」から作成。

ら始まった。それまで社債を発行できる企業は巨額の担保用資産を保有する重化学工業や公益事業関連の企業に限られていた。いわゆる有担保原則の壁が起債を阻んでいたからである。1979年および1982年にこの有担保原則が緩和され、また1980年には外為法が改正されて海外との金融取引が原則自由となり、さらに1984年には先物取引の実需原則が撤廃されると、海外市場での企業の資金調達に対する規制が徐々に緩和されていった。資金調達は銀行融資から証券市場へと比重を移し、大企業の銀行離れ(脱間接金融)が進行した。

こうした金融自由化の状況のなかで、1980年代前半に企業の「財テク」(余裕資金の積極的な運用)が流行した。これを可能にしたのも国の制度改正である。きっかけは、1980年に起きた国債の大暴落である。1978年度に発行された表面利率6.1％の国債(通称：ロクイチ国債)の利回りは、1979年1月に6％台後半だったのが、1980年4月上旬には12％超まで上昇した。それにより、額面100円の債券価格が70円台にまで下落し(価格は3割減となり)、ロクイチ国債を大量に保有していた大手銀行などがパニックに陥った。債券市場の大混乱を鎮めるため、国税庁は簿価分離容認措置を実施したが、これは、税務上、従来から保有している有価証券と同一の銘柄が企業の信託財産の中にあっても、切り離して経理処理(簿価分離)できるとされた特例措置のことである。この措置を利用すると、投資家は含み益が表面化する事態を避け、課税を回避することができた。本来この措置は「ロクイチ国債」の購入で大幅な評価損をこうむった投資家に対する救済策として導入されたものであったが、それが企業の余裕資金を株式などの債券で運用する特定金銭信託や指定金外信託に誘導することにつながり、企業の財テクをいっそう煽ることにつながったのである。

2 金融開国とビッグバン

以上に述べたのは、金融自由化に向けた国内的要因であった。こうした国内事情と併せ、国外的要因、外圧の存在も忘れることはできない。1983年から84年にかけて日米円ドル委員会が果たした役割である。

1983年11月のレーガン米大統領訪日に際しての日米蔵相共同声明を受け、「円ドルレートの現状および決定要因等について日米両国が相互の理解を深める」(同声明)ことを図るために実務者委員会が設置された。これが「日米円ドル委員会」(通称)であり、大蔵省財務官、財務省次官による計6回の会合後、日本の金融・資本市場の自由化・国際化のための協議が6回行われ、1年と経たない1984年5月に、①大口預金金利の自由化、②外貨の円転換規制の撤廃、居住者向け短期ユーロ円貸付の自由化、③外国銀行の信託業務進出などを合意内容とした報告書が公表された。さらに、これらの合意事項を推進させるためにフォローアップ会合が適宜開催された。1988年4月の第6回フォローアップ会合において、これまでの枠組みを超え、より広範な議論を行うために、日米円ドル委員会を発展的に解散させ、日米金融市場ワーキンググループ(日米金融協議、1989年第1回会合)が代わりとなった。アメリカ側の戦略的意図は、議会の保護主義の台頭を圧力として用いながら日本に対して「金融開国」を求めるというものであり、アメリカに優位性がある金融分野で日本市場へのアクセスを開放させてビジネスチャンスを拡大することであった。この意図は報告書で見事に達成され、アメリカ側は大いに満足を表明した。自主的で内発的な金融制度改革が外圧による改革へと置き換えられた象徴的な出来事であった。

こうした内圧と外圧のなかで企業の資金調達や運用の多様化はこの時期に大きく進展し、金融制度改革の方向性が固まった。1985年に大蔵大臣の諮問機関である金融制度調査会の下に「制度問題研究会(専門金融機関制度をめぐる諸問題研究のための専門委員会)」が設置され、専門金融機関制度の見直しに向けた議論が進められた。その最終報告書「新しい金融制度について」が1991年に発表され、業態分野規制の見直しと各金融機関の相互乗り入れが打ち出された。この後、この方向に向かってなお漸進的な金融制度改革が進められた。

ただ、国外の情勢は、漸進的改革を許さないほど、急進的な構造変化を日本経済に要請していた。1980年代以降、国外の金融自由化と、グローバル化は急速な進展を遂げつつあったからである。この動きに対応するには、旧来のテンポや枠組みでは追いつかない。日本の国際競争力に深刻な立ち遅れが見えてきたのが、この時期であった。こうした危機的状況を踏まえ、当時の橋本龍太郎首相は1996年11月、2001年を最終期限として金融制度の抜本的な改革を行うことを表明した。いわゆる金融ビッグバン(1996〜2001年)の開始である。漸進的な金融自由化の時代(1970〜80年代)は終わったのである。

金融ビッグバンとは、日本の金融市場を2001年までにニューヨークとロンドン並みの国際金融市場に再生するための改革方針を意味する。改革の原則として、フリー(市場原理が働く自由な金融市場)、フェア(透明で信頼できる金融市場)、グローバル(国際的な先進的金

融市場)が掲げられ、それを合言葉に、国際金融市場を目指す取り組みが始まった[23]。これにより、内外の資本移動が自由化され、それ以降、アメリカのウォール街にもビジネスチャンスが提供され、金融活動が自立化し、実体経済に奉仕するための金融は、実体経済から独立した(そして遊離した)金融へと質的に転換した。

これで金融の地位と機能が根本的に変わった。それまで、預貯金の受入と貸出が主たる金融の役目だったのが、価格変動・金利格差を利用するマネーの投機的運用へと金融の意味が変わったからである。山田が言うように、「アメリカの『外圧』を受け入れた金融ビッグバン改革は、預貯金の受入と貸出を中心にした戦後日本の金融経済システムを転換し、価格変動・金利格差を利用するマネーの投機的な運用に適合した『カジノ型金融資本主義』ともいえるアメリカ型システムを構築した。」[24]そして「2000年代になると、量的金融緩和政策の導入、アメリカ主導の経済のグローバル化、ITの金融取引への適用などを通じて、『貯蓄から投資』の金融ビジネスが活発化し、国債市場は内外の投機マネーの回り舞台になった。国債売買高は飛躍的に拡大し、1京円市場に成長する。」[25]産業資本を円滑に機能させるのが金融の役割だったのが、いまや社会の各所に滞留した遊休貨幣を貨幣資本に転化させることが金融の目的となったのである。

3│金融化政策は国民になにをもたらしたか

山田博文は、巷間流布する一つの意見を紹介している[26]。「一部の見方として、国債発行を起点にしたマネー循環について、国民が銀行に預金し、その預金で銀行が国債を購入し、政府から利子を受け取り、銀行は預金者にその利子を払っているので、結局、政府が国民に利子を払っているのと同じではないか、との見解がある。」これは「誤解である」と山田は言う。なぜなら、「銀行が預金者に支払う利子率と、銀行が政府から受け取る国債の利子率の差額(利ざや)は、銀行の儲けであり、預金者には支払われないからである。」

この指摘は重要である。それは第三者(中間人)が獅子の分け前(独占的利益)を取るという事実を正確に言い当てているからである。だから、山田が重ねてつぎのように述べるのは正しい。「景気の変動とは無関係に、政府が利子と元本の返済を保証する国債という金融商品は、低成長経済下で貸出が低迷し、伝統的な利子収入が低下する銀行業にとって、最大の収益源泉になっている。」[27]

だが、問題はそれだけで終わらない。国家の信用供与によって、なにが可能になっているのだろうか。国家権力を握る者は架空資本をなぜ増発できるのだろうか。国は国債を購入した者に利子と元本を償還しなければならないが、その利子および元本は、国債を購入していない未来の世代が将来受けるべき国家サービスを断念することによって支払われなければならない。なぜそのような負担を将来の国民は背負わなければならないのか。未来の世代にツケ払い(商品の購入や飲食などの代金を、その場で支払わず、後日まとめて支払うこと)させることで、現在の資本蓄積の元本を捻出しようとしているに等しい。現在の資本蓄積元本の支払いを将来の国民の負担で賄おうとすること、これが日本経済の金融化で国家が行なっていることの本質である。

将来の国民ばかりではない。**現在の国民も収奪に晒**されている。それが、こうした大量の国債発行により生じた財政赤字の補塡のために行われる国有財産の売却(民営化株式の売却)である。事実、1987年2月から88年10月にかけ3回にわたって実施されたNTT株式の売却収入金の合計額は、10兆827億円であったが、これは国債の元利払いを担当する国債整理基金特別会計に繰り入れられた。民営化株式の売り出しとは、国債の大量発行によって発生した財政赤字のツケを支払うために、国有財産が株式市場で売却され、多額の国債償還財源が調達された。しかもアメリカの投資銀行にも入札参加が許されたから、これを機に外国人投資家が優位を占めるようになってきた。

こうして、日本電信電話公社が民営化されNTTに変わったのが1984年、日本たばこ産業が民営化されてJTに変わったのが1985年、日本国有鉄道が民営化されてJRに変わったのが1987年、それぞれが民営化され、その株式が売却され、郵政グループの民営化も2015年に達成された。国は経済政策(国債の大量発行)のツケ(財政赤字)を国有企業の民営化によって埋め合わせようとしたのである。

III
金融化と階級構造の変化

最後に、階級構造の変化という観点から経済の金融化の理論的意味を考えてみよう。企業の蓄積活動に起きた質的変化、国家の経済政策に現れた大きな方向転換——そうした経済的な変動が何によって引き起こさ

れたのか。地震に譬えれば，いわば震源とそれによって引き起こされる地殻変動のメカニズムを探る必要があるのである。われわれの日常生活は盤石とも思われる地表の上で成り立っているが，実はその地表はプレートと呼ばれる岩盤で覆われているにすぎない。プレートはひと続きになっているのではなく，10数枚が集まって地球を包んでおり，それぞれが違う方向に，年間数cmの速さで移動している。これによりプレートどうしの間にさまざまな方向性をもった力が働き，プレートの運動が生み出す巨大な力が，地震を引き起こすのである。社会構造も同様である。階級という社会を構成する人口集団がそれぞれ独自の利害で運動するとき，それらの運動のベクトルが合成されて，社会全体の地殻変動が発生する[28]。構成員一人ひとりにとっては，それはあたかも地震のように外生的な自然現象として認識されるだけだが，実はそうした直接的な意識の背後で冷厳な自然の法則性が働いているのである。80年代以降の，世界を覆う地殻変動についても同様であり，だからこそ背後で起きる力関係の変化を理解することが課題となるのである。

1│労働者階級と資本家階級の力関係（パワーバランス）

資本家は剰余価値を獲得するまえにそれを労働者から引き出さなければならない。剰余価値は分配する前に生産しなければならないからである。どれだけの賃金を労働者が獲得するかという問題は，労働力の再生産に必要な社会的平均費用を与えられたものとすると，どれだけの剰余価値を労働者が資本家に引き渡すか，また，資本家がどれだけ労働者の抵抗を排して剰余価値を自らの手に引き寄せられるかにかかっている。その限界は労働市場の性質からは出てこない。労働市場を取り巻く社会的な力関係がこれを決定する。労働者の力が強ければ，剰余価値は労働者の側により多く引き寄せられ，資本家の力が強ければ，より多くが資本家の側へと引き寄せられる。前者の場合には労働分配率が高まり，後者の場合には利潤分配率が高まる。労働分配率と利潤分配率の葛藤のなかで，両階級の勢力が拮抗し合い，両階級の妥協点，すなわちバランス・オブ・パワーが実現する。

こうした力関係を背景にして，生産部面における階級対立の構図が立ち上がってくる。

マルクスは労働日の限界について次のように語ったが，それは分配部面における階級対立についても当てはまる。

「要するに，まったく弾力性のあるいろいろな制限は別として，商品交換そのものの性質からは，労働日の限界は，したがって剰余労働の限界も，出てこないのである。資本家が，労働日をできるだけ延長してできれば一労働日を二労働日にでもしようとするとき，彼は買い手としての自分の権利を主張するのである。他方，売られた商品の独自な性質には，買い手によるそれの消費にたいする制限が含まれているのであって，労働者が，労働日を一定の正常な長さに制限しようとするとき，彼は売り手としての自分の権利を主張するのである。だから，ここでは一つの二律背反が生ずるのである。つまり，どちらも等しく商品交換の法則によって保証されている権利対権利である。同等な権利と権利とのあいだでは力がことを決する。こういうわけで，資本主義的生産の歴史では，労働日の標準化は，労働日の限界をめぐる闘争――総資本家すなわち資本家階級と総労働者すなわち労働者階級とのあいだの闘争――として現われるのである。」（『資本論』第1巻，第8章第1節，『全集』第23巻，305頁，S.249）

分配部面でも事態は同様であって，労働分配率に対する労働者の権利と，利潤分配率に対する資本家の権利は「一つの二律背反」である。「同等な権利と権利のあいだでは力がことを決する」のであり，労働運動の歴史は，すでに1970年代に労働者側の攻勢が経営者側の攻勢のまえに守勢に立たされていたことを教えている[29]。

第3図は，賃上げ率が1970年代に劇的に抑え込まれ，賃上げ率を生産性向上率の範囲内に抑えていく生産性基準原理が実現していく様子を描いている。

さらにまた，労働者階級の戦闘力は国鉄スト権スト，その他の失敗により大幅に削がれ，組合組織率の低迷（第4図参照）と労働組合の保守化（労使協調路線）の傾向とも相まって，階級勢力としては見る影もない水準へと落ち込んでいった。

もはや職場の資本支配は盤石であり，職場秩序にいささかの危惧も危険も気配さえ感じなくなった資本家階級はその階級的司令塔である日経連（日本経営団体連盟）を解体し，2002年には経団連（経済団体連合会）に吸収・合併させてしまった。

日本の労使対立上の闘争は70年代に経営者側の圧倒的勝利をもって一応完了していると言えるのである。つまり，労働者階級と資本家階級の力関係は，すでに経済の金融化が顕著な傾向を見せる90年代には，決着がついていた。つぎの問題は，資本家階級内部の

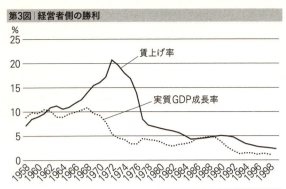

第3図 経営者側の勝利

賃上げ率は厚生労働省調査から，実質GDP成長率は内閣府経済社会総合研究所「国民経済計算」から。

第4図 労働組合の推定組織率の推移（1947年～2016年）
各年6月30日現在

厚生労働省「労働組合基礎調査」http://www.jil.go.jp/kokunai/statistics/timeseries/html/g0701.html

ヘゲモニー争いである。

2 資本家階級内部の力関係（パワーバランス）

利潤分配における貨幣資本家と生産資本家の競合関係については，ペールが次のように語っている。

「利潤分配過程は，実現された剰余価値の分配をめぐる闘争の場である。資本主義の現実世界では，利潤率が均等化されることはけっしてない。絶え間のない競争が個別資本，金融グループ，資本の諸分派の間で繰り広げられ，それが利潤分配のダイナミックなヒエラルキーを形成する。個別の階級諸分派は，国内的にも国際的にも，この分配過程における変化と推移の弁証法的な相互作用の中でその力を発揮する。」(K. v. d. ペール著／渡辺雅男監訳『アトランティック支配階級の成立』桜井書店，近刊，「付録」の冒頭)

かつて日本的経営の下で経営者と株主の力関係は圧倒的に前者が優位に立ち，それが高度成長を支えた日本的経営の最大の特徴のひとつと考えられていた。

ところが，すでに見たように，1990年代半ば以降，利潤率は上昇し，労働分配率は下落した。この時期は，日本の経営者階級が日本的経営を放棄して，グローバル競争に乗り出すことを宣言した時期と重なる。とくに1995年の「新時代の『日本的経営』」(日経連)は象徴的である。この文書で日本の経営者階級は，労働者を「3つのグループ」(「長期蓄積能力活用型グループ」「高度専門能力活用型グループ」「雇用柔軟型グループ」)に分け，労働力の「弾力化」「流動化」を進め，労働者を守るための法律・規制を撤廃することを内外に宣言したのである。少なくとも，この時期以降，資本家階級内での覇権が経営者(産業資本家)から株主(貨幣資本家)へと移っていったことは間違いないだろう。

新たに覇権を握った貨幣資本家とは，何者であるか。彼らは産業資本家とは別種の資本家である。仲介者としての資本家であると言っても間違いはない。マルクスは，こうした仲介者である資本家のことを次のように述べている。

「急いで片づけるために一言するだけであるが，貨幣資本の蓄積とは，一方の私的貨幣資本家と他方の国家や自治体や再生産する借り手とのあいだに立つ媒介者としての銀行業者(職業的な貨幣の貸し手)の手のなかでの富の蓄積のことだ，と考えることもできるであろう。というのは，信用制度の巨大な広がりの全体が，およそ全信用が，彼らによって彼らの私的資本として利用されるからである。この連中は，資本と収入とをいつでも貨幣形態で，または貨幣にたいする直接的請求権の形で，もっている。この階級の財産の蓄積は，現実の蓄積とは非常に違った方向で行なわれることもありうるが，しかし，とにかく，この階級が現実の蓄積のかなりの部分を取りこんでしまうということを示している。」(『資本論』第3巻，第30章，『全集』第25巻，611-612頁，S. 495; MEGA II/4.2, S. 531.)

ここで語られているのは，あくまで資本家階級の内部での仲介者，すなわち貨幣資本家の特殊的地位である。だが，興味深いのは，マルクスが仲介者の優位を階級社会すべての領域に共通する特徴的現象と考えていることである。

「すでにここにも，社会生活のすべての領域で獅子の分けまえは仲介者の手にはいるということが示されている。たとえば，経済界では金融業者や取引所仲買人や卸売商人や小売商人が事業のうまい汁を吸い取る。民事訴訟では弁護士が当事者から巻き上げる。政治では議員は選挙人よりもえらく，大臣は君

主よりもえらい。宗教界では神は「仲保者」〔神と人とのあいだの媒介者＝キリスト〕によって背後に追いやられ、仲保者はまた牧師によって押しのけられるが、牧師もまた善き羊飼い〔キリスト〕と彼の羊とのあいだになくてはならない仲介者なのである。」(『資本論』第1巻, 第24章第4節, 注229, 『全集』第23巻, 972頁, S.772-773, 下線は引用者, 以下同じ。)

仲介者の優位が特殊的な(あるいは例外的な)事例に留まるか, それとも一般的で普遍的で支配的な事例となるかは, 事例が置かれた歴史的, 社会的条件によって決まる。言い換えれば, 貨幣資本家が産業(生産)資本家を抑えて覇権を握ることができるかどうかは, 1990年代以降の資本主義が迎えた歴史的条件によるところが大きいのである。

そうした歴史的条件に恵まれたとき, 仲介者である貨幣資本家は階級として覇権を握ることが可能になる。貨幣資本家は資本家階級の階級分派であるが, この分派が覇権を握って資本家階級の全体を代表するようになるのである。

「こういうわけで, 貸付可能な貨幣資本の蓄積は, 一部は, 次のような事実のほかにはなにも表わしてはいないのである。すなわち, 産業資本がその循環の過程で転化して行く貨幣は, すべて, 再生産する資本家たちが前貸しする貨幣の形態をとるのではなく, 彼らが借りる貨幣の形態をとるのであり, したがって, 再生産過程で行なわれなければならない貨幣の前貸が, 実際には, 借りた貨幣の前貸として現われるという事実である。じっさい, 商業信用の基礎の上では, 一方の人が他方の人に, 彼が再生産過程で必要とする貨幣を貸すのである。ところが, 今ではそれが次のような形態をとるのである。すなわち, 再生産する資本家たちの一方の部分から貨幣を借りる銀行業者が, 再生産する資本家たちの他方の部分にその貨幣を貸し, そこで銀行業者が福の神として現われ, それと同時に, この資本の処分権はまったく仲介者としての銀行業者の手に握られてしまうという形態である。」(『資本論』第3巻第32章「貨幣資本と現実資本Ⅲ(結び)」, 『全集』第25巻, 647頁, S. 522; MEGA Ⅱ/4.2, S. 584-585.)

貨幣資本家が一つの分派であることを超えて, 資本家階級の全体的な利害を代表するようになる。それは彼らの数と取引量が増大し, 貨幣(資本)市場が利潤実現の主要舞台となるときである。

「素材的富の増大につれて, 貨幣資本家の階級は大きくなる。一方では, 引退した資本家, 金利生活者の数と富とが増大する。そして第二には, 信用制度の発達が速められ, したがって銀行業者や貨幣貸付業者や金融業者などの数がふえる。——自由に利用できる貨幣資本の発展につれて, 利子付証券, 国債証券, 株式などの量が増大することは, 前に述べたとおりである。しかし, それと同時に, 自由に利用できる貨幣資本にたいする需要もふえてくる。なぜならば, これらの証券を思惑取引する証券仲買業者が貨幣市場で主役を演ずるようになるからである。もしこれらの証券の売買がすべてただ現実の資本投下の表現でしかないとすれば, このような売買が貸付資本にたいする需要に影響することはありえないと言ってもよいであろう。なぜならば, Aが自分の証券を売るときには, 彼はBがこの証券に投ずるのとちょうど同じ額の貨幣を引き出すからである。ところが, 証券はたしかに存在するが, それが元来表わしている資本は(少なくとも貨幣資本としては)存在しない場合でさえも, その証券はやはりこのような貨幣資本にたいするそれだけの新たな需要を生みだすのである。しかし, いずれにせよ, その場合には, 前にBが利用できたもの, いまAが利用できるものは, 貨幣資本なのである。」(『資本論』第3巻第32章「貨幣資本と現実資本Ⅲ(結び)」, 『全集』第25巻, 653-654頁, S. 527; MEGA Ⅱ/4.2, S. 589.)

彼ら, 貨幣資本家は貨幣市場の興隆に支えられて, 資本家階級内部の覇権を握り, その影響力を高めていく。

「信用制度の発達につれて, ロンドンのような大きな集中的貨幣市場がつくりだされ, それは同時にこのような証券の取引の中心地にもなる。銀行業者はこれらの商人たちの仲間に公衆の貨幣資本を大量に用立て, こうしてこの相場師仲間が増大する。」(『資本論』第3巻第32章「貨幣資本と現実資本Ⅲ(結び)」『全集』第25巻, 655頁, S. 528; MEGA Ⅱ/4.2, S. 590.)

彼らが与え始めたネガティブな影響については, すでにマルクスがつぎのような警告を発している。

「さらに集中について述べなければならない! いわゆる国立銀行とそれを取り巻く大きな貨幣貸付業者や高利貸とを中心とする信用制度は, 巨大な集中であって, それは, この寄生階級に, 単に産業資本家を周期的に減殺するだけではなく, 危険きわまる仕方で現実の生産に干渉する法外な力を与えるのである——しかもこの仲間は生産のことはなにも知らず, また生産とはなんの関係もないのである。1844年および1845年の諸法律は, 金融業者や株式相場師をも仲間に加えたこの盗賊どもの力が増大したことの証

拠である。」（『資本論』第3巻第33章「信用制度のもとでの流通手段」，『全集』第25巻，701-702頁，S. 560; MEGA II/4.2, S. 577.）

ここから，経済の金融化が階級関係に対してもつ意味がいくつか明らかになってくる。

第一の意味は，それが象徴する労働者階級の歴史的な敗北である。労働分配率の低下，利潤分配率の上昇という事実がこれを象徴している❖30)。

第二の意味は，経営者と株主の間の階級内闘争の帰趨である。「株主価値志向」の高まり，そして，その背後で進行していた外国人株主の増加（所有構造の変化）という事実がこれを象徴している。資本蓄積戦略の策定に際して貨幣資本家の影響力は高まり，経営者はますます貨幣資本家の利益に従属する方向へと向かうことになる。

第三の意味は，金融的収益の増加によって経営者は株主からの圧力を回避しようとする階級的誘因が働くことである。これは一つの示唆であり，現時点では推論であるが，経済の金融化という問題を考える際には忘れてはならない重要な論点である。経営者がこうした階級行動に走れば走るほど，金融投資の増加は資本蓄積率にはネガティブな影響を与える。1990年代から2000年代にかけての金融化の実態はそのことを暗示している。

第四の意味は，経済の金融化によってこのネガティブな影響が拡大することである。企業は本業よりも金融的収益の獲得に関心を注ぐことになり，利潤率を上昇させるために営業利潤率よりも経常利潤率の動向が経営者の関心事となる。株主価値の蔓延にともなって，経済運営のなかから長期的な展望が見失われる。ネガティブな影響は国民経済全体にとって無視できないまでに拡大する。

経済の金融化という資本主義の構造変化のなかで，機関投資家と経営者のヘゲモニー争いは進行中である。国家は前者に肩入れして，躍起である。一例をあげるなら，金融庁は，2014年2月，「スチュワードシップ・コード」（責任ある機関投資家の行動規範）の導入を通して機関投資家の利益を最優先とするように指示を出した。その規範は，具体的に言えば，①機関投資家としての責任を果たすための方針の策定，②利益相反に関する方針の策定，③投資先の状況の的確な把握，④投資先との対話を通じた問題意識の共有，⑤議決権行使と結果発表についての方針の堅持，⑥顧客に対する定期的報告，⑦投資先の理解と，適切に判断のための実力の獲得の七原則である❖31)。機関投資家の利益を優先する手順や指南がこのように定められたのである。こうした追い風を受けて，貨幣資本家がどのような覇権を確立するか，金融化の具体的な姿がやがて浮かび上がってくるだろう。

おわりに

本報告は，個別企業の蓄積行動から始まり，国家の経済政策の転換を経て，その背後で起こる階級的覇権の交代という，一連の問題を考えてきた。政治的には新自由主義，文化的にはグローバリゼーションで表現される新しい資本主義の姿は，経済的には金融化という概念で表現可能である。ただ，本稿の視角や観察が暫定的であることは強調しておかなければならない。検討すべき問題はさまざまに残されている。個別企業と国家の経済政策との関連，それらと階級構造の変化との関連，さらには，グローバルな資本蓄積構造と国内的地殻変動との関連，いわば資本一般から国家論，国際貿易を経て世界市場へと上向する経済学批判体系の論理に沿った現状分析が求められているのである。その意味でも，経済の金融化が戦後資本主義の新しい段階を画する全体概念であるか，それとも，次の本格的な段階への過渡的な局面を意味する部分概念にすぎないかは，いまの時点で判断するには時期尚早であり，慎重に見極める必要がある。

注

❖1) 井村喜代子『大戦後資本主義の変質と展開』有斐閣，2016年；同『世界的金融危機の構図』勁草書房，2010年など。

❖2) Stockhammer, E., "Financialization and the Slowdown of Accumulation", *Cambridge Journal of Economics*, Vol. 28, No. 5, 2004, pp. 719-741.

❖3) Stockhammer, E., "Shareholder Value Orientation and the Investment-Profit Puzzle", *Journal of Post Keynesian Economics*, Vol. 28, No. 2, 2006, pp. 193-215.

❖4) 政治経済学の各派による現状認識の違いについては，北原勇・伊藤誠・山田鋭夫『現代資本主義をどう視るか』（青木書店，1997年）を参照；レギュラシオン学派に対する批判としては，関嘉寛「レギュラシオン理論の有効性と限界：現代資本主義社会分析に向けて」大阪大学『年報人間科学』第18巻，1997年を参照。

❖5) すでに経済の金融化については，John Bellamy Foster, "The

Financialization of Capitalism", *Monthly Review*, Volume 58, Issue 11（April），2007 の議論がある。アメリカ経済の金融化については，Greta R. Krippner, "The Financialization of the American Economy", *Socio-Economic Review*（2005）3, pp. 173-208 の実証分析がある。本稿はこれらの議論に連なる一試論である。

- 6) 西洋「金融化と日本経済の資本蓄積パターンの決定要因——産業レベルに着目した実証分析」『季刊 経済理論』第49巻第3号，2012年，52-67頁。
- 7) 嶋野智仁「金融化が日本経済の資本蓄積に与える影響に関する実証分析——日本企業における『株主価値志向』浸透の観点から」『季刊 経済理論』第51巻第4号，2015年，70-82頁。
- 8) 嶋野智仁「日本経済における資本蓄積の様式の変化の要因——日本の非金融・保険業の金融化に着目した実証分析」『季刊 経済理論』第53巻第3号，2016年10月，81-93頁。
- 9) こうした固定資産としての株式増大の直接的原因の一つとして考えられるのは企業の海外進出（対外直接投資）である。そのことを教え，嶋野の観察を補強してくれているのが，磯部昌吾の研究（「1980-2012年度における日本企業の財務構造の変化」『ファイナンス』2013年12月）である。磯部は関係会社の株式保有残高を見ることができる日経NEEDS-Financial QUEST のデータを用いて，固定資産に属する関連会社株式が総資産に占める割合を明らかにしている。それによれば，近年の日本の対外直接投資残高の急増が実は日本企業の関連会社株式の保有残高と完全な相関関係にある。前者，すなわち日本の対外直接投資残高は，『本邦対外資産負債残高の推移』（財務省）の時系列データによれば，1999年末の26兆円から2012年末の91兆円にまで4倍近く増加した。他方，後者，すなわち日本の非金融法人企業の関連会社株式の保有残高は，1999年の約40兆円から2012年の約95兆円にまでと，ほぼ同じ規模で増加している（磯部，同上論文，67頁）。両者は完全な対応関係にある。総資産のなかで関係会社株式が占める割合は1996年にはおよそ製造業大企業で約10％前後，非製造業大企業では約5％程度でしかなかったから（嶋野，前掲2016年論文，91頁，注4），それと比べてみても上述の観察結果は注目に値する。実際，その後もこの比率は大幅な上昇傾向を維持し，2012年には製造業大企業で24.2％，非製造業大企業で16.2％にまで達している。これらの数字から見ても，日本の非金融法人大企業の固定資産に属する株式保有は顕著な増加を遂げており，また，その増加の大部分が関係会社株式の増加によるものであり，すなわち，経済の金融化は日本企業の国際化（対外直接投資）の結果であると推測することができるのである。
- 10) 嶋野，前掲2016年論文，83頁。
- 11) 同上，83-84頁。
- 12) 磯部，前掲論文，71頁。
- 13) 同上。
- 14) 嶋野，前掲2015年論文，70頁。
- 15) 嶋野の新稿（2016年）が言うように，「金融化の過程において金融的支出が増加する場合，企業はマーク・アップの上昇などで利潤分配率を高め利潤を確保することで予めこれに備えようとする。」（嶋野，前掲2016年論文，84頁）
- 16) 嶋野，前掲2016年論文，91頁，注7。実際，「日本の非金融・保険業は大企業を中心に1990年代半ば以降明確に利潤分配率を高めており，金融的支出の増加による利潤分配率の上昇という金融化の特徴もまた日本経済に当てはまるようになっていることを示している。」（同上，84頁）

ちなみに，ここで嶋野が労働分配率と言うとき，『法人企業統計』で，労働分配率は「従業員給与（当期末）」＋「福利厚生費（当期末）」＋「役員給与（当期末）」＋「役員賞与（当期末）」を「付加価値（当期末）」で除することで算出されている（同上，91頁，注7）。嶋野が役員給与と役員賞与を労働者への給与と同列に考え，両者を合算している点はいささか問題であるが，「1990年代半ば以降の利潤分配率の上昇」という結論に大筋の変化はないはずであるので，ここは嶋野の定義に従ってみることにする（同上）。
- 17) 山田博文「戦後の資本蓄積と財政金融支配」『経済』2015年11月，113頁。
- 18) 佐々木隆文・米澤康弘「コーポレート・ガバナンスと企業価値」『証券アナリストジャーナル』第38巻第9号，2000年；野田知彦・阿部正浩「労働分配率，賃金低下」樋口美雄編『労働市場と所得分配』慶応義塾大学出版会，2010年。
- 19)-20) 嶋野，前掲2016年論文，88頁，［　］内は引用者，以下同じ。
- 21) 同上，89頁。
- 22) 以下の記述については，重田正美「金融(1)戦後の金融改革の流れ」国立国会図書館・調査及び立法考査局「（調査資料2008-6）経済分野における規制改革の影響と対策』2009年3月，103-110頁；小峰隆夫編『日本経済の記録～第二次石油危機への対応からバブル崩壊まで～』（http://www.esri.go.jp/jp/prj/sbubble/history/history_01/history_01.html）シリーズ「バブル／デフレ期の日本経済と経済政策」歴史編第1巻：1970年代～1996年，内閣府経済社会総合研究所，2011年，第5章，70-90頁；高原敏夫「金融ビッグバンによる現代金融システムの変容」香川大学『経済政策研究』第3号（通巻第3号），2007年3月，127-147頁，等を参照。
- 23) 大蔵省「日本版ビックバンとは」http://www.fsa.go.jp/p_mof/big-bang/bb1.htm を参照。
- 24) 山田，前掲論文，104頁。
- 25) 同上，105頁。
- 26) 同上，106頁。
- 27) 同上，106-107頁。
- 28) 「エンゲルスからブロッホへの書簡」1890年9月21日，『全集』第37巻，400-404頁，S. 462-465.
- 29) John Crump, *Nikkeiren and Japanese Capitalism*, London: Routledge Curzon, 2003, ジョン・クランプ著，渡辺雅男・洪哉信訳『日経連——もうひとつの戦後史』（桜井書店，2006年）。
- 30) 嶋野が言うように，「この利潤分配率の回復により高まった営業利潤率は，金融投資からの金融的収益の増加によりさらに高まることになる。2004年以降は金融的収益の増加により（金融的収益も含んだ利潤である—引用者）経常利潤率（経常利益）が（本業からの利潤のみを意味する—引用者）営業利潤率（営業利益）を上回るようになっており，金融投資の増加もまた利潤率を更に高めるように作用している。」（嶋野，前掲2016年論文，89頁）
- 31) 日本版スチュワードシップ・コードに関する有識者検討会「『責任ある機関投資家』の諸原則《日本版スチュワードシップ・コード》～投資と対話を通じて企業の持続的成長を促すために～」，2014年2月26日，6頁（http://www.fsa.go.jp/news/25/singi/20140227-2/04.pdf）

共通論題討論の記録

I　コメンテーターによる質問とリプライ
　　第1報告：高田太久吉(中央大学・名)

1 鍋島直樹会員(名古屋大学)による質問とリプライ

質問1：報告者は，2008年の世界金融危機の原因を「貨幣資本の過剰蓄積」に求め，金融システムの深刻な金融危機としてとらえている。そのこと自体はまったく正しいと思うが，さらにこの危機を剰余価値の実現の危機（あるいは過少消費危機）と見なすことはできないか。新自由主義のもとで株主価値志向の普及によって投資が停滞する。そしてさらに所得分配の不平等化によって消費が減少する。そのようにして総需要の不足が進んでいったところに2008年経済危機の根本的原因があるのではないか。

リプライ：アメリカで起こってきた恐慌のプロセスをみると，アメリカの家計が莫大な債務を負い，全体として家計消費は全然落ち込んでいなかった。政府は赤字を抱えてどんどん消費をして需要を創り出している。したがってアメリカは，マクロ経済的には莫大な経常赤字を抱える過大消費である。企業の利潤もそこそこ回復している。そういう中で恐慌が起きている。そういう経過を踏まえれば，これを過剰生産恐慌あるいは過少消費危機とよぶのは，無理があるのではないか。

質問2：資本主義が長期的衰退の過程に入っているという見解には疑問の余地がある。金融規制改革だけで，金融システムを健全なシステムにもどすことは難しいということはご指摘の通りだが，たとえばポストケインズ派の人々は，賃金主導型成長戦略であるとか，株主主権型企業からステークホルダー型企業への企業統治改革，そういった制度改革を打ち出している。このような改革を通じて，社会民主主義的な経済システムへの転換が実現する可能性はないのか。

リプライ：資本主義が長期的な衰退過程に入っていることに疑問の余地があるということに対して，私もそう思っているが，恐慌が起きた後のさまざまな動きをみると，経済の金融化，金融の証券化，貨幣資本の過剰蓄積にしても，企業レベルで見た資本蓄積率の低下，労働分配率の低下，したがって経済成長を大きく回復させる要因が乏しいという状況である。ここには基本的な変化が見られないし，アメリカの金融システムをきわめて不安定化させてきた現代の金融システムのさまざまな特徴が抜本的に変わらないでそのまま維持されているという意味で，資本主義が恐慌によって次の新しい蓄積の軌道を回復することができなくなっているのではないか。

2 前畑雪彦会員(桜美林大学・名)による質問とリプライ

質問1：マルクスの過剰生産恐慌論では説明できないということだが，アメリカを中心とした世界的規模での，所得流通を含む資本の再生産過程の展開を土台とする過剰生産恐慌が，従来軸の預金貸出における決済システムを基礎とする市場型金融仲介の新たな発展軸と結びついて，アメリカの相対的過剰人口に対する高額・長期の消費者ローン付与による需要拡張が世界全体の需要を引っ張り，この信用の膨張・収縮に媒介されて発現したと理解すべきではないか。

リプライ：過剰生産恐慌ではないかという点については，先ほどの鍋島先生のご批判と共通なので省かせていただく。

質問2：今回の危機と，29年恐慌あるいは古典的過剰生産恐慌の兌換制下で起きた恐慌との際立った差異はどこにあるのか。それが不換制度下で起きたことにより，この制度に固有の無制限発券力に基づく，FRBを中心とする各国中央銀行の協調的な「無制限流動性供給宣言」の繰り返しによって，観念的計算貨幣の現金への急変，利子率急騰と大規模に連鎖する国際的信用崩壊とを阻止した点にある。つまり貨幣恐慌を防いだ点にある。これが第一に指摘されなければならない歴史的特徴である。高田先生は現代資本主義のトータルな理論的枠組みとして不換制の理論を無視している。しかし，この理論的枠組みの中でこそ，市場型金融仲介の発展とそれがもたらす新しい形態の矛盾の累積が，生き生きとした形で位置づけられる。

リプライ：今回目にした信用恐慌は，不換制下でないと起こらないというのはそのとおりである。中央銀行が全面的な崩壊になるのを防ぐために莫大な対応をして食い止めるということも，不換制を前提にしないと理解できない。ただ，不換制自体が危機を起こすわけではない，危機を起こすのはあくまでも資本の問題である。不換制下の問題というのは，これは貨幣論レベルの問題であって，金融恐慌が起きる必要条件，中央銀行

が介入できる必要条件だと思うが，十分条件ではない。十分条件を含ませようと思えば，貨幣論レベルの話ではなくて，貨幣資本，つまり価値増殖をめざして競争し利潤追求をする資本を前提にもってこなければ恐慌は説明できない。その資本の主体は，メーカーではなく金融的所得を目的に動く貨幣資本であったというのが私の主張の要点である。

質問 3：今後予想される危機の様相を，報告者は，今回の事態を単なる繰り返しに見ているように思われるが，そうでないと思う。それは主要中央銀行の介入の結果として，中央銀行のバランスシートの巨大化ならびに政府債務の巨大化が進行している。これが今後の新しい危機の要因になる。この要因と現実資本蓄積との関係で危機が発生すると予測している。そのことと報告者が強調している市場型金融仲介に内在的な金融投機の繰り返しとが結び付く可能性がある。

リプライ：中央銀行が莫大な資産の対応，流動性の供給をするわけだが，通貨はほとんど増えない。このことは何を意味しているか。資本としての貨幣資本の動きと中央銀行が供給できる流動性とか通貨とかいうものは全然レベルの違う話である。したがって現代の資本蓄積なり再生産なり恐慌なりを説明しようとした場合は，中央銀行が通貨を供給できるという通貨レベルの話ではなく，現実の資本，とくに貨幣資本，金融産業，投資家がどういうふうに投資活動あるいは利息を実現しているかという，そういう資本の動きに着目して説明しないと，不換制の問題をいくら取り入れてもそれだけでは説明できない。

第2報告：新田 滋（専修大学）

1 鍋島会員による質問とリプライ

質問 1：宇野三段階論をさらに発展させる形で，独自の長期循環論という非常にユニークな見方を展開しておられるが，このような見方はいくつかの学説と似通った点がある。たとえば，SSA学派の理論では，アメリカ資本主義においては「自由主義的なSSA」と「規制されたSSA」が交互に現れる歴史的傾向があると論じているし，ポランニーの「二重運動論」の場合だと，自己調整的な市場の拡大に続いて社会の自己防衛の運動が生じ，そのような二重運動において資本主義は長期的な循環を描くと述べている。こうしてみると，これらの理論と新田先生の主張する長期循環論はかなり似通ったところがあると思うが，これらの理論との異同はどういうところにあるか。

リプライ：たとえばアリギの場合も，ヴェーバーやピレンヌが示唆していたことを拡張解釈しているようなところがあり，類似の発想自体珍しいものではない。それらは似ているところも多々あるし，違う点はとうぜん異なる。なお，ポランニーの「市場と非市場の二重運動」論には懐疑的で，自由競争的な資本主義自体が歴史的に独占資本主義として変質し，それによって危機的な構造がもたらされ1930年代の「大転換」が起こされたのであって，単純な市場と非市場の対立史観は誤りであろう。

質問 2：宇野三段階論の修正・拡張によって資本主義の歴史的発展を説明することができるのか。それはかなり無理がある。たとえば，戦間期と高度成長期を「帝国主義段階」として一つに括ることができるのかどうか。むしろ別々の段階とした方がすっきりするのではないか。というより，ふつう国家独占資本主義論，あるいはフォーディズム論，大部分の人がそうであろうが，第二次世界大戦を境として資本主義は新しい段階に入ったとみる。やはり戦前の資本主義と戦後の資本主義の間には大きな断絶があると思う。したがって戦間期と高度成長期を一つの段階としてまとめるというのは疑問である。とくに戦後期だと平和共存的であり，この平和共存の時代をもって帝国主義の段階と特徴づけているわけだが，これでよいのかどうか。「新帝国主義の時代」として，これからの時代も帝国主義の再来化といわれると違和感があり，軍事力を用いた世界の再分割がこれからはじまるというのも，それもちょっと違うのではないかと思う。

リプライ：報告の中の図式的な説明は，あえて伝統的な宇野理論に即した時代区分のままとしたが，報告者自身は1998年に出した『段階論研究』ですでに戦間期を転換期とするという立場を明確にとっている。「新帝国主義」については，2010年代以降いっそう顕著となってきたアメリカ・ヨーロッパ・日本などの旧先進諸国の相対的地位の低下と東アジア・中国の台頭により，勢力圏の再分割要求が明確になってきている特徴を表現しようとしている。

質問 3：原理論レベルの分析枠組みが必要であるとの主張には同意する。レギュラシオン理論が原理論なき歴史モデルに終わっているとのご指摘はその通りだと思う。そのようなモデルで済ましていいと思っているわけではなく，やはり，現代資本主義の分析を進めていくうえで原理論レベルの分析が重要であると思う。しかし，原理論を再構築していくうえで，マルクスの『資本論』のみを原理論と位置づけることが適切かどうか。マルクス以降，ポストケインジアン系のカレツキーとかミンスキー

とかさまざまな貢献があるわけで，そうした貢献を取り込んでいく必要がないのかどうか。

リプライ：『資本論』150年ということで『資本論』の意義を強調したわけだが，もちろん『資本論』だけで原理論は十分だと考えているわけではない。そもそも宇野理論がそういうスタンスをとってきているとはいえない。私自身，昨年度の分科会で新古典派との対質を試みる報告をしたし，かなり以前，1990年代前半にコース，ウィリアムソン，青木昌彦ら新制度学派の理論との対質を試みたこともある。

質問4：2008年の経済危機は新自由主義的資本主義そのものの危機か。そうであるならば，今後の資本主義の姿はどのようなものになると考えられるか。

リプライ：私自身は，2008年恐慌はじつは「資本の絶対的過剰生産」説で説明できると考えている。中国の人件費高騰に始まって2007年から2008年にかけて物価上昇が発生した。それは世界資本主義的な規模で見たときの好況末期的な現象であると解釈できる。ブーム＆バーストというのは何十回と繰り返されてきたわけだが，なぜ2008年恐慌だけが世界恐慌にまでなったかというと，実体経済的な基盤における「資本の絶対的過剰」の問題がある。したがって逆にいえば，今後の資本主義については，暴力的破壊による調整をつうじて処理されてしまう問題であると思う。他方で，金融の肥大化，「金融化」が今後も進むということはボルカー・ルールが骨抜きにされてしまったことからも，繰り返される可能性は高いと思っている。

2 前畑会員による質問とリプライ

質問1：経済学の原理において，商品・貨幣・資本の諸範疇を，「永久に循環する」のではなく，それらの諸範疇自身がそれら自身を否定する内在的モメントを含む弁証法的諸カテゴリーであるとして把握すべきではないか。

リプライ：弁証法で説明できればそれに越したことはないと思うが，弁証法の問題というのはむずかしい。たとえば資本の生産過程，流通過程，総過程というと，三編構成で弁証法的だということかもしれないが，単純に生産過程と流通過程を足し算して総過程だと言っているようにもみえるわけで弁証法でも何でもないかもしれない。

質問2：兌換制の資本主義は不換制の資本主義に移行した。報告者自身が指摘するように，この両制度は反復しない。両体制では，物価運動の一般的あり方は対照的である。すなわち前者では上下波動であり，後者では持続的累積的上昇である。それに対応して前者では貨幣恐慌を伴う金利急騰と物価暴落の爆発的過剰生産恐慌が生じたが，後者ではこれに代わってクリーピングインフレーション，スタグフレーション，そして今回のリーマン危機が生じた。資本主義的生産様式に内在する矛盾の発現形態においても両体制では対照的形態をとっている。現在われわれに求められている，商品・貨幣・資本から構成される経済学の原理は，この対照的現象を一貫した理論で統一的に説明する理論を提供することではないか？

リプライ：不換制もいわば原理論で説くべきという趣旨と解釈するが，不換銀行券というのはいわば合法化された債務の踏み倒しである。そのような現象を原理論として解釈することはできない。国債なども租税で債務を返すという建前が堅持されていれば原理論でも説けるかもしれないが，実際には無限に債務を先送りする構造になっている。その部分は原理論を超えたメカニズムというか，国家権力といったものを考えざるをえない。したがって不換通貨の過剰発行による財政赤字の引き受けで発生する財政インフレの問題も原理論では説けないと考える。

第3報告：渡辺雅男（一橋大学・名）

1 鍋島会員による質問

（1）「経済の金融化」の全体的構図，そしてその矛盾をどう捉えるか。大きく経済の金融化，経済政策，階級関係の3つの主題を取り上げている。それらの議論は説得的である一方，これらの問題の相互関連，それから資本主義の構造転換，全体的な構図についてやや分かりにくい。つまり金融化の進行がどのように資本主義経済の構造を変容させたのか，そしてそれがどのように所得の不平等，経済の停滞をもたらしたのか，そういう全体のストーリーが見通しにくい印象をもった。とくにうかがいたいのは，金融化を背後で規定している階級関係，すなわち生産資本家に対する貨幣資本家の覇権は今後も続くのか，そして新自由主義的な資本主義がこれからも続いていくのかどうかである。

（2）金融化がもたらした弊害として，所得分配の不平等化，資本蓄積の停滞などが挙げられる。これらの問題が生じたメカニズムについてどう考えるか。つまり金融化がどのように資本主義の構造を変化させ，今日の経済的停滞を生み出したのか，そのメカニズムについてうかがいたい。たとえば，株主価値志向の拡大に注目するE.ストックハンマーの議論をどう評価するか。

（3）金融化が資本蓄積の動態に及ぼした影響は，国ごとに異なっている。これまで多くの理論家が主張してきたことは，アメリカ経済の現状がベースになっているわけであるが，日本経済の金融化にどういう影響を及ぼしているのか。バブル崩壊後の日本経済の長期停滞を金融化によるものと見るのか否か。

2 前畑会員による質問

（1）日本経済の金融化の原因について，1990年代後半における現実資本蓄積の停滞は「経営階級が貨幣資本家階級の利害に屈服し，それに従属したことで」生じたのだろうか？ そうではなく，現実資本の蓄積の停滞はバブル崩壊後の投資機会の不足が原因であった。ここから貨幣資本蓄積の増大がもたらされたと考えるべきではないか。その結果，機能資本に対する所有資本の新しい関係が生じたのではないか。日経連の『新時代の「日本的経営」』は，現実資本蓄積の停滞を打破するための，産業予備軍創出・労働力流動化政策であり，機能資本サイドからの要請であり，機能資本の覇権の放棄を意味するとは考えにくい。

（2）金融制度の役割の理解だが，「産業資本を円滑に機能させる」点にあるのか。これは極めて一面的な認識である。それは資本配分機能や流通空費の節約と並んで，資本主義的生産の内在的限度を突破させ，恐慌を促進する梃子の役割を持ち，他人労働の搾取を「もっとも純粋かつ巨大な詐欺・賭博システムにまで発展させる」作用を持っている。問題はこの役割・作用が，『カジノ資本主義』といわれるように，資本主義のある時代の特色として語られるようになった理由である。それは財政金融政策の効果低減と結合した現実資本蓄積の長期停滞を原因とする貨幣資本蓄積の過剰化にあるとみられるのではないか。言い換えれば，スタグフレーションと同様の，不換制度との結びつきにおいて生じた独自の現象ではないか。

（3）現在の日・米・欧の量的緩和政策は，恐慌時に金利を人為的に高めるピール条例についてのマルクスの文言から，貨幣資本家階級の機能資本家階級に対する力の増大を示すと考えうるか。

（4）「スチュワードシップ・コード」の位置づけについて。機能資本と所有資本が分離すれば，所有資本の行動規範，とりわけ社会的所有資本としての機関投資家の行動規範が整備されるのは必然と考えられる。したがって中・長期的投資を重視するコードの形成自体をもって機能から所有に覇権が移ったと即断できるのではないか。まずは機能と所有の同格の対立構造の形成と位置付けるべきではないか。

3 渡辺会員のリプライ

1（2）へのリプライ：鍋島先生が質問された，ストックハンマーの議論に対する評価は，株主価値志向の拡大は大企業ほど染まりやすいことを指摘したことであるが，もう一つ注目すべきことは，家計も金融化しているということで，私はむしろ後者の方にストックハンマーの議論の意義を認める。大企業ほどその時代の支配的な資本に染まりやすいというのは，何も金融化に限ったことではなくて産業化の問題にもいえるわけで，零細・中小企業の技術革新に対する影響を考えていることがよくわかる。

2（2）：前畑先生には金融制度を矮小に考えているというふうに言われたが，2年前の「経済の金融化と資本の神秘化」という論文では，実体経済に関して金融あるいは信用というのはマルクスの言う競争戦での一つの巨大な武器になる，そして資本の集中の巨大な社会的機構になることを強調して，単に経済学的に非常に狭い意味での金融というものを超えなくてはいけないということを強調したつもりだが，この報告ではそう言う議論を省いたことで批評をいただいたと思う。

1（2）：鍋島先生がいわれたメカニズムの問題について，たとえば所得格差が発生するメカニズムを金融化で説明せよ，あるいは金融化だから所得格差が拡大するという想定で資本と結びつけよというのはとんでもない。所得格差については，利潤を増やそうとすれば賃金が下落する，賃金が上がれば利潤が減るという力関係のもとで，一体どういう均衡点である時代のバランスが保たれるか，そういう問題である。金融化であろうと産業化であろうと，そのバランスが崩れれば貧富の格差は増していくだろうし，バランスが保たれれば，その力関係は表面化しないで平等へと向かうような状況が生まれる。だから何か機械的に金融化がこれこれの現象を引き起こしているという問題設定そのものが再考されるべきではないか。

1（1），2（1）：一番大事なことでお答えしづらい問題でもあるが，前畑先生が日本経済の「金融化」の原因について，鍋島先生は経済の金融化の全体構造がみえない，あるいは金融化がもたらした所得分配の不平等化のメカニズムと金融化がどういう因果関係になるのかについてコメントされている。しかし私は，因果関係を証明するためにこの報告を行ったわけではない。因果関係と状況連関は全く違う。つまり社会科学では，

さまざまな実証についての状況連関を指摘することと因果関係を論証することは次元の違う課題になる。三つの世界の報告は、けっして経済の金融化について因果関係を論証しようとして行ったことではない。あくまでも状況連関として、こうした三つの層の違いがそれぞれ関係していることを言っただけである。それを因果関係にまでもってくることが社会科学の次の目的、あるいは究極の目的である。階級論としてもっと深い研究や分析がなければならないし、国家政策が果たした役割についてももっと深い研究が必要である。そんなことはとてもじゃないけど一人の力ではできないし、おそらくわれわれが束になってかかってもそう簡単にできる課題ではない。因果連関の説明を期待されるのはよいが、無理かなという気がする。

II 会場からの質問とリプライ

1 高田報告への質問とリプライ

大西 広(慶応大学)：「金融化」は資本主義的な(『資本論』の範囲の)現象なのか、その論理では解けない現象なのか、明らかにしてほしい。私はかなりの程度利潤率→利子率低下という「資本主義」の論理で証明できるものだと考えている。

リプライ：私も、金融化は百パーセント資本の論理で説明すべきだしできると思っている。金融化も現代起きている金融システムのさまざまな変化も、元はと言えば、企業が資本蓄積のさまざまな障害を突破する、そういう資本の動きと知恵の中から出てきたものであって、けっして資本主義の本来の発展経路からの逸脱として起きているわけではない。そういう逸脱ではなくて、資本主義の一定の発展段階で現在の金融化と呼ばれているような状況を呈せざるを得ないということを資本主義の論理から説明するのが経済学の役割だし、『資本論』をベースにして説明できるしすべきだというのが私の答えである。

河村哲二(法政大学)：グローバル金融恐慌の原因を主に金融化による金融面にみているが、資本主義の現状における資本蓄積体制(構造とメカニズム)の転換という視点から見て、1950・60年代の大企業体制からグローバル企業への展開という主力となる企業体制の変化と「金融化」とは、どのような内的関係にあると考えるのか。

リプライ：もちろん企業の金融化とグローバル化というのは非常に密接な関係にあり、その関係は一方的な因果関係ではなくて相互関係であろう。たとえばグローバル化、多国籍企業化するということは、内部留保や株式交換を利用して財務活動を利用してやっている面が非常に強い。グローバル化を進めようとすれば、企業は財務重視の体制をつくらないといけないという意味で、金融化とグローバル化がつながるし、グローバル化によって企業は、労働者の低賃金を実現して上がった利益をグローバルな規模で価値増殖させていく、それを財務活動の強化に結びつけていく。金融化とグローバル化というのは、さまざまな経路を通じて相互に強めあう関係にあると思っている。

2 新田報告への質問とリプライ

今井祐之(玉川大学・非常勤)：もし資本主義の世界システムがオンオフの単純な繰り返しではなくスパイラルな質的発展であるならば、「循環する世界資本主義システムを把握する原理論」と現状分析との二層システムだけで十分ではないのか。「世界システムの歴史理論」は経済史学者に研究していただき、理論家は現状分析の際にヒントとして参照すればいいのではないか。宇野理論の段階論が事実上、放棄されているのに、なお理論の三層構造が必要なのはなぜなのか。段階論という形で中間理論を必要とするのはなぜなのか。

リプライ：現状との兼ね合いで、反復循環を強調したが、とうぜん生産力の発展を基礎としたさまざまな歴史的変化がある、縦軸・横軸のような形である。もう一方の面、変わっていく面と変わらない面が合成してある種の循環構造ができるところを、歴史理論としてとりあげた。そのような歴史理論は歴史学者や経済史学者の実証研究とまったく性格が違うものとして必要性があるのではないか。そしてまた今日現象している「金融化」も、まったく新しい現実の側面と歴史的に繰り返している面とがある、その両面を明らかにするためには歴史理論が必要になる。

江原 慶(大分大学)：①「パクスアメリカーナ的国際秩序の安定期」には「超帝国主義」にリアリティがあったとされているが、当時マルクス派の間で「超帝国主義」という単語は、「帝国主義」という単語よりも現状認識として使われていたのか。②2001年以降はレーニン的な「帝国主義」が復活しつつあるという認識が示されたが、現状認識として「帝国主義」というコトバはあまり使われていないのではないか。

リプライ：①私は2001年に『超資本主義の現在』という本でカウツキー「超帝国主義」論を再評価したけれども、当時もまだ「超帝国主義」などというのは、カウツキー主義者のいうことだということでいわば罵倒の対象だった。

『情況』(2017年秋号)で「カウツキー超帝国主義論再考」という論文を書いているので，そこで過去の経緯を見ていただければと思う。②まさに先ほど大西会員が説明された通りである。

大西 広：レーニン『帝国主義論』に回帰する前は超帝国主義だったと言われるが，そうすると，米ソの対立は帝国主義間対立でなかったことになる。①ソ連が帝国主義でなかったとする根拠は何か。②私は各国政府間の貿易摩擦は市場の再分割戦争であったと考えている。貿易摩擦は不均等発展によって起こされた国家間摩擦ではないのか。

リプライ：①たしかにソ連は社会帝国主義という規定もあったので，そうであれば米ソも帝国主義対立になるかとも思うが，ソ連が，大西先生の考える不均等発展によって勢力圏を拡大した，そういう生産力的背景をもっていたのかどうか疑問である。②確かに戦争は政治の延長であるという言い回しもあるが，延長というのは実際の距離が重要である。貿易摩擦でとどまるのか，実際に軍事力を発動してしまうのかでは，天と地ほど違うのではないか。

西部 忠(専修大学)：①現代の脱工業化のような技術的長期トレンドは必ずしも大循環論の枠組みに入らない。循環という視点の強調はこうした重要な現実の傾向を看過することにならないか。②また，循環を強調するとき，資本主義のメルクマールは何になるのか。マルクス，宇野では労働力商品化がそれであったが，新田氏の場合，それはどう変わるのか。③さらに，非資本主義社会への展望はいかにして得られるのか。

リプライ：①西部会員からの脱工業化などの長期トレンド，これもマルクスの生産力的変化，ある種の不可逆的な変化の側面をとらえていると思う。脱工業化論についてダニエル・ベルが言ったのは，post-industrialization で情報化，サービス化によって生産力的に新しいものが出てくるという側面。それに対して，産業の空洞化は de-industrialization で，これは「金融化」にシフトしながら，国内製造業をグローバルに再配置していくという側面。こちらは繰り返す面で，オランダもイギリスもアメリカも経験してきた側面でとらえられる。両者は反復する側面と生産力的に新しいものが出てくる側面としてとらえられる。

②資本主義のメルクマールを労働力商品化，19世紀産業革命とする，そういう発想を相対化せざるをえないと考えている。社会全体の再生産過程を包摂する「純粋資本主義社会」のようなものではなく，部分的に生産過程を包摂するようなものは古代からあったといっ

てよい。資本主義というものはもっと広く考えなおしたほうがよいのではないかという発想である。そういったものが世界史上循環的に繰り返し現れてきた側面もとらえられるように，宇野学派的にいうと，流通論の資本形式の規定をかなり拡大していくことになる。とはいえ一方で，19世紀産業資本主義にはある種の特権性もあることを忘れてはならない。それは，商品・貨幣・資本という範疇を純粋に抽出する根拠となるものであり，宇野のいわゆる「方法模写説」に関わる問題だが，ここで詳述することは困難である。

③非資本主義社会の問題に関しては，現時点ではあまり考えてもしょうがないのではないか。エンゲルスは『空想から科学へ』で，歴史的基盤の成熟していないところで社会主義を構想した先人たちを空想的・ユートピア的と評した。今の時代も，そういうことではないか。もちろん，空想というか「統制的理念」のようなものを考えながら，新しいものを試行錯誤していくということは大事なことだろう。

河村哲二：資本主義の反復・循環という立論であるが，資本蓄積体制は，とくに資本の現実態としての企業体制をみると，19世紀半ば，19世紀末，第一次大戦，さらに第二次大戦後でも50・60年代の大企業体制から1980年代以降のグローバル企業の展開で大きく変化している。また企業－金融関係，国際通貨体制も大きく異なっている。その意味で，反復・循環としてはとらえられない。資本主義の段階的発展論は，そうした資本蓄積体制の相違の解明として要請される。新田報告の「反復・循環」論は資本主義の発展段階論を否定しているようだが，否定できないのではないか。

リプライ：河村会員と西部会員の疑問の最初の方は重なっていると思うが，先ほど述べたように，生産力発展の側面も考えている。今回は原理論に関係する反復・循環論の側面を強調したということをご理解いただければと思う。

3 渡辺報告への質問とリプライ

大西 広：「金融化」には利潤率→利子率の低下が大きく作用している。これは単なる階級間の力関係の問題ではなく，もっと一般的なマルクス主義の歴史報告として論じられるべきことを示している。利子率が長期的に低下すれば，資産価格が上昇するというのは普通の話である。これは別に階級論ではなくて一般的な利潤率低下論である。すべてを階級論に持っていくというのはやりすぎではないか。

リプライ：『資本論』の枠内で金融化が理解可能かどう

かといえば，おそらくここが高田先生と私の大きな違いだと思うが，『資本論』の範囲内ではすまない。というのは，『資本論』はマルクスのプランの中のごく限定された部分を論じ，経済学批判体系の未完成の部分は物価論，労賃論，世界市場論等いろいろある。そういう問題と金融化論が関わらないかというととんでもない。金融化論もそこまで延びていかなければ時代をつかみ取ることはできないので，『資本論』の範囲を超えて大きなものが残っている。そういう意味では『資本論』の現代化という観点に立つとしても，『資本論』の論理だけでは言い切れない。では，金融化と利潤率傾向的低落とは無関係かというと，そうではない。そのかぎりで，大西さんの質問には一理ある。というのは，金融化は一般的利潤率の低下に大きく作用しているからである。大西さんは，すべてを階級関係に流し込んでしまうというが，私はそんな発言をしていない。今日報告した，三つの世界，個別企業・国家政策・階級関係は大きく金融化の問題を規定していると言っただけである。すべてを階級論に流し込むことを主張したことは一度もない。そこを曲解しないでほしい。

西部　忠：労働者階級の「敗北」という表現は労働者階級が「階級」として存在しているという前提の下での判断か，あるいは労働者階級が解体してしまい「階級」として存在しえなくなったということか。私が考えたのは，金融化の背後に，たとえば経営者の幹部の増大か労働者の貯蓄の増大ということがあって，かつての労働力商品のように共通性に立った階級制という位置づけがなお保持できるのかどうか。人的資本家が出てくると，人的資本家的な労働者の意味が出てくるわけで，ここに労働者としての階級の意味を保持できるのかどうか。

リプライ：簡単に労働者階級は存在していると言おうと思ったのであるが，どうも想定されているイメージが大分違う。労働者階級といってもいろんな生活の部面があって，場合によってはお小遣いをためて株を買って株主になっている。だからその面では資本家である，労働者でありながら資本家であるという姿を想定されて，もう労働者は現在いないのではないかという疑念をお持ちになったのかもしれない。それはおかしい。主な所得源泉を株の配当から得ているのか，それとも自分の労働の賃金から得ているのか，そこがあいまいになるような資本主義の発展段階にはきていない。やはりどちらかの主要源泉が個人ごとに確定されてはっきりしている。そういう意味では，たとえ資本家のふりをしても労働者は労働者である。そういう点では変わらないと思う。しかし，彼・彼女が労働者としての意識をもっているかはまったく別である。労働者として存在していながら，労働者としての意識をもたない，これが今の労働者階級の実態である。しかも，その多くが政治的には無党派層としてカウントされる。労働組合がますます体制化していって，労使協調路線に失望した労働者のほとんどが，労働組合から離れて無党派層として浮遊しているのが政治的な姿の現在の労働者階級である。

河村哲二：「金融化」の主な要因を「国家の経済政策」に求めていると思われるが，主力となる企業体制の変化と「金融化」との関係は重視されないのか。現在の企業体制のもとでの階級関係の大きな転換も，とりわけグローバル資本主義化による企業体制の変化というモメントをもう少し重視すべきではないか。

リプライ：主な原因を国家の経済政策に求めているとは言っていない。それは三つの世界の一つである。しかも，それはその他の経済主体が金融化に向かっていく，ある意味で官僚制度であり国家政策である。だから，個別企業がそれに乗らなければ動かなかったわけだし，階級関係がそれを支援しなければ，大きな構造的な条件は整備できなかった。みんなが協力して経済の金融化が実現した。その中の一要因だけを私が取り上げているというのは誤解だし，もし事実ならばおそらくそれは間違った金融活動になると思う。

渋井康弘（名城大学）：金融が肥大化していくと金融部門が多くの利益を獲得するようになって利潤獲得の主要舞台になったとは思うが，そのことが階級覇権を握ったことになるか。とくに金融的利益は投機的利益が大きいから，実体的な価値のないものがどんどん膨れ上がっていくという意味ではすごく儲かるけれども，何か事があれば一気に暴落してしまうというような危うい地盤に立っているともいえる。そういう意味でも，階級的覇権というのが本当に言えるのかどうかお聞きしたい。

リプライ：金融部門が利潤獲得の主要舞台になって階級覇権を握った，これは半分その通りである。というのは，株主価値志向に対して経営者が屈服した，言ってみれば，日本的経営を放棄して，ますます株主の要求に応えざるを得ないところまで追い込まれて，それでも経営者としてやっていこうとしたら，身も心も売り渡すしかない。これを階級覇権の移行と言わずして何というべきか。

報告者相互のコメント，司会者の発言部分は，割愛させていただいた。

（原稿とりまとめ：竹内晴夫）

論文

サブプライム金融危機の機序と「サブプライム証券化機構」

小林正人 | 駒澤大学

1 はじめに

2008年9月の「リーマン・ショック」の前後における世界的な金融危機は，米国の投資銀行5社の主導による，サブプライム住宅ローンを利用した証券化ビジネスの隆盛と崩壊を特徴とするので「サブプライム金融危機」と呼ぶことができる。サブプライム金融危機の過程で破綻した預金銀行等は米国だけでも2007〜12年の累計で468に上った[1]。この過程で信用収縮が実体経済にも作用して急激に需要が縮小し，米欧日の製造業大企業などの経営が危機になり，失業率が急上昇した（米国2010年＝9.6％，英国2011年＝8.1％，日本2012年＝5.4％）。さらに欧州では多額の国債発行による景気対策が財政危機（ソブリン危機）へと連動し，実体経済への信用収縮を長引かせた。この危機の総体を「サブプライム恐慌」[2]と呼ぶことができる。金融部門の危機による信用収縮が実体経済の需要を縮小させ，後者が信用収縮を長引かせ[3]，さらに失業率の上昇が消費需要や設備投資需要を縮ないし低迷させて実体経済に縮小再生産を強いるという悪循環現象は，1929年大恐慌とも類似する[4]。

本稿ではまず，FF金利（federal funds rate）の上昇，サブプライム住宅ローンの返済延滞率等の上昇，住宅バブル崩壊の前後関係を確認した上で，サブプライム・ローンの特異性としての「ティーザー金利」の（住宅バブルへの参加者の広がりやFF金利上昇のショックの大きさにたいする）意義を論じる。さらに，2000年代の米国で住宅バブルを引き起こし，のちに崩壊させた「サブプライム証券化機構」の内部構成と膨張の論理を解明する。そして，サブプライム証券化商品の大口顧客になった預金銀行やヘッジ・ファンドによる高レバレッジ経営が，サブプライム住宅ローンの返済延滞増加によって逆レバレッジへと反転し，短期金融市場に急激な信用収縮をもたらしたサブプライム金融危機の機序を論じる。

なお本稿では，サブプライム住宅ローン（subprime mortgage loan）をSPLと略して記載する。

2 サブプライム金融危機と住宅バブル崩壊

2008年の世界金融危機の発端について，「2006年秋以降住宅価格が下降に転じ，サブプライム層の元利返済がとどこおり，差し押さえが増大しはじめ」[5]たという説明が定説化している。住宅価格の低下のもとで住宅ローンの延滞・焦付きが増大，あるいは住宅価格が下落して延滞・焦付きの急増となったとする著書もある[6]。つまり，住宅価格が下落したあとでSPL債務者の返済延滞や差押えが増加したという説明である。この機序は重要なので，統計資料で確認しておくべきである。

図1はFF金利と，住宅ローンの固定金利および変動金利との比較である。FF金利は2003年央に1％まで下げられたが，04年7月から2年間に段階的に引き上げられ，06年央に5％を超えた。住宅ローンの1年変動金利は少し遅れて04年10月の4％から2ポイント上昇した。住宅ローンの30年固定金利はもっと遅れて上昇したが，上昇幅は1ポイントであり，SPLにとって重要なのは変動金利である。住宅ローン金利が政策金利を下回るはずはなく，FF金利に準じるのは当然である。

SPLは基本的に変動金利型住宅ローンである。1年変動の住宅ローン金利と，SPLの返済延滞率や差押え率との比較を図2で示した。住宅ローンの変動金利が上昇し始めて半年後の2005年央から，SPL債務者の返済延滞率が上昇し始め，その半年後の06年初からSPL債務者の差押え率が上昇し始めた。米国の住宅ローンは実質的に（明文ではなく）ノンリコース（非遡及型）であり，返済延滞が90日続くとすぐに当該物件が

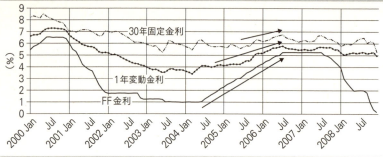

図1 米国のFF金利と住宅ローン金利

資料：住宅ローン金利はFreddie MacのウェブサイトのPrimary Mortgage Market Survey。

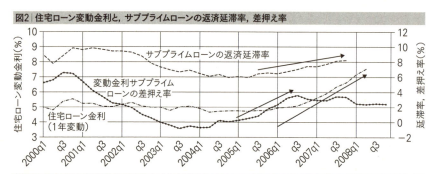

図2 住宅ローン変動金利と，サブプライムローンの返済延滞率，差押え率

注：住宅ローン金利は各年の1月，4月，7月，10月の値。返済延滞率は返済が30日以上延滞したローンの比率。
資料：住宅ローン金利はFreddie Mac，返済延滞率はOECD Economic Outlook No.83（p.30），差押え率はOECD Economic Outlook No.84（p.34）。

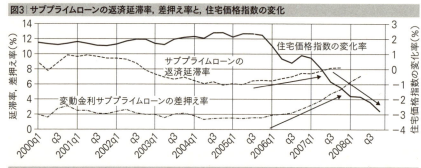

図3 サブプライムローンの返済延滞率，差押え率と，住宅価格指数の変化

資料：返済延滞率はOECD Economic Outlook No.83（p.30），差押え率はOECD Economic Outlook No.84（p.34），住宅価格指数はFHFAのウェブサイト。

差押えられる（所有権が債権者に移って売り家になる）[7]から，延滞率上昇のあとで差押え率が上昇するのは当然である。住宅ローン金利の上昇は新規の住宅ローン需要にも影響するが，図2が示す事実は，住宅ローン変動金利の上昇が返済途中のすべてのSPL債務者の返済額を一斉かつ段階的に増やしたことである。

図3が示すように，FHFA（連邦住宅金融局）の住宅価格指数は2005年まで年平均2％の速さで上昇したあと，06年初から上昇率がにぶった。しかし反転して下落したのは07年第2四半期からである。一方，SPLの返済延滞率の上昇はすでに2005年央から，SPLの差押え率の上昇は06年初から始まった。この図3の資料はOECDのデータであるが，MBA（Mortgage Bankers Association）の統計でも，変動金利型SPLの延滞率はほぼ同じ2005年末から上昇している。つまり住宅価格が下落に転じる前にSPL債務者の延滞率や差押え率が上昇したと判定できる。S&P／ケース＝シラー住宅価格指数をみても反転下落は2006年8月からであり，上記の判定は揺るがない。

以上の統計資料から検出されたのは，FF金利の上昇→住宅ローン変動金利の上昇→SPL債務者の返済延滞率と差押え率の上昇（→売り家の増加）→住宅価格指数の上昇率のゆるみ，そのあと反転下落（住宅バブル崩壊）という機序である。住宅価格の下落はSPL延滞率を上昇させるが，同時にまた延滞率上昇が差押え率の上昇→売り家増加となって住宅価格を下落させ

る。つまり両者は相互作用(悪循環)の関係にあるから，一方だけの議論は一面的である。しかもこの悪循環は住宅価格の下落が始まったあとの現象である。恐慌ないし不況は悪循環現象だから，その悪循環が始まった理由を解明することが課題である。上記の統計分析によれば，この悪循環に先行してSPLの延滞率や差押え率の上昇が，さらにその前にFF金利の引き上げがあったのである。

3 サブプライム住宅ローン(SPL)の特異性とFF金利

SPLの返済延滞率の上昇の理由を解明するには，SPLという住宅ローンの特異性の把握が必須である。住宅ローンの返済期間は30年が標準であるが，プライム・ローンの70％が全期間固定金利である一方，SPLは90％以上が変動金利であり，しかも返済当初2年間だけ固定金利というタイプが50％以上を占めた(図4)。この型のローンは，3年目からの28年間が変動金利になるので2/28 (two twenty-eight)と呼ばれるが，以下ではこの型のSPLを焦点に議論する。

変動金利型住宅ローンを米国ではARM(adjustable rate mortgage)と呼ぶが，市場金利に連動して返済金利が調整される住宅ローンを意味する。SPLの変動金利の式は【6か月物LIBOR＋(ローン会社の手数料5〜6％)】である[8]。6か月物LIBOR(ロンドン銀行間取引金利)に連動するから，2/28型の3年目以降の返済金利は半年ごとに改訂(リセット)される。しかも2/28型には，当時のFRBによる超低金利政策(図1)の影響で，当初2年間の金利がプライム・ローン並みに低かったという特徴があった。この当初2年間の低い金利はティーザー金利(teaser rate，いわば「勧誘金利」)と呼ばれ，住宅ローン会社が市民をSPL利用へと誘い込むときに使われた[9]。このため，ティーザー金利期間のあとの返済額が大幅に増加するペイメント・ショックが債務者に個別に及ぶことになる。

これに加えて，FF金利の段階的上昇に連動して6か月物LIBORが2004年央の1％台から06年央の5％台へと急上昇した[10]。これによりSPLの返済金利(上記の式)も2年間にわたり段階的に上昇し，ティーザー金利の期間が終わったSPL債務者全体にたいして全米で一斉かつ波状的なペイメント・ショックが襲った。これが，05年央からのSPL債務者の延滞率の上昇(図2と図3)の原因である[11]。たとえば03年前半にプライム・ローン並みの5％台でSPLを借りた人は，3年目(05年央)の金利改定時には返済金利が【LIBOR 3％＋手数料＝】8.5％程度になり，LIBORが5％を超えた06年央には10％程度に跳ね上がる。

当時のFRB議長A.グリーンスパン(在任1987年8月〜2006年1月)がFF金利を急速に引き上げた理由は何か。彼は2004年4月に米国議会で，持続的繁栄には物価安定の維持が必要である，価格インフレへの圧力を防ぐ程度までFF金利を引き上げなければならないと証言した。そのFF金利引き上げの狙いについて彼は回顧録の中で，「歓迎できないあぶく(froth)をその当時に生みだしていた住宅ブーム(boom in housing)を鎮める水準まで住宅ローン金利(mortgage rates)を引き上げることだった」[12]と書いている。狙いは住宅ローン金利の引き上げによる住宅バブルの沈静化と価格インフレの予防だった[13]。しかし彼は大量のSPLが証券化されて米国のみならず欧州の預金銀行も大量に所有し，FF金利の上昇が証券化商品の価格暴落のきっかけになるとは想定しなかったのだろう[14]。資産バブルを徐々に鎮めることはできず，資産の投げ売りを誘発し急速に収縮するのである。

サブプライム金融恐慌をめぐる議論ではFF金利の歴史的低下が住宅バブルを助長したという指摘は多いが，そのあとのFF金利引き上げの政策効果については不問にされていることが多い[15]。これは一面的な議論であろう。政策金利の引き上げは信用や設備投資を縮小させる効果を確実に持つ[16]。ただしサブプライム金融恐慌との関連については，「サブプライム証券化機構」(第5節)の分析が不可欠である。

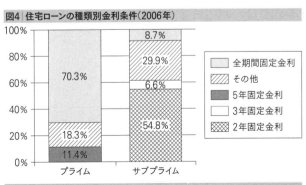

図4 住宅ローンの種類別金利条件(2006年)

資料：フレディマック。
出所：倉橋／小林[2008] 60頁。

4 住宅バブルの参加者はだれか

SPLは「信用力の低い人に対する住宅ローン」だったという定義の陥穽を見ずに，SPLの債務者は低所得者だったという議論が多い[17]が，これは「ミスリーディングである」[18]。低所得者への略奪的貸付だけで当時の「投機的に上がりすぎた住宅価格」[19]を説明するならば，「貧者による投機がバブルを起こした」という不可解な議論になるだろう。

米国での議論は異なる。SPL債務者のうち低所得者は27.1％で，プライム・ローンでの25.1％と大差なかったという米政府機関の2006年の調査[20]を見るだけでも，上記の議論の陥穽がわかる。また，バブル期にサブプライム・ローンを借りた人の少なくとも三分の一が実際はプライム・ローンの適格者だった[21]。つまり中所得以上の人もSPLを利用したのである。さらに，1998～2006年に貸し出されたSPLのうち住宅購入に使われたのは40％程度，初めて住宅を買うのに使われたのは9％程度だったという調査がある[22]。つまりSPLの60％程度は住宅以外の物件への融資であり，SPL債務者の90％はすでに自宅を持っていたのである。実際，セカンドハウスや別荘を買う，住宅を転売して値上がり益を狙う，5件以上の家とステーキ店などの賃貸用物件を購入する，所得が高いが背伸びして高級住宅を買うなどの事例があった[23]。

さらに，購入物件の価格上昇分をホームエクイティローンの担保にして得た金で消費財を購入するためなどにSPLを利用した人も多かった[24]。また，1986年から住宅ローン利子所得控除を2戸目の住宅ローンにも適用する政策[25]が始まったが，これこそ低所得者の持家促進政策ではなく，すでに持家がある人に住宅の追加購入を促す政策だった。しかも米国の住宅ローンは実質的にノンリコースであり，2戸目の物件のローンが返済できなくなっても，物件の所有権を放棄すれば残債務を負わないという事情もあった。すなわち，低いティーザー金利が終わったときにプライム・ローンへ借り換えるか，物件を手放せばペイメント・ショックをかわすことができるという思惑が，中所得以上の人々のSPL利用をあおったのである。エール大学のロバート・シラーが，住宅市場には素人が多く参加した，購入資金の9割を借りられる住宅投資でもうける人々を見て皆が投資に走ったなどと言った[26]ときのSPL債務者は，低所得者ではない。

SPL債務者の中には返済不能になり，住宅を差押さえられてホームレスになった人も確かに多い。しかし，このような人々へのSPLだけで当時の（土地付き）住宅への投機的購入を説明することはできない。中所得以上の人々が，自宅以外の物件の購入，転売による値上がり益，あるいは消費用資金の増加を狙ってSPLを利用したことも，2000年代の住宅バブルの要因だった。内閣府（2007）も「投資目的の住宅取得者」[27]を併記している。しかし，中所得者などが投資目的で物件を購入したくても，十分な資金がなければ不可能である。SPLを潤沢に供給した金融システム，次節の「サブプライム証券化機構」が問題なのである。

5 サブプライム証券化機構の内部構成と信用膨張

5.1 サブプライム証券化機構とは

SPLを潤沢に供給したメカニズムについて，FCICは「ウォール・ストリート住宅ローン証券化機構」[28]と名付け，ファーガソンは「証券化の食物連鎖」[29]と渾名している。この機構の内部を図式化したのが図5である。この図は住宅ローン債権一般の証券化の説明だが，SPL債権が証券化される機構の説明図にもなる。以下ではこれを「サブプライム証券化機構」と呼ぶ。

5.2 SPL債権の組成と買い取り

サブプライム証券化機構の起点は，住宅ローン会社が融資のさいに組成したSPL債権を投資銀行などが買い取ることである（図5）。表1のように，SPLの新規融資額の約50％はモーゲージ・バンク（表内の「モーゲージ・カンパニー」）という非預金銀行が占め，残りは預金銀行，その子会社や系列会社だった。以下では，SPLの融資機関としてモーゲージ・バンクを中心に論じる。

SPL債権の約70％が買い取られ[30]，SPL証券化商品が発行されて世界中に売られた。SPL債権の買い取りは商業銀行なども行なったが，主役は投資銀行である[31]。リーマン・ブラザーズなどの投資銀行は，SPL債権を「奪い合い，手当たり次第に買いつけた」[32]。

モーゲージ・バンクは「独立」していたというよりも，むしろ投資銀行との結託があった。すべての投資銀行が複数のモーゲージ・バンクを買収し，SPL債権の確保に

奔走させた。たとえばリーマンは2004年までにSPL会社を6社買収し、ベア・スターンズは3社買収、メリル・リンチは2006年に大手SPL会社のFirst Franklinを買収したし、モルガン・スタンレーはNew Century（2006年に全米第2位のSPL会社）に、住宅ローンの原資を供給していた[33]。特にリーマンは、SPL会社の融資を危険だとする社内の調査報告があった（1999年2月）にもかかわらず買収を推進した[34]。なお、預金銀行がSPL会社を買収したり、融資した事例もある。

金融自由化により預金銀行から競争圧力を受けた投資銀行[35]にとって、従来の受け身のビジネスから脱する新事業が証券化ビジネスであり、投資銀行5社の競争で優位に立つにはSPL債権を大量に買い取ることが必須だった。この圧力のもとで、モーゲージ・バンクがティーザー金利を利用してSPLの融資件数と融資額を増やす競争に邁進した[36]。さらにSPL会社の融資担当者の報酬は融資量に連動して増えたし、190万ドルの年収のほかに1300万ドルのストック・オプションを行使できた幹部もいた[37]。

1980年代後半に日本で生じた土地バブルにおける投機信用の原理は、預金銀行が商業地などの買い占め者に融資し、その貸出債権を保有する「組成保有」だった。しかしモーゲージ・バンクや投資銀行には預金という資金基盤はない。モーゲージ・バンクという非預金銀行ができるのはSPL債権を組成して（originate）投資銀行に売るという「組成販売」である。けれども、債権買い取りという取引自体は「21世紀型」ではなく、預金銀行による商業手形の割引と原理は同じである。手形割引では、一般企業から商業手形を預金銀行が買い取り、その利子の一部を取る代わりにその返済不能リスクを引き受け、そのときに両者が債務者からの利子を分け合うのであり、これが銀行信用の創造や膨張となる。買い取った手形債権を銀行が保有せずに証券化商品に仕立てることもできるから、証券化と別物ではない。SPLの「組成販売」では、モーゲージ・バンクと投資銀行が結託してSPL債権を組成し証券化して、世界中の金融機関に販売し、その還流資金がさらなる債権買取りに向けられて住宅ローンが膨張した。その中で、モーゲージ・バンクは（SPLの借り手から）手数料を取り、投資銀行は証券化商品を売ったあとで（SPL債務者による元利返済金から）手数料を取るという収益のフローがつくられた（図5）。同時に、SPLの返済不能リスクは世界中に拡散された。

5.3｜サブプライム住宅ローン（SPL）の証券化

投資銀行のSPV（special purpose vehicle，特別目的事業体）が数千件もの住宅ローン債権を買い取り、住宅ローンの元利返済金を裏付けとする新たな証券を発行することが「住宅ローンの証券化」であり、発行された証券化商品がMBS（mortgage-backed security，住宅ローン担保証券）である

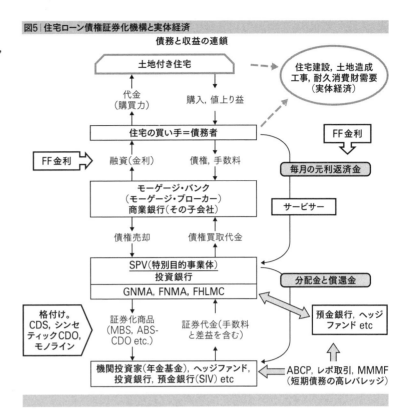

図5｜住宅ローン債権証券化機構と実体経済

表1｜サブプライム住宅ローン等の貸付機関別貸出額シェア（％）

貸付機関	2004	2005	2006
独立のモーゲージ・カンパニー	50.6	52.0	45.7
預金取扱金融機関	25.9	22.8	28.5
預金取扱金融機関の子会社	11.5	13.0	12.4
預金取扱金融機関の系列会社	12.0	12.2	13.4
合計	100.0	100.0	100.0

注：この表の「サブプライム住宅ローン等」とは、Higher-priced loans（国債金利とのスプレッドが3％以上の住宅ローン）を指し、その大半がサブプライム住宅ローンである。
出所：内閣府[2007]6頁。

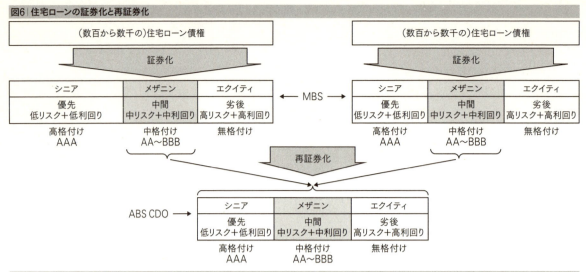

図6 住宅ローンの証券化と再証券化

出所：倉橋／小林[2008]91頁，みずほ総合研究所[2007]123頁。

（**図6**）。たとえばベアー・スターンズだけで2004～06年に100万件近い（年間約30万件）住宅ローン債権を証券化し，その総額は1920億ドルだった[※38]。MBSを投資銀行は，預金銀行（商業銀行），ヘッジ・ファンド，年金基金，保険会社，他の投資銀行などに大量に売り手数料を稼いだ。SPLの金利は（当時は）国債の利回りよりも高く，MBSの所有者は相対的に高利な分配金を受け取れたので歓迎した[※39]。つまりSPLのMBSとは，SPL債務者が毎月支払う元利返済金を投資銀行と，MBSの所有者（金融機関）とが，手数料あるいは分配金として分け合う金融スキームである（図5）。

途中で返済不能になる債務者が増えると，MBSの所有者には期待された分配金を支払えなくなる。そこで使われたのが「優先劣後構造」である。つまりSPLの返済不能リスク等によって，シニア，メザニン，エクイティの三層のMBSを仕立て，分配金はシニア層所有者に優先的に支払い，エクイティ層への分配金は払わず欠損にするという方式である。これによりシニア層MBSの格付けはAAAになり，（メザニン以下より）低利だが低リスクの金融商品として投資銀行は売り込んだ。MBS全体のうちAAA格が70～80％を占めた。もともと個々のMBSに2/28型SPLがどれだけ混入し，個々の2/28債権にどんな返済不能リスクがあるかは，MBSの購入者にはわかりにくい。しかも，返済不能リスクは「高度な」金融工学により計算済み，すなわち「解決済み」とされたので，いずれFF金利が上昇すればSPLの返済不能者が一斉に増加するという説明はなかった[※40]。結局，購入者が信用したのは格付けだった。

一方，エクイティ層のMBSは高リスク・高利回りの金融商品としてヘッジ・ファンドや投資銀行自身が所有した。これが資金調達（ABCP発行やレポ取引）の担保として（高レバレッジにより）利用され，のちの逆レバレッジによるMBS価格の崩落につながった（第6節を参照）。

5.4 証券化商品の再証券化

投資銀行が証券化ビジネスで儲けるには，MBSのうちの15％程度を占めるのにAAA格にならないメザニン層のMBSも売り尽くし，原債権のSPLの買い取りに投じた資金を回収して手数料を稼ぐ必要がある。ここで「再証券化」という手法が利用され，メザニン層のMBSに入る分配金（と償還金）を裏付けに[※41]　新たな証券化商品が大量に発行され販売された[※42]（図6）。証券化商品を原債権とする証券化商品は「ABS CDO」[※43]と呼ばれる。ABS CDOは，後述のシンセティックCDOとは別のCDO（collateralized debt obligation）である。

「証券化」と同様にABS CDOも優先層，中間層，劣後層が仕立てられるが，優先層とされたABS CDOであっても原債権はメザニン層のMBSだから，それへの分配金の支払いはAAA格MBSよりも劣後になる。これについては，「BBBのMBSがAAAのCDOに化ける。……見かけ上，ローリスク・ハイリターンという都合のよい金融商品の組成を実現するため，BBB格程度のMBSが積極的に活用されていた形跡すらある。……サブプライム・ローンの損失をMBSのエクイティですべて吸収することができず，BB格やBBB格のMBSにまで損失が拡大し，それを裏付けとするCDOの価値が想定以上に大きく毀損される」[※44]と指摘される。つまりABS CDOは，メザニン層のMBSを「低リスクの証券」に偽

装して再販売する金融スキームだった[*45]）。にもかかわらず「優先層」のCDOにもAAA格が付けられ、欧米の銀行などに売り込まれた。

大橋（2010）は、ABS CDOが利用された目的について、「最優先ではないため高格付けを取得できないRMBSのメザニン・トランシェをプールし、……そのプールからリスクの少ない優先トランシェを切り出し、それに高格付けを取得して高値で売却する」ことであり、「低リスクと評価していた優先トランシェも実際のリスクは高かった」、「誤ったリスク評価があった」ことを認める（121頁）。しかしこれは、「証券化を利用すれば、取引するリスクの内容や大きさを……容易にコントロールできる」（37頁）という自らの解説とは矛盾する。偽装的なABS CDOの量産も証券化の帰結であるのなら、証券化ビジネスの功罪の厳正な評価が必要である。

5.5｜サブプライム証券化機構の補助的機関

これまでサブプライム証券化機構の主導的機関を論じたので、その膨張を補助した機関について論じる。

まず、サービサーという債権回収機関の役割である。組成されたSPL債権を投資銀行が買い取ってもSPL債務者の債務は消えない。債務者は契約時の返済計画に従って元利返済を毎月しなければならず、この返済金を毎月回収して投資銀行（のSPV）に送る「サービサー」が証券化商品には不可欠である。ただし、「サービサーはしばしばオリジネーターが兼ね」[*46]るから、実質的にはモーゲージ・バンクなどが担っていた。そのためモーゲージ・バンクの破綻が続くと（第6節(2)）、証券化商品の所有者には分配金の欠損の警鐘、投げ売りへの誘因となる。証券化商品の問題点をめぐる議論ではサービサーの役割が明示的ではないことが多く、証券化を解説した図でもサービサーが省かれることが多い[*47]が、図5では明記した。

ムーディーズやS&P（Standard & Poor's）などの格付け会社が大量のMBSやCDOをAAAに格付けてその信用を補完したことが、SPL証券化商品の販売を助長した。格付け会社が、住宅ローンを裏付けとするCDOを格付けた件数は2004〜07年に10倍に増えたし、S&Pは2007年7月の第1週には1日で300件ものMBSを格付けた[*48]。一般投資家への「中立・公平な」信用情報の提供を建前とする格付け会社が、ウラではおざなりな「高格付け」を与えて顧客（投資銀行）を儲けさせ、それにより自らも「途方もなく儲けた」[*49]のである。

CDS（credit default swap）のような債権損失保険も、国債や株式のような流通市場が確立してない証券化商品の信用を補完した。CDSはプレミアム（保証料）を定期的に支払った企業に、証券化商品などで損失が出たときのプロテクション（損失補償金）を支払うという金融保険である。モノライン（金融保険専業会社）やAIGなどが、サブプライム証券化機構から収益を吸い取るためにプレミアムの値下げ競争を展開し、プロテクションのための原資が十分に積めなくても、この機構内の資金循環が続くあいだは、プレミアムを受け取る一方の儲かる事業としてCDSビジネスが続いた。さらに、CDSを大量に集め、それらのプレミアムを裏付けとする新たな証券化商品（シンセティックCDO[*50]）の発行と販売に投資銀行も乗り出した[*51]。証券化商品の分配金の欠損リスクを金融保険ビジネスに利用し、証券化商品の信用を高めようとした。このようにCDSやシンセティックCDOは、高い格付けとともに、MBSやABS CDOなどの証券化商品の市場での信用と販売を助長し、サブプライム証券化機構の膨張を補助した。

5.6｜Shadow bankingとしてのサブプライム証券化機構

投資銀行5社間の競争が主導した住宅ローン債権の証券化ビジネスは、モーゲージ・バンクから買い取った大量のSPL債権を裏付けとする証券化商品を米国や欧州の金融機関に大量に売り込み、その販売代金がモーゲージ・バンクに還流して次のSPLの資金になるというグローバルな資金循環を実現した[*52]。格付け会社や金融保険会社などは、この資金循環の膨張を補助した。こうして自然発生的に形成された資金循環と信用膨張のシステムがサブプライム証券化機構である。この信用膨張により住宅建設が促進され、製造業などが衰退した米国では、建設業や住宅産業の需要を拡大し、さらに中国や日本にとっては家電製品などの輸出需要となるなど、実体経済のグローバルな拡大にも寄与した。この機構内の金融活動が「実体経済から独立した」とは言えない[*53]。

サブプライム証券化機構の収益源はSPL債務者が「確実に」支払う割高な手数料と元利返済金である。超低位のFF金利を利用したティーザー金利に不動産所有の思惑をかけた米国市民がモーゲージ・バンクに勧誘されて行なった（土地付き）物件への投機を資金的に助長し、住宅バブルを現出させたのがサブプライム証券化機構だった。FF金利が上昇に転じて波状的ペイメント・ショックが債務者を襲うと、サブプライム証券化機構は収益を生まなくなり、機構全体が内部崩壊へと向かっ

た。これを明示するため，図5の右側に「FF金利」→「毎月の元利返済金」を図示した。

　サブプライム証券化機構を主導した投資銀行が金融当局の（預金銀行のような）規制のもとにはなく，しかも2004年にレバレッジ規制が緩和されたこと（当時ゴールドマン・サックスの会長のH. ポールソンが主導）はよく知られている[54]。また同じく主導的機関だったモーゲージ・バンクは米国では州の監督下にあり，規制はゆるかった。補助的機関である格付け会社は，格付けに誤りがあっても損害賠償責任は負わないし，金融保険会社は損失補償の原資が不十分でもCDSビジネスを続けることが許された。金融当局からの規制を免れていること，世界的信用膨張の重要な担い手になったこと[55]がshadow banking（影の銀行業）の定義だとすれば，サブプライム証券化機構の総体がそれである。サブプライム金融危機と規制緩和が無関係というのは誤りである。

6 証券化商品の価格崩落と金融市場の信用収縮

　米国の投資銀行は証券化商品を欧州でも大量に売った。2006年にMBSを保有していた地域はユーロ圏が33％，英国が13％を占めていた[56]。またサブプライム証券による損失は，のちに米国50％，欧州（英国と大陸）40％，その他10％という分布となり，ここからも「アメリカのサブプライム証券を欧英の金融機関がいかに多量に購入していたかがわかる」[57]。たとえばゴールドマン・サックスはIKBドイツ産業銀行を標的にシンセティックCDOを売り込んだ[58]。のちに証券化商品の価格が崩落し欧州の銀行がつぎつぎと巨額の損失を出し，ついにインターバンク市場の機能停止に至ったのがパリバ・ショック（後述）だった。shadow bankingの一種であるサブプライム証券化機構の中の問題が，証券化商品を所有した預金銀行を導火線にして，欧州の短期金融市場においてシステミック・リスクを発生させグローバル金融危機に発展した。

　リーマン・ショックは2008年9月の事件だが，半年前の3月に投資銀行業界で第5位のベアー・スターンズがついに破綻したときから「次は4位のリーマンが危ない」[59]と言われた。そのころリーマンのCEOが日本の銀行に出資を打診していたという証言がある[60]。このときからリーマン社は，証券化商品の価格崩落による所有資産の減損と，短期金融市場の信用収縮とに挟まれて債務超過の危機にあった。

　以下では2006年末からパリバ・ショックまでの個別事件の連鎖により米欧で金融危機が深化していったプロセスを，証券化商品の価格崩落，高レバレッジと逆レバレッジ，そして信用収縮をキーワードにして分析する。

（1）まず，2006年11月からメザニン層（BBB格）の証券化商品の価格の下落が始まったことに注目する必要がある[61]。この時点ではFHFA住宅価格指数の上昇率は鈍っていたが，反転下落はしておらず，住宅バブルはまだ崩壊してない。ではこの時点で価格下落が始まったのはなぜか。それはやはり，FF金利の上昇に準じて住宅ローン変動金利が上昇し，SPLの3年目以降の債務者に一斉かつ波状的なペイメント・ショックがふりかかり返済延滞や差押えが増加，サービサーによる元利返済金の回収が遅滞して証券化商品への分配金に欠損が出て，不信感を持った所有者（とくにヘッジ・ファンドや投資銀行）が市場で売り抜けと投げ売りに入ったからである。さらに重要なことは，証券化商品という資産の市場価格が下落すると，まだその資産を所有している金融機関にたいして，その資産の評価額の減損を突き付けることになるということである。この局面で所有者たちを捉えるのは，Devil take the hindmost[62]（売り遅れると大損する）という危機感である。証券化商品という資産の価格が下落するのは売りが買いより多いからであり，今のうちに売り抜けよう，市場価格が購入時より低くてももっと下落する前に投げ売り（dumping）してもよいとする所有者が増えるからだ。これは，価格下落が買い手を増やし需給が均衡するという新古典派的な価格論の範囲外にある現実である。

（2）証券化商品の価格崩落のつぎの契機はモーゲージ・バンクの連鎖的破綻だった。2006年12月にOwnit Mortgageが破綻。07年2月にNew Century（前述）の経営危機が報道され，4月に破綻。同月に大手People's Choice Home Loanも破産。この時点ですでに業務停止したSPL金融会社は20社以上になった[63]。それまで急成長してきたモーゲージ・バンクが連鎖破綻するほどにSPLの返済延滞が増えたということであり，証券化商品が投げ売りされる恐れへの警鐘である。しかもモーゲージ・バンクがサービサーを兼ねている場合，その警鐘はもっと直接的である。SPLを裏付けとする証券化商品への不信用が強まり，メザニン層の証券化商品の価格下落がすすむが，これがさらにメザニン層MBSを裏

付けとする(AAA格に偽装された)ABS CDOへの不信用に及び，投げ売りされる。

（3）6月下旬，ベアー・スターンズ傘下のヘッジ・ファンド2社がCDO投資で多額の損失を出し，ベアーが32億ドルを支援するとの報道が出た❖64。CDOなどを大量に発行し，証券化商品を熟知するはずの，しかも米国で第5位の投資銀行が，そのリスク評価すらできず子会社の損失をかぶるということは，SPL証券化商品への不信用がその全体へと波及する。ヘッジ・ファンドは短期(3か月程度)の社債であるABCP(asset-backed commercial paper)を(資産の一部を担保に)発行して資金を調達し，当時は「優良な資産」だったMBSやCDOを購入しており，しかも，その「優良な資産」を担保にABCPをさらに発行し(負債を追加し)MBSやCDOを買い込むことを繰り返し，負債と資産を膨張させて収益を上げていた❖65。これは，負債が多くて債務超過になりやすいという量的に高レバレッジであるだけでなく，価格が下落しやすいリスク資産を債務の担保にした高レバレッジである。この状態で債務超過を避けるための資産売却をすると，つまり逆レバレッジ(deleverage)を行なうと，自分の資産の評価額も下落させてしまい，さらなる逆レバレッジを強いられるという自己矛盾と悪循環におちいることになる。

のちに，ベアー・スターンズの損失はさらに拡大し，FRBに支援された大手預金銀行に吸収合併された(前記)が，投資銀行への不信は第4位のリーマン社に波及し，のちのリーマン・ショックを準備した。

（4）7月上旬，格付け会社が大量SPL証券化商品の格付けを引き下げると発表した。S&Pが引き下げたのは612件(約121億ドル)のMBS，ムーディーズは399件(約52億ドル)のMBSだった❖66。それは証券化商品の価格下落の追認だったが，この発表がAA格やAAA格の証券化商品への不信用を増幅させ，投げ売りと価格崩壊を進行させ，それがまた証券化商品を所有する金融機関を債務超過に追い込み，その投げ売りをともなう逆レバレッジに走らせた。

（5）この大量格下げの影響が顕在化したのが，IKBドイツ産業銀行の危機だった。格下げ直後の7月末にIKBが，傘下のSIVの巨額の損失を公表して株価が急落，独政府が救済に乗り出した。SIV(structured investment vehicle)とは，自己資本比率が規制されている預金銀行の貸借対照表から「切り離された」別会社で，高レバレッジの資産運用を専門とする。ユーロ導入を背景に競争が激化した欧州金融業界で，積極的にSIVを活用したのがIKBだった。IKBのSIVは，AAA格のMBSやCDOを購入し，これらの「優良な」SPL証券化商品を担保にABCPを発行してさらに証券化商品を買うということを繰り返す高レバレッジ運用で収益を上げていたが，大量格下げのあとの証券化商品の価格崩落によりABCPの再発行ができなくなり破綻した❖67。しかも保守的で堅実な銀行だったIKBのABCPすら売れなくなったので，短期金融市場で売られるABCP全体が不信用になり，ほかの金融機関もABCP発行による資金調達ができなくなるという信用収縮に入った。「サブプライム証券を担保にしたABCPを金融機関は発行して資金調達をしたが，これにも多数の欧州金融機関が投資していた。つまり欧州の銀行や傘下のファンドは巨額のリスク証券を保有していた……。サブプライム証券が焦げ付けば，米英欧の銀行がともに流動性危機に陥るような状態になっていた」❖68。この「状態」を準備したのが前述のサブプライム証券化機構である。

のちに，IKBの損失の穴埋めに107億ユーロもの資金(主に税金)が費やされ，IKBは米国の投資会社に買収された(09年8月)。

（6）IKBの破綻は，預金銀行もSPL証券化商品で多額の損失をかかえている事実を明るみにしたが，フランスの預金銀行BNPパリバがさらに重大な事態を引き起こした❖69。IKB破綻の直後の8月9日，BNPパリバの傘下にあった3つのファンドが取引の停止を発表し，このファンドの投資家が資金を取り戻せなくなった。ところが，この発表のあと「数時間以内に，世界各地の短期信用市場の取引が事実上，止ま」❖70り，「欧州の資金市場は完全に機能を止めた」❖71のである。3ファンドの取引停止の理由は，所有するSPL証券化商品の価格が崩落してその資産評価ができなくなったからだが❖72，フランス第1位の預金銀行がバックにいるファンドすらSPL証券化商品の投資で失敗したことから，証券化商品の損失で資金調達が危機的な預金銀行がほかにいるのではないかという不信用が高まり，預金銀行相互の貸借市場であるインターバンク市場(短期金融市場)で急激な信用収縮が発生した。こうして英欧の預金銀行の資金調達が一挙に悪化する恐れが生じた。ただちに(8月9日～10日)，ECB(ヨーロッパ中央銀行)は948億ユーロ(約16兆円)という巨額の資金をインターバンク市場(短期金融市場)に供給すると発表，8月17日には米FRBが公定歩合を0.5％引き下げて支援した。欧と米の金融当局がインターバンク市場でのシステミック・リスクの発生を認めたのである。

サブプライム証券化機構の中の不信用が，その大口顧客だった欧州の金融機関の巨額損失を導火線に，欧州のインターバンク市場で信用収縮を発生させ，金融当局によるシステミック・リスク対策を余儀なくさせた。

（7）そのあと，AAA格のSPL証券化商品を購入していたザクセン州立銀行（独）の破綻（8月），中堅銀行ノーザンロック（英）への「預金取り付け」（9月），欧米大手金融機関の決算発表による巨額損失の露呈などが続いた。証券化商品の投げ売りを抑制するためM-LECを設立する構想があったが，断念された（12月）。こうして証券化商品の価格崩落[73)]と短期金融市場での信用収縮との悪循環は止まらず，リーマン・ブラザーズを倒産へと追い込み，パリバ・ショックを超える規模の信用収縮と，それによる実体経済の需要縮小，倒産，高失業などをもたらした。

7 むすび

本稿では，「影の銀行業」の一類型としてのサブプライム証券化機構の内部構成を図式化した（図5）。それは，既成の住宅ローン債権証券化の図を，投資銀行とモーゲージ・バンクに主導された証券化機構へと改定した図ではある。しかし，サービサーを経由する（証券化商品所有者への）分配金の支払い（または欠損）の問題を，さらに分配金の元になるSPL返済金利にたいするFF金利の作用を，筆者は明示した。同機構は，投機目的の物件購入に資金を潤沢に供給し，2000年代の米国で住宅バブルを加速させた金融機構であり，同機構が「実体経済から独立した」というのは一面的であることも明確にした。

また本稿では，各種の経済統計と，LIBORおよびティーザー金利に左右されるSPLの特異性とを総合して，FF金利上昇と住宅バブル崩壊との関係について，下記のような機序を解明した。すなわち，FF金利の段階的上昇（2004年7月〜）→6か月物LIBORの上昇→「ティーザー金利」終了後のSPL返済金利（住宅ローン変動金利）の上昇→SPL債務者への全米で一斉かつ波状的なペイメント・ショック→SPL返済延滞率の上昇（05年央〜）→SPL差押え率の上昇（06年初〜）→売り家（処分物件）の増加（これには慣行としてのノンリコースも関係した），以上による住宅価格の反転下落（06年8月ないし07年央）である。これにより，住宅バブルが崩壊したあとでSPLの返済延滞が増加したという説に反論した。この機序の確認なくしてサブプライム金融危機の機序は解明できない。

パリバ・ショックまでのサブプライム金融危機の機序について，本稿が解明したのは，（上記の機序の中の）SPLの返済延滞と差押えの増加→（SPLを裏付けとする）MBSの所有者への分配金の欠損→メザニン層MBSの投げ売りと価格下落（06年11月〜）→「AAA格」に偽装されたABS CDOの投げ売りと価格下落→SPL証券化商品全体への不信用による投げ売りと価格崩落（07年6月〜）→（証券化商品の大口顧客だった）欧州銀行群の巨額損失（7月末〜），そして欧州のインターバンク市場におけるシステミック・リスク発生（8月初）である。これによる信用収縮と証券化商品の価格崩落との悪循環が，のちにリーマン・ブラザーズを巨額の負債とともに倒産させた。

このように，SPLの返済延滞と差押えの増加を基点にすると，米国での住宅バブル崩壊と，欧州でのシステミック・リスク発生とを総合的に説明できる。従来は，米国の金融事情に詳しい論者がパリバ・ショックを軽視したり，その逆に，パリバ・ショックに詳しい論者が，米国で住宅価格が下落するとローンの延滞が増加したと論じたりというように，サブプライム金融危機の総合的な解明には断絶があった。

システミック・リスクを言い換えると，預金銀行間の「信用」システムのはずのインターバンク市場が，「不信用の市場」に一変する現象である。預金銀行相互の「不信用」が自分たちを債務超過の危機に追い詰めるのである。当時のシステミック・リスクは，金融当局による迅速な対処によりいったんは「収束した」が，金融機関相互の不信用はリーマン・ショックまで続き，実体経済へと広く波及した。このパリバ・ショックを，火の気のないところへの「飛び火」と評した人もいるが，これではサブプライム証券化機構が欧州の多数の預金銀行を大口顧客にしたという直接的関係を等閑してしまう。SPL返済延滞の増加が証券化商品の「高利回り」という偽装をはがし，その価格崩落を引き起こす関係を金融業界につくりだしたのは，高収益のために同機構が行なった証券化商品の大量販売だった。しかも，（金融規制からは）相対的に独自に生成したはずのサブプライム証券化機構が，金融規制下の預金銀行システムという金融システムの中枢を麻痺させたのだった。

パリバ・ショックまで続き，さらにリーマン・ショックまでも続いた欧米金融機関の行動を端的にモデル化するな

らば，資産評価額の減損(キャピタル・ロス)から逃れるための証券化商品の投げ売りであり，それがさらなる逆レバレッジ(投げ売り)を自らに強いるという悪循環である。これは株価暴落，地価暴落，国債価格暴落など幾多のバブル崩壊の原理と同様であり，違いは証券化商品(fictitious capital の一種)が主な資産だったことにある。資産価格は「下がる」のではなく，資産所有者たちが「自由な売買」をとおして自ら「下げる」のであり，それは彼らが単に自分の私有財産権を市場で行使するだけである。サブプライム証券化機構は21世紀独自の金融現象であるが，サブプライム金融危機の内部に過去と共通の悪循環があったことは減却されるべきではない。

サブプライム金融危機は，米国の住宅バブルの破裂が原因だとする説明が流布している。これは，住宅価格の変動を経済の「外生変数」にしてしまうものであるが，実は，この説明を補強したのが，SPLは住宅価格の上昇を前提として成り立つという解説であり，これを逆にした，SPLの返済延滞が増加したのは住宅価格が下落したからだという連想である。この両者自体は正しいものの，SPLが超低位のFF金利とティーザー金利とを前提した変動金利ローンであることを黙殺した論説である。さらに，住宅価格の反転下落と，SPLの返済延滞の増加とは相互作用の関係つまり悪循環の関係にあることを等閑するものでもある。そもそも経済恐慌は悪循環現象であり，どの要因が先なのを追究する分析視覚が不可欠である。

FF金利の段階的上昇がSPL返済延滞を増加させたのだが，問題は，その前に(ITバブルの崩壊と9.11テロ事件のあとの)FRBによるFF金利の超低位への引き下げが住宅バブルの温床になったことである。超低位のFF金利を前提にしたのが投資銀行のSPL証券化ビジネスだったので，FF金利の段階的上昇からくる衝撃も大きくなる。極端な金融政策による「景気回復」が破壊的副作用をもった事例の一つであり，そのあと長く続く量的緩和や異次元緩和などの金融政策の冷厳な評価の土台にもなる。

ただし，FF金利の上昇はきっかけ(occasion)であり，原因(cause)はサブプライム証券化機構の膨張である。投資銀行とモーゲージ・バンクが高収益のために，超低位のFF金利とティーザー金利とを利用し，市民による投機目的の物件購入をあおり，証券化商品を欧米の金融機関に大量に売り込んだ。それによって欧米の預金銀行，ヘッジ・ファンド，さらに投資銀行自らも，証券化商品を高レバレッジで所有し運用するという「資産運用の構造」が形成された。そこにFF金利上昇という外生変数の急変が作用した結果がサブプライム金融危機だった。サブプライム層という異名を付けられた低所得者層が住宅欲しさに無理な借金をしたことが住宅バブルの原因ではなく，サブプライム証券化機構内の金融機関たちが高収益を追求して競争したことが住宅バブルの原因であり，そしてサブプライム金融危機の原因でもある。

注

❖1) 井村／北原[2016]383頁。

❖2) サブプライム恐慌という名称の嚆矢は管見によると，伊藤[2009a]70頁以下や121頁以下にあるが，サブプライム金融恐慌と同義で使われている。なお筆者は，crisisを危機か恐慌かで訳し分けることに意味はないと考える。

❖3) 実体経済と銀行(部門)との相互関係としての同様の指摘は，建部[2009]24頁，鶴田[2010]10頁を参照。

❖4) この類似性について伊藤[2013]66頁以下は「金融と産業の相互促進的な崩壊」との概念で論じている。ただし金本位制との関連が当時とは異なる。

❖5) 伊藤[2009a]45頁。伊藤[2009b]316頁でも，住宅価格の反転下降のあとサブプライム債務者の返済不能が増大したと書かれている。岩田[2009]96頁，松本[2010]25頁にも同様の指摘がある。

❖6) 井村／北原[2016]362-363頁。

❖7) 小林／大類[2008]59-60頁，滝田[2008]68頁。

❖8) 倉橋／小林[2008]71-72頁。ほかに，みずほ総合研究所[2007]78頁。

❖9) Ferguson[2012]p. 57, p. 63, p. 73, 邦訳76頁, 84頁, 97頁。FCIC[2011]p. 104, pp. 106-107, p. 109.

❖10) 小林／大類[2008]52頁。

❖11) この機序は，FF金利の引き上げ→サブプライム利用者のペイメント・ショック→サブプライム・ローン延滞率の上昇→住宅価格の押し下げという倉橋／小林[2008]76-78頁の指摘を精緻にしたものである。

❖12) Greenspan[2008]pp. 377-378, 邦訳[2007]168-169頁。

❖13) 星野[2010]注24の指摘についてこのように答える。

❖14) 2000年代の住宅ブームについてグリーンスパンは，「資産バブル(asset bubble)は，チューリップ熱狂をはじめ経済史における他のすべてのバブル(bubbles)と同じ経過をたどる運命にあった」(Greenspan[2008]p. 522, 邦訳[2008]39頁)と，過去のバブルとの共通性を認めたが，自らの超低金利政策ならびに利上げ政策との関係については無言のままである。

❖15) 星野[2010]25頁はFF金利引き上げの影響を重視するが，それが住宅バブルを崩壊させたあとでSPLの返済不能問題が表面化したという機序で書かれている。井村／北原[2016]362-363頁

ではFF金利とサブプライム住宅ローンの延滞率上昇との関係について指摘がないが，SPLが変動金利ローンであるという指摘がなく(316頁，351頁，362頁)，30年間固定金利だけを論じている(349頁，361頁)からではないかと思われる。

❖16) 井村[2005]190頁。
❖17) 伊藤[2009a]は信用度の劣る人と低所得者とを等置し(17頁)，「サブプライム層」という概念を多用した(26頁，27頁，29頁，34頁。頁以下)。井村／北原[2016]316頁，351頁，352頁も参照。
❖18) 倉橋／小林[2008]44頁。
❖19) 伊藤[2009a]18頁。
❖20) 小林／大類[2008]41頁。
❖21) Ferguson[2012]p. 58, 邦訳76頁。
❖22) Ferguson[2012]p. 54, p. 336, 邦訳72頁，445頁。
❖23) Ferguson[2012]p. 57, 邦訳75頁，日本経済新聞社[2014]107頁，倉橋／小林[2008]44頁。
❖24) Ferguson[2012]p. 212, 邦訳275頁，井村／北原[2016]307頁。
❖25) 井村／北原[2016]304頁。
❖26) 日本経済新聞社[2014]259-260頁。
❖27) 「借入れ当初の金利を低く抑えたサブプライム住宅ローンに対し，信用力の低い住宅取得者や投資目的の住宅取得者の需要が高まった」(内閣府[2007]14頁)。なお，第1-1-14図が示す「居住目的以外の住宅ローン件数の割合」にはプライム・ローンも含まれている。
❖28) FCIC[2011]p. 20, p. 22, p. 104。
❖29) Ferguson[2012]p. 60, 邦訳79頁。
❖30) FCIC[2011]p. 70(Figure 5.2)。
❖31) Ferguson[2012]p. 55, 邦訳74頁。
❖32) 日本経済新聞社[2014]107頁。
❖33) Ferguson[2012]pp. 60-61, p. 99, 邦訳80頁，132頁。
❖34) NHK取材班[2009]37-38頁。
❖35) 1970年代以降の預金銀行と投資銀行の攻防については柿崎[2016]96頁，106頁以下を参照。
❖36) 2000年代，サブプライム融資競争の最前線だったカリフォルニア州アーバイン市にはサブプライム融資専門会社が乱立し，信用力が低い借り手に収入証明なしでも融資するように不動産会社などが要求し，それを拒むと取引は別の融資会社に流れた(日本経済新聞社[2014]106-107頁)。
❖37) Long BeachやNew Centuryの事例である(Ferguson[2012]p. 62, p. 65, p. 66, 邦訳83頁，86頁，88頁)。
❖38) Ferguson[2012]p. 89, 邦訳118頁。
❖39) Ferguson[2012]p. 59, 邦訳78-79頁。
❖40) 「何千万ドルもの変動金利住宅ローンの金利が翌年にもっと高い金利にリセットされて，そのあとに来るデフォルトの波が避けられないという詳細な分析」が，2007年5月にあった(Ferguson[2012]p. 125, 邦訳166頁)。ただし高い金利へのリセットとFF金利の上昇との関係への言及はない。
❖41) メザニン層のMBSを裏付けにABS CDOが発行される構図は，みずほ総合研究所[2007]123頁，倉橋／小林[2008]91頁，FCIC[2011]p. 128(Figure 8.1)を参照。
❖42) 「サブプライム・ローンRMBSのメザニン・トランシェ……を原資に大量のCDOが発行され」た(大橋[2010]113頁)。1990年代に

CDOビジネスを始めたのはベア・スターンズである(NHK取材班[2009]150頁)。
❖43) 藤井／竹本[2009]，大橋[2010]115頁。
❖44) みずほ総合研究所[2007]122-124頁。ただし格付けの表記をわかりやすく変えた。
❖45) 井村／北原[2016]313頁の「CDO組成の仕組み」の説明にはメザニンというキーワードが欠けておりABS CDOのAAA格の偽装性が検出されず，「リスクがほとんどない最も安全なAAA(その他の──引用者)……CDOが仕立てられていく」(313頁)と書かれている。
❖46) 大橋[2010]60頁。
❖47) たとえば河村[2009]10頁に転載されている「証券化の構図」にはサービサーが省かれている。一方，『マネーの経済学』日本経済新聞社，2004年，174頁，内閣府[2007]34頁，『金融読本(第28版)』東洋経済新報社，2011年，147-148頁などの図には明記されている。
❖48) Ferguson[2012]p. 107, 邦訳142頁。
❖49) "insanely profitable"(Ferguson[2012]p. 107, 邦訳142頁)。
❖50) Ferguson[2012]p. 355, 邦訳424頁(ただし誤訳がある)，大橋[2010]119頁の図，FCIC[2011]p. 144(Figure 8.2)。
❖51) NHK取材班[2009]154頁，159頁。
❖52) 河村[2009]9-10頁。
❖53) 鶴田[2010]10頁。Ferguson[2012]p. 212, 邦訳275頁。
❖54) 井村[2010]130頁。
❖55) 小西[2016]103頁。
❖56) 内閣府[2007]28頁の第1-1-27図(2)。
❖57) 田中[2010]121頁。
❖58) Ferguson[2012]p. 137, 邦訳182頁。
❖59) 日本経済新聞社[2014]53頁。
❖60) 日本経済新聞社[2014]53頁，65頁。
❖61) 小林／大類[2008]の図2-1(77頁)を参照。以下，証券化商品の価格については同図を参照した。
❖62) これはChancellor[1999]の原題であり，「逃げ遅れると鬼につかまる」というのが元の意味であるが，この警句は，経済史で繰り返し生じたバブルの崩壊には「逃げるが勝ち」の売り抜けと投げ売りがあったことを示唆している。
❖63) 『日本経済新聞』2007年3月22日。
❖64) みずほ総合研究所[2007]22-23頁，小林／大類[2008]72頁。
❖65) 倉橋／小林[2008]86-88頁。
❖66) みずほ総合研究所[2007]23頁。
❖67) 関雄太[2007]「サブプライム問題からABCP問題へ」野村資本市場研究所『資本市場クォータリー 秋』を参照。SIVについては小林／大類[2008]84-85頁。
❖68) 田中[2010]121頁。
❖69) 以下については，みずほ総合研究所[2007]28頁以下，倉橋／小林[2008]99頁，小林／大類[2008]78頁以下。
❖70) Greenspan[2008]p. 507, 邦訳[2008]9頁。
❖71) 当時のECB総裁ジャン＝クロード・トリシェの発言(日本経済新聞社[2014]202頁)。
❖72) 「それらのファンドの資産の市場が消えて，当該資産に価格が付けられなくなった」(Greenspan[2008]p. 507, 邦訳[2008]9頁)。
❖73) 2008年8月時点のCDOの売却価格は当初価格のわずか20%だった(『日本経済新聞』2008年8月8日)。

参考文献

[1] Chancellor, Edward[1999]*Devil Take the Hindmost: A History of Financial Speculation*, Plume. エドワード・チャンセラー（山岡洋一訳）[2000]『バブルの歴史 チューリップ恐慌からインターネット投機へ』日経BP社。

[2] FCIC(The Financial Crisis Inquiry Commission)[2011]*The Financial Crisis Inquiry Report: Final Report of the National Commission on the Causes of the Financial and Economic Crisis in the United States*, January.

[3] Ferguson, Charles H.[2012]*Predator Nation: Corporate Criminals, Political Corruption, and the Hijacking of America*, Crown Business. チャールズ・ファーガソン（藤井清美訳）[2014]『強欲の帝国 ウォール街に乗っ取られたアメリカ』早川書房。

[4] Galbraith, John Kenneth[1955]*The Great Crash, 1929*, (Houghton Mifflin Co., 2009). ジョン・K・ガルブレイス（村井章子訳）[2008]『大暴落1929』日経BP社。

[5] Greenspan, Alan[2008]*The Age of Turbulence: Adventures in a New World*, with a new epilogue, Penguin Press, 2008. アラン・グリーンスパン（山岡洋一／高遠裕子訳）[2007]『波乱の時代：世界と経済のゆくえ』上下, 日本経済新聞出版社, アラン・グリーンスパン（山岡洋一訳）[2008]『波乱の時代［特別版］サブプライム問題を語る』日本経済新聞出版社。（前者を邦訳[2007], 後者を邦訳[2008]と略記する。）

[6] 伊藤誠[2009a]『サブプライムから世界恐慌へ』青土社。

[7] 伊藤誠[2009b]『伊藤誠著作集 第3巻 信用と恐慌』社会評論社。

[8] 伊藤誠[2013]『日本経済はなぜ衰退したのか』平凡社。

[9] 井村喜代子[2005]『日本経済――混沌のただ中で』勁草書房。

[10] 井村喜代子[2010]『世界的金融危機の構図』勁草書房。

[11] 井村喜代子／北原勇[2016]『大戦後資本主義の変質と展開 米国の世界経済戦略のもとで』有斐閣。

[12] 岩田規久男[2009]『金融危機の経済学』東洋経済新報社。

[13] NHK取材班[2009]『マネー資本主義 暴走から崩壊への真相』日本放送出版協会。

[14] 大橋和彦[2010]『証券化の知識〈第2版〉』日本経済新聞出版社。

[15] 柿崎繁[2016]『現代グローバリゼーションとアメリカ資本主義』大月書店。

[16] 河村哲二[2009]「アメリカ発のグローバル金融危機――グローバル資本主義の不安定性とアメリカ」『季刊 経済理論』第46巻第1号。

[17] 倉橋透／小林正宏[2008]『サブプライム問題の正しい考え方』中央公論新社。

[18] 小西一雄[2016]「資本主義の『金融化』と『資本論』草稿研究」『nyx（ニュクス）』第3号, 11月。

[19] 小林正宏／大類雄司[2008]『世界金融危機はなぜ起こったか』東洋経済新報社。

[20] 滝田洋一[2008]『世界金融危機 開いたパンドラ』日本経済新聞出版社。

[21] 建部正義[2009]「金融サイドから見たサブプライムローン・ショック」『季刊 経済理論』第46巻第1号。

[22] 田中素香[2010]『ユーロ 危機の中の統一通貨』岩波書店。

[23] 鶴田満彦[2010]「2008年世界経済恐慌の基本性格」『季刊 経済理論』第47巻第2号。

[24] 内閣府[2007]「サブプライム住宅ローン問題の背景と問題点」内閣府『世界経済の潮流 2007年秋』12月。

[25] 日本経済新聞社編[2014]『リーマン・ショック――5年目の真実』日本経済新聞出版社。

[26] 藤井眞理子／竹本僚太[2009]「証券化と金融危機――ABS CDOのリスク特性とその評価」金融庁金融研究センター平成20年度ディスカッションペーパー, 3月5日。

[27] 星野富一[2010]「アメリカ発世界経済金融危機とその原因」『季刊 経済理論』第47巻第2号。

[28] 松本朗[2010]「物価変動の変容からみた2008年経済恐慌」『季刊 経済理論』第47巻第1号。

[29] みずほ総合研究所編[2007]『サブプライム金融危機』日本経済新聞出版社。

（2017年6月17日受理　2017年9月17日採択）

論文
不況の滞貨と景気回復

塩見由梨 | 東京大学・院

はじめに

　本稿は，不況期の滞貨現象に注目し，宇野理論の観点から不況及び景気回復の原理の解明を試みるものである。

　マルクス経済学の恐慌・景気循環論は，経済の変動を資本主義的蓄積が必然的に随伴する現象として論証することを課題としている。なかでも，恐慌の必然性はこの分野の中心的問題として多くの研究がなされてきた。それに比すると，不況とそこから好況への転換局面は長らく大きな関心を向けられずにきた。無論一方で，アメリカのスタグフレーションやわが国の長期停滞への注目を背景に，不況論研究も深められてきたのは事実である。しかし，不況を自由主義と帝国主義，あるいは競争的資本と独占資本に分けて論ずる研究が多く，それらに通ずるような不況の原理は必ずしも明らかにされていない。例えば，価格調整は前者，数量調整は後者に特有の現象であるとか，集中的更新による回復は前者，持続的不況は後者の特徴であるという区別は，確かに歴史が示すものではある。だが，原理論研究はその特定の型の分析に終わらず，資本主義の種々なる発展段階に通ずる不況の性格を洗い出す方向へ進む必要がある。

　この試みの手がかりとなるのは，不況の「過剰」性を問い直すことである。商品，資本，生産能力，固定設備など，不況に過剰化していると表現されるものはいくつかみられる。しかしそういった過剰が何に対する過剰なのかという点は十分に分析されていない。そこで本稿では，商品在庫の過剰である〈滞貨〉現象に注目して，不況に解消せねばならない「過剰」とは何かを考察した。

　本稿はまず第1節で，これまでの不況論を検討し，その問題点を示す。その上で，第2節にて不況という状態の規定を試みる。最初に不況がいかなる状態かを規定し，次いでその状態を引き起こす原因を考える。結論を先に述べておくと，不況という蓄積の停滞した状態は，固定資本の稼働状態から規定される〈滞貨〉を基礎にしている。第3節では，不況から好況への転換の過程を検討する。まず恐慌後に滞貨の解消をおし進めてゆく原動力として，需要減退の下限を示す。次に，市場での資本間の激しい競争のもとでいかに滞貨の解消が進められるかをみる。そして総括的に，滞貨の解消に伴い蓄積が再開されてくる過程を論ずる。

I 不況論の課題

I-1 『資本論』の不況

　マルクスの『資本論』にはまとまった景気循環の理論はなく，その内容をつかむには分散した論及を関連づけつつ解釈を与える必要がある。そこで以下では，本稿の問題とする恐慌後の局面に触れる箇所を検討し，不況に与えられた内容をとり出してみる。

　第1の箇所は，第1巻第23章で資本の有機的構成の高度化を論ずる部分である。その第1，2節で資本の有機的構成不変の蓄積が労働人口を吸収し，高度化を伴う蓄積は労働人口を反発させる効果をもつという蓄積の2つの様式を提示したのち，第3節で次のように述べられる。「近代的産業の特徴的な生活行路──すなわち，比較的小さな変動によって中断されながら，中位の活気，全力をあげての生産，恐慌，および停滞の諸期間からなる10ヵ年の循環という形態は，産業予備軍または過剰人口の不断の形成，大なり小なりの吸収および再形成に立脚する」(K., I, S. 661)。ここでは，景気循環が産業予備軍の形成と吸収，再形成の運動に立脚した現象であることが指摘されている[1]。不況はここで挙げられている諸局面のなかでは「停滞」にあたり，産業予備軍の「再形成」が行われる局面に相当

すると読める※2)。そして蓄積に関していうと，産業予備軍の再形成には労働人口の反発をもたらす構成高度化を伴う蓄積がさらに対応してくることになる※3)。

第2は，第2巻第8章で固定資本の改良について述べる部分である。「労働諸手段の大部分は，産業の進歩によってつねに変革される。……一方では，固定資本が大量であること……は，……改良された労働諸手段の急速な一般的採用をさまたげるひとつの障害となっている。他方では，競争戦が，ことに決定的変革にさいしては，古い労働諸手段をその自然死的死滅以前に新しいものと取り替えることを強制する。運転設備のこのような予定前の早期更新を，比較的大きな社会的規模で強要するものは，主として恐慌という破局である」(K., II, S. 171)。不況にあたるのは，恐慌という破局がもたらす競争戦が展開される時期であり，古い労働諸手段の早期更新が社会的規模で強制され，改良された方法の一般的採用が行なわれる。ただし，ここでは改良された生産方法への一大新投資と第1巻で述べられた労働人口の変動の関係は明示されていない。

第3は，第3巻第15章第3節で恐慌後に起こる「競争戦」について述べる部分である。この章では恐慌の発生についても様々な言及があるが，恐慌後の説明に注目すると次のようにいう。「価格低下と競争戦とはどの資本家にも刺激を与えて，新しい機械，新しい改良された作業方法……によって自分の総生産物の個別的価値をその一般的価値よりも低くしようとさせたであろう。すなわち，与えられた量の労働の生産力を高くし，不変資本に対する可変資本の割合を低くし，従って労働者を遊離させ，簡単にいえば人為的過剰人口をつくりだすことへの刺激を与えたであろう。……。／このようにして循環はまた新たに繰り返されるであろう。……拡大された生産条件のもとで，拡大された市場で，高められた生産能力によって，同じ悪循環が繰り返されて行くであろう」(K., III, S. 265。／は改行)※4)。恐慌後の競争戦は直接には超過利潤を求めて新生産方法の導入を行なわせるが，それは同時に資本の有機的構成を高度化して人為的に過剰人口をつくりだす。したがってここでは，第1巻での過剰人口の排出と第2巻での固定資本の改良が関連づけられていると解釈できる。そして，生産能力の高められたところから新たな循環がはじまる※5)。

以上の不況の説明は次のように整理できる。不況局面では，恐慌を契機として生ずる競争戦を通して社会的規模で固定資本の早期更新がなされ，それが生産方法の改善をもたらして過剰人口が排出される。こうして循環運動のうちに生産条件と生産力の拡大がもたらされ，そこから新たな循環が始まる。このように生産力の発展と失業労働者の発生を結びつける非調和的な発展観は，古典派の調和的な発展観への批判として提起されたものと考えられる※6)。完全雇用を維持しつつ労働人口の不足は増殖で満たしてゆくという古典派の人口法則に対して，マルクスは資本主義における生産力の発展が自ら過剰人口をつくりだすとみた。そうして一方に自然人口に制限されない資本主義的蓄積を，他方に蓄積によって補償されない失業労働者の存在を指摘したのである。不況に置かれた一大新投資はまさに生産力を発展させる局面であり，その意味で産業循環における重要な位置を与えられていた。

しかしこうした批判としての側面はともかく，不況をひとつの局面として捉える上では，マルクスの説明には不十分な点も残る。そこでは恐慌が固定資本の一大新投資の契機に位置づけられており，この一大新投資が新たな循環の出発点，すなわち不況からの脱却を意味する。したがって，危機そのものが脱却の契機になっており，循環の一局面としての不況が実質的には説かれていない※7)。不況を局面としてとらえるには，恐慌と景気回復の結びつきをとき解し，その間を分析対象に据えねばならなかったのである。

I-2 | 宇野不況論の二面

宇野弘蔵[1953]『恐慌論』はマルクスの不況論を固定資本の更新期間を軸に再整理することで，循環の一局面として不況を捉えることを可能とした※8)。すなわち，固定資本は更新期間まで置替えできないという制約性から，恐慌と構成高度化が直結しない理由を説明したのである。この説明は次のようにまとめられる。恐慌後も固定資本の償却が残っている資本たちは生産方法を改善できず激しく競争する。やがて更新期のきた資本が新生産方法を導入すると，「その部門では競争を通して固定資本の更新を——その更新期が実際上来ているか否かはある程度無視して——行わざるを得ないことになる。いいかえれば固定資本の更新はこの時期［更新期のきた資本が生産方法の改善を行なった時期——引用者］に集中せられて行われる傾向を生ずるのである。そしてそれがまた一般的に好況期の出発点を与える」(宇野[1953]：103頁)。社会的に集中して更新がなされ，産業予備軍の再形成により蓄積に優位な状態が得られると，資本は再び好況期の蓄積を開始する。好況中は新しい固定

資本の更新期間が制約となり構成不変の蓄積が続く。そうして次の不況に再び更新期がくると，同様の集中的更新で生産力は高められてゆく。

『恐慌論』第1章「好況」の上のような説明では，不況を含む景気循環は新生産方法の集中的更新を中心に組み立てられていると解釈できる。本稿では，この説明を便宜のために新生産方法の〈集中更新説〉と呼ぶ。集中更新説の不況の内容は，実質的には固定資本の償却に尽きる。不況が持続する理由は恐慌の発生と設備の更新期がずれるためであり，その期間は乖離の大きさで決まる。逆に偶然その時期が一致すれば，不況は直ちに好況に転ずることになる。

集中更新説の問題点は，日高[1987]によって批判されている。固定資本の耐用期間がある時期に集中することは論証不可能であり，また景気循環のどの局面に更新が行なわれるかも無規定的だという指摘である[9]。これは集中更新説のひとつの限界を示すが，この説にはもうひとつ問題がある。それは，競争の作用で固定資本の早期更新が促進されると認める点，換言すると，資本は競争上の必要があればある程度償却期間を無視して更新できると想定する点である。もし不況にこのことを認めるならば，当然他の局面における制約も同様に緩めねばならない。そして，好況や恐慌直後でも必要さえあれば早期更新が可能ということになれば，固定資本の更新期間はその理論的意味をほとんど失ってしまう[10]。集中更新説は，好況には更新期間の制約性を重くとりながら，不況に入るとその規制力を緩めることで成立しており，理論的に一貫性を欠いているのである[11]。

ところが，『恐慌論』第3章「不況」にはこれと異なる解釈が可能な議論が見出される。その第1の違いは，固定資本の早期更新を支持しない点である。不況章では例えば，「もちろん，従来の生産方法による資本はその固定資本の使用し続けられる限り，これに抵抗する。新たなる方法による資本が特別の利潤によって価格を引き下げるだけ，不況期の負担を一層重課されるわけであるが，それはなお直ちにその固定資本を更新せしめるものではないからである。かくてこの生産方法の改善の普及は相当の期間を要することになる」(宇野[1953]：175頁)という。更新期間の残るかぎり旧方法の資本は新方法に抵抗し，そのために新生産方法は社会的に分散して導入される。これを〈集中更新説〉との対比で〈分散導入説〉とする。

集中更新説と分散導入説には，新生産方法の普及後にもうひとつ大きな違いがある。後者の議論では，新方法が主要産業に普及してきても「それは直ちに好況への転換とはいえないが，その端緒を見る」(同[1953]：176頁)と述べ，構成高度化と好況の出発点とのずれを強調する。新生産方法に基づき他部門も含めた新たな生産関係が一般化されてくると，価格や利潤率の回復も一般化する。それが資金の蓄積を可能にして金融緩慢の状態が「ある程度」持続すると，ようやく追加的資本投下による生産規模の拡張が再開される。ここでは，新生産方法の導入とは別に，蓄積を準備する過程が描かれているのである。

実際に，新技術の発見は商品経済外的条件に依存するため，不況のたびに十分に革新的な新生産方法が導入される必然性はない[12]。したがって，技術革新のような現象が生じれば回復に大きく影響することは認めるとしても，原理論でそれを回復の必然的契機に置くことは難しい。その点で〈分散導入説〉は，生産方法の改善とは別の回復の条件を考える余地を備えていた。しかし，宇野自身は回復過程の原動力をなお生産方法の改善に還元しており，不況がその改善の後に本当に解決しなければならないものが「何」なのかという問題は残されたままだったのである。

I-3 | 停滞の原因としての「過剰」

その後の恐慌論のなかで，恐慌後に停滞的な状態が生ずる原因については大きく2つの見方が出されてきた。いずれも利潤率の低さを停滞の直接の原因とみる点では共通するが，利潤率が低位にある理由を賃金率の推移にみるか，あるいは市場の商品やその供給能力の過剰にみるかという点で異なる。ここでは前者の賃金率の動向を重視する立場を不況論の〈賃金硬直説〉，後者の供給量や供給能力と需要との不つり合いを重視する立場を〈流通停滞説〉と呼ぶ[13]。

〈賃金硬直説〉の不況論として，ここでは小幡[2014]を検討する。小幡氏の景気循環論は，経済全体の状態である景気を安定的な「相」として捉え，好況と不況の2つの相とその転移として景気循環の運動に接近する〈二相説〉となっている。相を根本的に規定するのは労働市場の動向であり，そこで決定された剰余価値率から導かれる一般的利潤率が相規定に用いられる指標となる。そして不況は，時間当たりの生活手段の引下げや労働組織の再編，雇用縮小による労働者階級の交渉力低下等により剰余価値率が改善されてくることで，一般的利潤率が連続的に上昇する局面と規定される。

他方で，不況には流通過程での販売困難により，剰余価値率の改善に伴う利潤率の上昇を享受できない資本も多数あらわれざるを得ない。そのために，一般的利潤率の上昇に個別資本の利潤率は必ずしも付いてゆけないことが不況のもうひとつの特徴となる。

二相説では相自体は安定した状態であるため，不況に進行する実質賃金率の下落は直接に好況への転換につながるのではない。好況の相への転移をもたらすのは，不況末期に一挙に生ずる個別的利潤率の上昇，氏の表現でいう一般的利潤率の規制力の回復である[※14]。景気回復までの道程は，まず利潤率の天井というべき一般的利潤率が労働市場での動向を通して回復し，次に個別資本の利潤率が広く回復してくるという二段階になっているのである[※15]。

これに対して，〈流通停滞説〉の不況論としては伊藤[1973]が挙げられる。そこでは，恐慌後も蓄積が再開されない原因が過剰な生産設備の残存に見出される。好況末期に進む資本の発展の不均衡は恐慌では必ずしも解決されず，不利な部門や生産能力の過剰な部門はもち越される。既存の固定資本に制約されてすぐには有利な部門への移動や優等な生産条件への置替えができないため，過剰な生産設備の整理は遅滞せざるを得ない。それが厳しい価格競争を余儀なくするゆえに，利潤率の低い状態が持続するのである。

したがって，ここでの不況は過剰資本を整理するために固定資本の償却と貨幣資本の集積を行なう過程となる。そうして不況末期に固定資本の廃棄更新が集中的になされると，一方では部門間の均衡関係が整理され，他方で新生産方法の採用により切り下げられた市場価格でも価値増殖が可能となる。こうして利潤率が全般的に回復し，諸資本は積極的な生産拡大を再開できるようになる。

2つの観点の不況論は，大枠は上のように展開されている。しかし，そのいずれにも未だ検討すべき点が残る。まず，〈賃金硬直説〉の問題は，実質賃金率の高位がいかに蓄積を阻害するのかという点にある。好況に労働力商品が蓄積を阻害する根本原因となったのは，その供給が制約されていたからである。そして労賃上昇も，労働力商品の枯渇の結果として生じたのであった。しかし，好況の蓄積を阻害した労働力商品の枯渇は，恐慌を契機とした失業労働者の形成によってすでに解消されている。すると，賃金率が労働市場の動向に速やかに連動しないとしても，なぜ不況にそれが蓄積を阻害する根本原因と代わるのかは説明を要するところである。

市場の需給関係を問題とする〈流通停滞説〉にも問題がある。そこで好況と不況の異質さとして，しばしば重視されるのが「過剰」という概念である。固定資本の過剰，生産能力の過剰，遊休資本の過剰といったいくつかの表現が用いられるが，それぞれが「何」に対する過剰を意味しているのかは明確でない。需要に対する過剰と読むのが自然とみえるが，需要と供給が一致していないことが好況に対する不況の異質性だと理解するのでは，好況の市場の捉え方があまりに狭くなってしまう。無論，不況に売れない商品が大量に発生するのは事実である。しかし，その過剰さをいかに捉えるべきかを確定しないかぎり，過剰資本の整理ということも厳密に論じることはできない。

さらに双方に共通するもうひとつの問題として，利潤率の「低さ」を停滞の原因においている点がある。二説の立場の違いは利潤率の低位の原因にあり，利潤率が低ければ停滞的状態が生ずるという点で理解は一致している。しかし，いかに低位であっても利潤率が正値ならば規模はともかく蓄積は行ない得るはずである。したがって，拡張の行なわれない状態が続く理由としては利潤率の低位だけでは不十分であり，さらに蓄積を積極的に控えさせるなんらかの要因を探さねばならない。利潤率の低さは停滞の原因なのか，それとも停滞の結果なのかという問題が残されているのである。この課題は同時に，不況という状態が生ずる根本原因は結局どこにあるのかを問いなおすことにもつながる。そこで，節を改め不況とその原因について考察を進めることにする。

II
不況局面の基礎

II-1 | 状態としての不況

不況を規定するには，まず不況がいかなる社会的再生産の状態かを考える必要がある。好況は社会的な拡大再生産過程なのだから，それと異質な状態には2通りの見方があり得る。第1は不況を停滞，したがって拡張的蓄積の行なわれない局面とする見方である。ただし，ここでは期毎の生産量ではなく，資本の生産能力が拡張されず一定の状態を想定している。これに対して，第2は不況を収縮してゆく縮小再生産の過程と想定する見方である[※16]。これも同様に，生産量の収縮ではなくすでに投下された資本の生産能力そのものの

規模縮小を問題とする。

　これらはどちらも好況に対して異質な状態を示している[17]。しかし景気局面の規定としては，さらに恐慌と不況の違いも考える必要がある。そのとき問題になるのは，上の第2の不況観である。不況を収縮の過程と考えると，恐慌がもたらす突発的な収縮局面と不況局面との質的な相違が捉え難くなるからである。

　不況論で注目されるべきは，恐慌の余波がどれだけ長引くかではなく，むしろ恐慌の終息にもかかわらずなぜ蓄積が速やかに開始されないのかという点である。無論，不況の状態が発現した契機が恐慌だという意味では，恐慌と不況は連続している。しかし，恐慌があとに残すものは決して蓄積に不利な条件だけではない。失業労働者の補充や生産に用いられる商品の価格低落，利子率の下落は本来なら蓄積を容易にする側面をもつ。不況の問題は，好況の蓄積を制限した労働力商品の枯渇や商品価格と利子率の騰貴が恐慌によって解消され，そのかぎりでは蓄積に有利な条件が与えられたにもかかわらず，なぜ資本がそれを有利に利用できない局面が生ずるのかという点にある。かかる問題に接近するためには，恐慌による収縮とその後の停滞的な状態を区別し，後者を不況として独自にとり扱うことが有効である[18]。

　そこで本稿では，不況を追加的な蓄積の行なわれない停滞した状態と規定する。不況は恐慌による経済の攪乱を契機に生ずる局面だが，単なる収縮の延長ではない。好況の蓄積を制限した諸矛盾は，恐慌によって一応は解消される。不況はそこから実際に蓄積を再開するまでの，社会的再生産の再編過程なのである。では，不況を通して整えねばならない蓄積の条件とは何か，その点を明らかにするため次項でさらに不況の内容を検討してゆく。

II-2 不況の異質性

　不況局面において最大の問題は，蓄積を制限している原因は何かということである。そこで，不況の諸現象からその要因となり得るものを検討してみる。一般的に，不況に特徴的な現象としては商品価格や利潤率，利子率の低位，大量の失業と滞貨の存在，固定資本の広範な遊休などが挙げられる。ただし実質賃金率については，恐慌を契機に低落するという見解と不況を通して変動するという見解に分かれる[19]。これらのなかで，まず商品価格や賃金率が低いことは直接に蓄積の制限とはならない。自身の商品価格の低落は利潤の獲得には不利にはたらくが，生産に必要な商品と労働力が安く手に入ること自体は蓄積にとって有利な条件となるからである。

　また，低い価格や高い実質賃金率からひき出される利潤率の低位も，直ちに停滞に結びつくものではない。利潤率の高低は蓄積資金の形成にかかる期間や蓄積の規模を左右するに違いないが，ただ率が低くなっただけで蓄積がなくなり利潤が無為に退蔵されるということはない。利潤率が好況よりも低いゆえに蓄積が行なわれないという説明は，利潤率最大化を目指す資本の行動に適合しないのである。ごく短期的には，あるいは現実の企業についていえば，資本は利潤を直ちに投下しなくともよい。しかし，資本が競争の中で資本として機能し続けるためには，実物投資であれ他の運用法であれ，早晩その利潤もどこかへ投下せねばならない。

　もとより，価格や利潤率は不況にだけ変動するのではない。価格や利潤率の低下は好況にもつねに生ずるが，それで直ちに経済が不況状態に陥ることはなかった。したがって，下落の程度が大きいというだけでは，好況には可能だった蓄積がなぜできないのかを説明することにならない。あるいは，好況と不況を分ける絶対的な水準を決定できれば率の変動で景気を規定することもでき得る。しかしさような評価基準なしに相対的な高低を問題にするのでは，好況と不況に対して程度の違い以上の区別は与え得ないのである。

II-3 不況の基礎としての固定資本

　そこで改めて資本蓄積を制限するような要因を考えると，まず挙げられるのは蓄積に必要な商品の枯渇である。好況には，労働力商品や第1次産品の在庫が払拭してしまうことが蓄積の根本的な困難となる。しかしこの制限は，恐慌による社会的再生産過程の収縮を機に解消される。不況には失業と販売不振によって可変資本，不変資本ともに十分以上に供給されており，むしろ流通過程では在庫の過剰化すなわち滞貨現象がその特徴のひとつとなる。本項では，この滞貨を検討してみる。

　好況の蓄積の制限を「在庫の枯渇」というならば，不況に生じている滞貨は「在庫の過剰」である。ここで在庫とは，資本が保有しているまだ販売されていない商品のことを指す。そして好況の制限からわかるように，資本主義的市場では在庫の払拭はそれ自体ひとつの困難となる。これは，資本主義経済において在庫が存在するのは常態だということを意味している。さらに在

庫の枯渇を回避せねばならないとすれば，需要との関係で供給がある程度過剰であることは社会的再生産の安定に必要ですらある。すると，もとより需要に対する供給過剰であってよいところの在庫がなぜ「過剰」になってしまうのか，在庫の過剰性を評価する基準を考えねばならない。

そのためには，産業資本にとっての在庫の意味を考える必要がある。産業資本は流通過程での販売の不確定性に対して生産過程を安定的に動かすため，ある程度の貨幣資本を準備として保有している。それをつなぎの運転資金にすることで，資本は商品が偶然販売できなかった場合にも生産を継続できる。もしそうした資金が枯渇したならば，資本は商品の一部を値引きして緊急に売り抜けようとする。多くの資本が同じ商品を同じ価格で販売しているなかある資本だけが値引き販売をすれば，その商品は間もなく売り抜けることができる。このとき，値引きする理由は必要な資金を確保することにあるため，商品の一部を値引き販売して必要な運転資金が調達できれば，残りの商品はそのまま在庫として保持しておくことができる。あるいは，値引き販売をしなくとも信用機構の機能はそれを補うことができる。すなわち，偶然販売が滞った場合にも，資本は信用売買や短期資金の借入れを利用して生産を継続することができる。準備貨幣のない場合に，信用を利用するか値引きするかは信用価格や利子率と商品市場の状況を勘案して個別に判断が下される。そしてどの場合にも，所期の生産水準を維持することができれば，商品が一時的に在庫になっていても資本の活動に大きな支障はない。こうしてなんらかの方法で生産が継続できていることを背景に，売れ残っても投げ売られず保有される商品が，本稿で考える在庫である[20]。したがって在庫の存在は，資本がその商品を投売りしなくとも固定資本の稼働状態をなんらかの方法で維持できていることを意味している。

ところが，準備貨幣や信用機構を利用した稼働率の維持ができず，かつ値引きによる売り抜けも困難な状況になると，資本価値の多くの部分が商品形態で滞留していることは活動の大きな障害になってくる。流通過程の不確定な変動が生産過程の規則性を揺るがし，生産資本の維持・回収のため技術的に必要な稼働水準を維持できなくなると，資本は追加的蓄積を行なう前に，まず既存の資本の価値を維持するため固定費や償却を賄う必要がある。このときはじめて流通過程の商品在庫は「過剰」になっているのであり，したがって，滞貨が発生していることになる。本稿ではこのように，〈滞貨〉を固定資本の稼働率の維持に対して過剰な商品在庫と定義する[21]。そして，稼働率の維持に抵触しない限りでの商品在庫を，〈滞貨〉に対する狭義の〈在庫〉とする。以下，本稿で在庫という語を用いる場合は，この狭義の〈在庫〉を意味する。

以上のように在庫と滞貨を区別すると，在庫の「過剰性」の基準は単に市場の需要に対して供給が多いとか，売れ残った商品量が他の資本より大きいということのみでは判断できない。流通費用を節約するためには，保管費のかかる在庫は無論小さい方がよい。しかし，それは基本的により「うまく販売する」ことで目指されるものであって，より「少なく生産する」ことで目指されるのではない。生産過程の要請から在庫を処分しなければならなくなってはじめて，在庫は産業資本にとって過剰になっている。在庫の過剰性を測る基準は，流通過程の需給の比率ではなく，生産過程の稼働率なのである。

そして滞貨，したがって固定資本の遊休が発生していると，その資本は追加的蓄積ができない。その理由は第1に，利潤率最大化を目指す資本にとり，遊休は利潤率を引き下げる原因としてまず対処すべき問題だからである。第2に，滞貨の発生はその資本の準備貨幣や信用力が不十分であることを事後的にではあれ意味しているのだから，その状態で生産規模を拡張しても流通過程の不確定性に対して脆弱であることは直ちに予見し得る。そこで産業資本はまず優先的に滞貨を解消し，自らの蓄積の条件を整える。

このような意味での滞貨現象は，可能性としてはつねに生じ得る。好況にも，個別資本が偶然売りそびれて運転資金が不足する可能性はある。ただし好況には，商品を値引き販売すれば価格差で間もなく売り抜けることができるし，信用売買や貨幣の借入れができればそれで稼働率を維持することもできる。好況の滞貨は可能性としては生じ得るが，実際には順調な社会的再生産を背景に間もなく解消され，長期間多数の資本の蓄積を制約するには到らないのである。

ところが，不況には事情が大きく異なる。不況の滞貨は，第1に，社会的再生産過程の攪乱が生じた経済を基礎にしている。社会的再生産の要点は，購買して生産したものを販売するという取引の連続性にある。恐慌による支払い停止と資本規模の収縮を通した従来の生産関係の崩壊は，危機を発生させた部門だけでなく社会的再生産に組み入れられていた流通全体に影響せざるを得ない。それは販売できないために生産の

ための購買ができないという状態に多くの資本を同時に陥らせる，換言すれば，多くの資本に同時に滞貨が発生するという状況をつくりだす。ただし，一時的に流通が滞っても，運転資金さえ別の経路で調達できるなら遊休は回避できるはずである。ところが不況には第2に，恐慌を契機にして信用機構が以前のように利用できなくなっている。受信動機をもつ資本がそれに応じてもらえるかはかれの商品の販売可能性に依存する以上，流通が滞り多くの資本が滞貨を抱え込んでいる不況に借入れや信用売買をするのは非常に困難になる。信用による稼働率の維持ができなければ，滞貨を抱える多くの資本はみな値下げ販売に流れざるを得ない。このとき，使用する生産条件により値下げできる価格にも差はつくであろうが，多くの資本が同時に値下げ販売を行なうと好況のように価格差で速やかに売り抜けることも困難になる。

　このような事情により，不況の滞貨は好況とは異なって広範に発生する。そして広範で持続的な滞貨は，広範で持続的に資本の追加的蓄積を制約する。不況とは，社会の攪乱された生産関係を再編することでこうした滞貨を解消してゆく過程なのである[22]。

III
景気回復の過程

III-1 滞貨解消の底流

　前節では，不況を流通過程における滞貨を，別の表現をすれば生産過程における固定資本の遊休を解消してゆく局面と規定した。そこで本節では，滞貨が解消されてゆく過程を考察する。その際に注意しなければならないのは，第1に，滞貨は商品在庫の規模ではなく，商品資本の生産過程に対する関係性を問題にしていることである。第2に，滞貨の背後の遊休とは，必ずしも設備が完全に停止しているという意味でないことである。販売で運転資金を回収し生産がすこしでも再開できれば，部分的な滞貨の解消が進んだことになる。

　滞貨は，恐慌による突発的な社会的再生産の麻痺に端を発する。滞貨が生ずる直接の原因は販売の不調だが，滞貨は単なる市場の売れ残りではなく，その背後に固定資本の遊休を抱えている。すると，滞貨の発生はその分だけ原料と労働力の購買を抑制する。したがって最悪の想定をすれば，滞貨の発生が生産の中断を通してさらなる滞貨を生むという累積過程にもつながり得る。

　ところが，実際には不況はそうした累積的収縮にはならない。なぜなら，資本主義経済は収縮の連鎖に歯止めをかける購買の下限を有するからである。そしてこの下限の存在は，滞貨解消の底流を生みだす原動力となる。

　需要の下限は大きく分けると3つある[23]。第1に，人間の基礎消費。第2に，生産継続のための流動資本需要。第3に，同じく生産継続のための固定資本の更新需要である。第1の基礎消費需要は，資本主義が一社会の経済原理を担う以上自明の存在である。不況には失業労働者が増大するため，基礎消費の規模は好況よりも大きく縮小している可能性がある。しかし滞貨の解消にとり重要なのは需要の規模ではなく，需要が存在し購買が行なわれるということである。

　次に，第2の流動資本への需要の下限を考える。不況が滞貨を解消する過程であるならば，重要なのは単なる販売ではなく，販売を媒介にした生産の回復にある。したがって不況局面においても，流動資本への需要は潜在的には社会全体の生産能力に対応するだけ存在する。そして，個々の資本が使える運転資金に応じて，たとえ完全稼働に満たなくとも生産は継続される。その規模は，第1に，恐慌後に資本がどれだけの貨幣をもっていたかに依存する。しかし第2に，生活資料はある程度販売が継続されるので，当該部門では回収した貨幣による生産も継続する。そして第3に，ある資本が生産のために別の資本から原料を買えば，そこで販売できた資本もまた自分の生産過程の原料を買って生産の維持・回復を目指す。こうした波及効果を伴い，流動資本の滞貨は漸次的にであれ解消へ向かってゆく。

　第3は，生産継続のための固定資本の更新需要である。産業資本が生産を行なうためには，生産過程に固定資本をもっていることが不可欠である。しかし，固定資本は技術的に確定した寿命をもっている[24]。そのため，生産を継続するには固定資本の更新もまた不可欠になる。この更新期は，固定資本の投下時期が無規定的に分散することに対応して，景気循環を通して無規定に訪れる。不況に更新期が訪れた資本の中には，償却資金の回収が間に合わず困難に見舞われる資本もあらわれ得る。しかし，更新は生産継続の条件である以上，不況にもこの種の需要は資金の許すかぎり存続せざるを得ない[25]。

　以上のように，不況にも最低限の販売は継続する。販売から得た資金で生産を回復させると，市場に並ぶ

商品は直ちに補充されるため目に見える世界の在庫量はあまり変化しない。それでも，市場の背後で進む生産再開が滞貨の解消を意味している。さらにある資本の稼働率の改善は，他の資本に対する原料や労働力の購買につながる。こうして徐々に販売と購買の連鎖が広がってゆくことで，社会的再生産は次第に再編され滞貨の解消が進んでゆくのである。

III-2｜停滞下での競争

前項のように，不況にあっても滞貨解消の底流をなす購買の動機は存在する。しかし個別資本は，ただ受動的に購買されるのを待つのみではない。むしろ激しく競争し，積極的に滞貨の解消と利潤率の改善を目指す。本項では，不況期の競争とその帰結について考察する。

まず，滞貨を抱える個別資本が競争においてとり得る戦略は2つ考えられる。すなわち，値引き販売か生産制限である[26]。滞貨の解消とは稼働率の改善と表裏の現象であるから，不況の競争の狙いは究極的には生産水準の回復である。すると，主たる戦略は値引き販売になる。重要なのは，ここでの値引きは単なる在庫処分が目的ではないという点である。値引きにも運転資金の確保という目的がある以上，その価格が費用価格を割り込んでしまうことになれば，それ以上の価格競争は戦略として意味をもたなくなる[27]。

この状況では，生産制限による数量調整も有効性をもってくる。これは販売と生産の2面から考えられる。すなわち，第1に，原価以下まで値引きをしては，たとえ売り抜けても当初の狙いである運転資金の調達ができない。そのため，値引き競争がある程度まで進行すると，資本のなかには競争に乗って投売りすることをやめ，価格を自分の費用価格で据え置くという選択肢が出てくる。個別資本が価格を据え置いたとしても，生産条件の違いや現金決済の必要のために他の資本が値引きを続ければ相場の値崩れを止めることはできず，値引きしなかった商品の販売は困難になる。その結果資金が回収できなければ，操業を維持することはできない。値引きをしなければ資金を調達できない状況でその値引きを意図的に止める場合，資本は結果的に価格調整よりも数量の制限を選択したことになるといえる。

また第2に，幾らかの運転資金を保有していても，市場での価格がその資本の費用価格を割り込んでいる場合には操業を停止する選択肢が考えられる。この場合は生産しても原価と固定費の回収すらできず，生産するほど損失が嵩むためである。あるいは，一資本が複数の生産条件を並列稼働している場合，赤字操業になる劣等設備の稼働を停止することで，資金はあっても生産をしないという行動を自ら選択することが考えられる。

いずれの場合にせよ，数量調整という戦略は資本が採算に合わない価格競争を自粛することと密接に関連した戦略である[28]。そして値引き販売が底なしの在庫処分ではないように，数量調整や生産制限も単なる在庫削減ではない。数量調整の決定も固定費を含めた生産過程の費用回収の観点から下されるのであって，単に市場での需要と比較して供給が多いため生産量を減少させる，という需要・供給関係から下されるのではないのである[29]。

しかし，いつまでも生産量を制限していては稼働率は改善しない。仮に貨幣を回収できても，その貨幣を生産に投じて稼働率を改善しなければ最終的に滞貨が解消されたことにはならない。激しい値下げ競争は個別資本の力では解消できないため，数量調整をいつやめるかは現実の資本の経営判断によるといわざるを得ない。ただし，数量調整が有効性を失う極点は理論的には特定できる。生産量を絞った理由は商品の原価以下での投売りを回避したためである。そのため，自商品の値下げの必要が無くなれば生産量を制限する必要もなくなる。そして値下げ圧力の原因は，完全稼働に必要な資金の不足である。したがって，完全稼働に足るだけの資金が形成できればそこで一旦は数量調整の意味がなくなる。無論，ここで急に生産を回復しても，販売しきれずまた滞貨を抱え込む可能性はある。しかし，例えば他の産業に投下するための資金形成のような別の目的がない限り，遊休の損失を受けながら資金の退蔵を続けるとは考え難い。

個別資本は上のように流通過程で積極的な競争を展開するとともに，他方で生産過程内での生産方法の改良や労働組織の再編を行ない利潤率の改善を目指す。不況には流通過程が全体として停滞しているにもかかわらず，個別資本は生産量を回復して稼働率を改善させようとするため，その競争は不況の進行に連れて激化せざるを得ない。そのため競争の過程では，劣等な生産条件の淘汰や競争に耐えられない資本の倒産が発生し，稼働率の改善が目指されるところの生産能力自体の収縮も生ずる。かくして，市場での競争を通して産業資本間の売買の連鎖が再編成され，同時になお肥大化している産業については競争による淘汰がな

されることにより，資本は滞貨の解消を進めてゆくのである。

III-3 | 滞貨の解消と蓄積の再開

　ここまでの議論を踏まえ，本項では滞貨の解消が進んだ結果として経済の状態がどのように変化するかを考える。まず，滞貨の解消につれて商品価格の値下げ圧力は弱まる。そして，個々の資本は次第に市場価格を費用価格から生産価格の水準へ戻そうとする。ここでの価格の引き上げは，価格の「上昇」というよりは生産価格への「復帰」である。景気の回復に伴う価格上昇は市場の需給の逼迫ではなく，生産過程での稼働率の改善を基礎にした値下げの終息なのである。

　賃金率は，商品価格とは別の経路で決定されるものであるから，どの程度滞貨の解消と連動するかを示すのは困難である。資本ができるのは，生産の費用を抑える目的で就業労働者の整理や労働内容の改善を進めることまでである。また，実質賃金率の下落は特定の資本だけを有利にするものでもないため，それによる利潤率の改善の効果があらわれてくるのは，価格競争が終息して個別資本の利潤率が改善された一般的利潤率に接近してきてからのことになる。不況過程の進行とともにみられる価格の回復や利潤率の改善といった諸現象は，このように滞貨の解消の結果としてあらわれるのである[30]。

　また不況の滞貨は，再生産過程の停滞に加え，遊休の回避機構としての信用機構の機能低下も基礎においていた。そこで，この点が好況に向けていかに改善されるのかを考える。まず，不況のはじまりに滞貨が発生していることは，それだけ運転のための短期資金需要が強いことを意味する[31]。そして恐慌後の産業資本の一般的利潤率の低下を反映して，銀行業資本の利子率もまた低落している。したがってこの時点では，強い資金需要に対して低い利子率が設定されている。それにもかかわらず信用が稼働率の改善に利用されない原因は，流通過程の停滞にある。すなわち，商品の販売可能性が信頼され難い状況のために受信が困難になり，かように矛盾した状態が生ずるのである。

　滞貨の解消は，個別産業資本には稼働率の回復を，社会的には流通の回復をもたらす。そして稼働率の改善は，結果として個別資本の手元に貨幣資本の余裕を生みだす。これは第1に，自らの新たな蓄積資金の形成を可能にし，第2に，その間の商業信用の与信動機を生む。同時に，取引の回復は商品の販売可能性の評価も向上させる。これらの条件が整ってくることで，商業信用，銀行信用ともにようやくその機能の基盤を回復してくることになる。

　このように不況局面は滞貨の解消を底流にして，稼働率の回復，利潤率の上昇，信用機構の整備を進め，好況に向けて蓄積の条件を整えてゆく過程である。やがて十分な蓄積資金が形成されて蓄積が再開されれば，局面は好況に転ずる[32]。すなわち，社会的な拡大再生産が再び開始されてくることになるのである。

むすび

　以上，本稿は商品滞貨と固定資本の遊休という現象に注目して不況およびそこから好況への転換を論じた。恐慌の終息後も蓄積が再開されず不況という停滞局面があらわれる原因は，生産過程での固定資本の遊休を基礎とした滞貨が発生しているからである。恐慌により流通の連鎖が大きく攪乱された市場に発生した滞貨は，好況のように短期間では解消されず，それゆえに蓄積の行なわれない状態は一定期間持続する。

　しかし，資本の利潤率最大化という行動原理は，攪乱された市場でも最低限の生産と販売を継続させる。それが流通の底流となって滞貨の解消は進められる。無論，資本は利潤率の回復をそれだけ任せず，自らも積極的に競争を展開してゆく。また，この時期に技術革新のような現象が起こったとすれば，さらに特別利潤をめぐる競争が引き起こされ，高度な固定資本やその原料へ需要は波及し，それだけ滞貨の解消を早めることにもなる。滞貨の解消，したがって固定資本の稼働率が回復すると，資本はさらなる利潤率最大化をもとめて追加的蓄積を再開する。かくして景気は回復し，また新たな蓄積の制限があらわれるまで社会的な拡大再生産が続いてゆく。

　不況とは，「在庫の過剰」という蓄積の制限が発現することによって引き起こされる資本主義の一局面である。それは流通過程の単なる需給不均衡ではなく，産業資本の生産過程に基礎を置いた蓄積の制限として捉えなおされなければならないのである。

注

1) 『資本論』第1巻第13章第7節にも，労働者の就業の不安定性が産業循環の変動に伴ってあらわれるという記述がある（K., I, S. 476）。

2) 久留間[1965]：223-224頁では，蓄積の内在的限界が突破されるのは「停滞」ではなく循環の始点たる「中位の活気」であるという。本論は不況と回復を恐慌後の一連の局面として捉えたため，停滞と制限の突破を「不況」の内容とまとめた。

3) ただし，この解釈は可能なもののひとつにすぎず，引用部においても，産業予備軍の「不断の形成」と「再形成」の関係は明らかでなく，産業循環の局面との関連も明示的には述べられていない。また，第23章第1節では有機的構成不変の蓄積から生ずる「労働価格の騰貴の結果として蓄積が衰える……。蓄積は減少する。しかしこの減少とともに，減少の原因，すなわち，資本と搾取されうる労働力とのあいだの不均衡が消滅する。すなわち，資本主義的生産過程の機構は，それが一時的に作り出す障害をみずから取りのぞく」（K., I, S. 648）という。資本構成不変と前提した第1節の時点ですでに労働人口の吸収と再形成が説明されているとも読めるのである。この点を重視すれば，産業予備軍の「不断の形成」が高度化を伴う蓄積にあたり，「吸収および再形成」が構成不変の蓄積に対応させられているという解釈も可能だが，本論では他の言及箇所との関係を考え上の解釈はとらなかった。

4) 本論での引用の直前に次のような言及がある。信用制度の崩壊による急性的恐慌が再生産過程の攪乱と停滞をもたらすと，まず「労働者階級の一部を遊休させ，そうすることによってその就業部分を，平均以下にさえもの労賃引下げに甘んぜざるをえないような状態」（K., III, S. 265）にし，これが剰余価値率の回復をもたらすというのである。ここでは労働者階級の失業や労賃の引下げが構成高度化ではなく恐慌そのものによってひき起こされるように述べられており，前註に触れた第1巻第23章第1節での労働人口の吸収・再形成の議論にむしろ近いように読める。

5) 第3巻第5篇では，貨幣資本と産業循環の関係について，「恐慌を切り抜けた直後」（K., III, S. 502）や「恐慌のあとの循環開始期」（K., III, S. 511-512）に関する記述がみられる。そこでは，本論でみた実物的な新投資を軸にした循環の背後で，恐慌直後には貸付資本の大量の遊休から貸付資本の過剰があらわれ，循環の「最初の衝撃」が与えられて「好転」がはじまってくると，その貸付資本の過剰によって「現実の蓄積過程の拡張が促進される」という運動が生じていることが指摘される。

6) 古典派の調和的な長期展望は，市場の販路法則，土地の収穫逓減の法則，賃金生存費説に基づく人口法則の3つの議論から導出される。それぞれRicardo[1817]第21章，第4章，第5章を参照。

7) 恐慌と新投資の関係について，久留間編[1976]栞はその説明を恐慌を機に新投資が始まる，というのではなく，「固定資本投資の動きは，マルクスによるかぎり，停滞局面が終わり，好転が始まってから開始され，事業の活気の増大とともに活発になっていって，繁栄局面で最大規模に達する」（久留間編[1976]：栞13頁）と理解すべきという。そしてかかる解釈の要点として，マルクスが停滞局面における貸付資本の遊休や価格の下落，企業精神の麻痺等に言及していることを強調している。

8) 景気循環における固定資本の更新期間への注目は，『資本論』からだけでなく，宇野理論としても旧『経済原論』[1950, 52]から『恐慌論』[1953]にかけて大きく変わった点である。旧『原論』内の景気循環にかんする論点と『恐慌論』の主な違いは次の3点にまとめられる。第1に，構成高度化の方法について，旧『原論』は資本の集積・集中・更新の3つを挙げ，そのうち集中と更新は労働力の絶対的排除をもたらすという（宇野[1950, 52]：202, 207-208頁）。第2に，構成不変・高度化のいずれの蓄積を行なうかは産業予備軍の状態に規定されるとする。すなわち，産業予備軍に余裕のあるときは構成不変の蓄積が，それが枯渇して蓄積の制限があらわれると高度化がなされるという（368, 375-376頁）。第3に，恐慌後の生産方法発展の基礎が資本の集中で与えられることになっている（491頁）。しかし不況に他資本を集中しつつ全体の構成を高めるには，まず好況に高度な方法が一部に導入され，かつそれが全体には普及せず，さらに恐慌後に劣等な方法を使用している資本がより優等な資本を集中する必要がある。したがって旧『原論』における資本蓄積の二様式は構成不変と高度化ではなく，実質的には好況の集積と不況の集中の二様式になっており，高度化自体は集積や更新の場合も含め不断に進むことになる。『恐慌論』では固定資本の更新期間を軸にしたことで，集積と集中の二様式から不変の蓄積と高度化の更新の二様式に再整理がなされ，同時に高度化が更新期間により制約を受けていることが示された。なお，新『経済原論』[1964]では『恐慌論』に沿った蓄積の二様式論が展開されている。

9) 日高[1987]：258頁を参照。

10) 産業循環において，新生産技術の導入の契機をなす固定資本の更新を重視する富塚・吉原編[1997]も，宇野氏と同様の問題を抱えている。特に，回復期から好況初期にかけて固定資本の更新が集中することの背景として「固定設備の更新は，商品価格が絶えず昂騰しつつある『繁栄』および『過度緊張』の局面においても……，また，逆に，商品価格が需給関係によって絶えずなお低落しつつある不況局面においても，延期されるのが通常である」（富塚・吉原編[1997]：110-111頁）と指摘している点は，固定資本の更新期間がもつ制約性を循環のほとんどの局面で無視できることにしてしまっている。

11) ただしこの集中更新説は，景気循環の周期性の論証において重要な位置を与えられていた。宇野は周期性の原因を，固定資本の10年という更新期間に求めたためである。ただしその場合は恐慌勃発の周期ではなく，構成高度化の周期，したがって不況から好況へ転換する周期が10年になる（大内[1970]：232頁，戸原[1972]：132頁）。集中更新説に基づく不況論では更新が集中しかつそれが好況の出発点となるため，景気回復の周期性は説明することができた。ところが続けて検討する分散導入説に基づく不況論では，第1に，新技術の導入時期が分散するため社会的な更新の周期が生じない。もし最初や最後に更新する資本の更新期で周期を切るとしても，第2に，分散導入説では新生産方法の普及が好況への出発点にならないため，固定資本の更新期は景気循環のどの転換局面を規定することにもならない。『恐慌論』での周期性の論証には，集中更新説が不可欠だったのである。

12) このことは，例えば日高[1987]から読みとり得るが，日高氏自身は更新的蓄積，すなわち有機的構成の高度化を伴う更新を不況期の蓄積様式にあてている。生産力の発展と景気の局面が対応する必要のないことは，小幡[2014]：178頁で指摘されている。

13) 不況論をこのように分類して検討する研究として他に宮澤[2007]がある。

14) 小幡[2014]：191頁では，不況から好況，好況から不況への相転移はともに，いかなる条件を想定するとどう決まってくるのかを「可能性の束」として解き明かすほかはないという。

15) 二重説でない賃金停滞説として，中村[2005]や星野[2007]が挙げられる。ただしこれらの説も，実質賃金率の下落が直接に景気の回復につながるというよりは，それによる利潤率の回復を前提として新生産方法の導入がはじまり本格的な回復過程に入る，という二段構えの不況論になっている。

16) 不況を社会的な縮小再生産過程として捉える景気循環論としては，例えば置塩[1967]のような不均衡蓄積の理論が挙げられる。そこでは，好況は拡大，不況は縮小の累積的に進む過程と描出され，恐慌と景気回復は累積の方向が逆転する点と位置づけられるため，本稿第1節でみてきた景気循環論とは景気局面の捉え方から大きく異なる。

17) 小幡[2014]：172-175頁は，不況を生産資本の量における縮小再生産の継続として考えることは困難だと指摘したうえで，それゆえ量については拡大のテンポを問題にせざるを得ず，そうなれば拡大と縮小の明確な線引きは至難だという。ここでは，不況は好況に比して進みの遅い拡大再生産過程とされているように読めるが，追加的な蓄積による生産規模の拡大と，遊休の解消・運転の再開による生産量の拡大とはその性格を異にする。すなわち，前者の積極的な蓄積による拡大に対して，後者は既存の生産規模への「回復」を意味する点で異なる。

18) したがって，本稿は社会的再生産の収縮をもたらす資本の価値破壊を直接の考察対象に含まない。このように収縮を主に恐慌局面から把握してゆく立場は，例えば宇野[1953]第2章にみられる。ただし，不況に競争を通して社会的再生産を再編成してゆく過程でも，結果として淘汰される資本は出てくる。この点については，本論第3節で触れた。

19) 小幡[2014]は，実質賃金率――小幡氏のいう物量賃金率――は不況期を通して下落してゆくという。また，置塩[1976]や星野[2007]では貨幣賃金率は低落しても不況期に実質賃金率は上昇するという。

20) 在庫と稼働率の関係は小幡[2014]：176-177頁で指摘されている。ただし，小幡氏は滞貨や遊休，またそれがひき起こす個別的利潤率の下方分散が不況を通していかに解消されるのかは論じていない。また，「滞貨」と「在庫」を区別しているかも明瞭でない。

21) 固定資本の「完全稼働」という語は，本論では技術的に確定された最大量の生産を意図して用いるが，例えば急な需要の増大に対応できるよう資本は意図的に低く設定した「標準稼働率」を維持するという議論がある(Steindl[1952]：邦訳16-19頁)。現実の企業がどの程度の稼働率を正常とみなすかは個々の経営判断によるといわざるを得ない。ただしここでの問題は，標準稼働率をどこに設定するにせよ，その意図した稼働率を維持できるか否かが在庫の規模の評価基準になるという点である。したがって，生産設備の稼働率になんらかの目標があり，資本はその維持を最優先するというのなら，実際の目標値が十割か否かは本質的な問題ではない。

22) 景気循環を論じる際，Hilferding[1920]のように回復過程からはじめ，回復から好況への過程を連続的に説明する議論もある。ただし，そこでは回復と好況の明確な区別が読みとり難い。回復と好況の違いについて，同じく回復過程から循環をはじめる井村[1973]：187-189頁は次のように説明する。回復過程は不況の静止状態から「既存の固定設備の基礎上での生産拡大」が十分にゆきわたるまで，好況とは「生産能力の拡大それ自体を目的とする新投資」が進展する局面を意味する。本稿は，回復と好況の違いについて井村氏の規定に賛同するが，氏が静止状態といわれる不況と回復をむしろ連続的に捉える点で異なる。

23) 停滞を支える需要の「底」の要素として他に新生産部門開拓のための新投資(井村[1973]：191頁)，資本家の慣習的消費，地主や金利生活者ら「確定所得者」の消費(富塚[1975]：213-214頁)なども挙げられることがある。ただしこれらの研究における需要の「底」は，縮小の累積から拡大の累積へ反転する時点で効果を発揮する。本稿が需要の「下限」という表現をするのは，それが景気の局面にかかわらず流通の原動力としてつねに存在，作用していると考えるためである。

24) 固定資本は厳密には技術的な寿命とは別に，新生産方法の導入が進むことで生産条件の相対的劣位から道徳的磨損を被る(山口[1985]：182頁)。これは資本に対して，固定資本の更新を技術的寿命より早めようとする動機をもたらす。ただし本稿では，道徳的磨損の程度は不確定的であり，かつその効果は更新を技術的寿命以前にすることはあっても以後に引き延ばすことはないため，「下限」としての更新需要にとっては二次的な問題と考えた。

25) ここでいう更新は必ずしも新技術を伴う「更新的蓄積」でなくともよい。もし同じ生産条件で更新しても，固定資本を販売する資本の滞貨解消に寄与することには変わらないためである。

26) 長島[1974]第8章は，独占資本主義での景気循環を対象とした研究であるが，非独占資本は「操業度維持＝価格調整型」の投資行動，独占資本は「価格維持＝操業度調整型」の投資行動をとると分類している。

27) 市場価格が費用価格を底値にもつことについては，小幡[2014]：123頁を参照。また，ここで底値を割り込む可能性というのは，複数の生産条件の並立を基礎に資本間で下げ得る底値が異なっている点に由来する。

28) 星野[2007]：222-223頁や井村[1973]：176-179頁は，競争的市場では資本間で協調して供給を制限することはできないため，資本は価格を通して需給調整せざるを得ないという。しかし，値引きに下限がある以上，価格競争の有効性にも限界が存在する。そして下限まで到達すれば数量調整が個別資本にとって有効となり得る。ここには両方の戦略が並立する必然性はないが，不況に数量調整的な現象が生じることをすべて寡占や独占の結果と断ずる必要もない。

29) 市場の需給関係で数量調整を行なうのではないということは，独占資本の場合にも当てはまる。価格支配力のある独占資本は，販売量が少なくても高い価格を付すこと固定費を回収できるなら，流通費用の節約を狙って固定資本の遊休を意図的に維持することが可能である。ただし，完全に生産を停止しては販売を通した固定資本の償却ができないため，ある程度の維持すべき生産

水準があることは非独占資本と同様である。したがって，独占資本の数量調整も単なる需要の見通しに合わせた生産量の調整ではなく，維持すべき稼働率をその根底にもっている。

❖30) Mitchell［1913］：邦訳172-181頁も，不況を通して利潤が増大する要因として，物的事業量・販売量の拡大とそれに伴う固定経費負担の軽減を重視している。ただし価格の回復に関しては，需要の増大と企業間の連合の再建を重視している点で異なる。

❖31) 不況に低い利子率が積極的な回復要因にならない理由として，しばしば投資需要の減退が挙げられる。例えば戸原氏は「新たな資金の形成による資金供給は減少しながら，それ以上に資金需要が減退する」（戸原［1972］：117-118頁），また山口氏は信用が固定資本の更新には利用できないことを指摘した上で，「流動資本部分についても，この時期には一般的に，個々の資本からの銀行信用に対する需要は減退しており，利子率は低い」（山口［1984］：182頁）という。これらの議論では，不況には商品の過剰が問題になるため，信用を用いてまで生産拡張する動機はないと考える。しかし，短期資金は生産の拡張ではなく稼働率の維持に用いられるのであり，そのかぎりでは不況にも資金への需要はあり得るというべきである。

❖32) 滞貨の解消は蓄積資金が形成される条件をなすが，必ずしもその資金が直ちに生産部面に投下されるとは限らない。蓄積資金をどこに投ずるかの決定は，生産部面への蓄積で見込まれる利潤率と金融市場や資産市場といった非生産部面で見込まれる利益とを比較して下される。したがって，金融部面を含めて考えるならば，生産過程への蓄積が再開されるには個別資本だけでなく，社会的に滞貨が解消され，生産部面の利潤率が一般的に改善してくる必要がある。

参考文献

- Hilferding, Rudolf［1920］*Das Finanzkapital*, Zweite Auflage, Wien.（岡崎次郎訳『金融資本論』上・下，岩波文庫，1982年）
- Marx, Karl［1867, 85, 94］*Das Kapital,* Band 1-3, in *Marx-Engels Werke*, Bd. 23-25, Dietz Verlag, 1962-64.（資本論翻訳委員会訳『資本論』全三巻（五分冊），新日本出版社，1997年）ただし，引用の際はK., I, S. 661のように略記する。
- Mitchell, Wesley Clair［1941］*Business Cycles and Their Causes*, Berkeley: University of California Press.（種瀬茂・松石勝彦・平井規之訳『景気循環』新評論，1972年）
- Ricardo, David［1817］*On the Principles of Political Economy and Taxation*, in *The Works and Correspondence of David Ricardo*, vol. 1, edited by P. Sraffa, Cambridge: Cambridge University Press, 1951.（羽鳥卓也・吉澤芳樹訳『経済学および課税の原理』上・下，岩波書店，1987年）
- Steindl, J.［1952］*Maturity and Stagnation in American Capitalism*, Oxford: Blackwell.（宮崎義一・笹原昭吾・鮎沢成男訳『アメリカ資本主義の成熟と停滞』日本評論社，1962年）
- 伊藤誠［1973］『信用と恐慌』『伊藤誠著作集』第3巻，社会評論社，2009年。
- 井村喜代子［1973］『恐慌・産業循環の理論』有斐閣。
- 宇野弘蔵［1950, 52］『経済原論』『宇野弘蔵著作集』第1巻，岩波書店，1973年。
- 宇野弘蔵［1953］『恐慌論』岩波文庫，2010年。
- 宇野弘蔵［1964］『経済原論』岩波書店。
- 大内力［1970］『国家独占資本主義』こぶし書房，2007年。
- 置塩信雄［1967］『蓄積論』筑摩書房。
- 小幡道昭［2014］『労働市場と景気循環』東京大学出版会。
- 久留間鮫造［1965］『増補新版 恐慌論研究』大月書店。
- 久留間鮫造編［1976］『マルクス経済学レキシコン9』大月書店。
- 戸原四郎［1972］『恐慌論』筑摩書房。
- 富塚良三［1975］『増補 恐慌論研究』未来社。
- 富塚良三・吉原泰助編［1997］『資本論体系』第9-1巻，有斐閣。
- 中村泰治［2005］『恐慌と不況』御茶の水書房。
- 長島誠一［1974］『独占資本主義の景気循環』新評論。
- 日高普［1987］『資本蓄積と景気循環』法政大学出版局。
- 星野富一［2007］『景気循環の原理的研究』富山大学出版会。
- 宮澤和敏［2007］「商品過剰と資本蓄積の停滞」『広島大学経済論叢』第30巻第3号。
- 山口重克［1984］『金融機構の理論』東京大学出版会。
- 山口重克［1985］『経済原論講義』東京大学出版会。

（2016年12月8日受理　2017年9月17日採択）

海外学界動向
第12回世界政治経済学会に参加して

江原 慶　大分大学

　本誌でも毎年おなじみとなっている，世界政治経済学会(The World Association for Political Economy: WAPE)年次大会への参加報告をお届けします。WAPE年次大会は，毎年春に開催されていますが，2017年の第12回大会は，11月(ロシア旧暦10月)に勃発したロシア革命100周年に合わせ，2017年11月2日から5日にかけて，モスクワ(ロシア)で開催されました。

　本大会は，私にとって初めての海外学会参加です。今まで一読者としてこの参加報告を楽しみに読んでいた私に執筆の機会を与えて下さった，本誌編集委員会にお礼を申し上げます。今回は特に，私自身の反省点も踏まえて，まだ海外学会への参加経験がないけれども今後参加してみたいという方々と海外学会について情報を共有することを目的に，本記事を書かせていただければと思います。

　WAPEは，2006年に設立されたマルクス経済学者の国際学会です。これまでの年次大会は，上海(中国)，島根(日本)，北京(中国)，パリ(フランス)，蘇州(中国)，メキシコシティ(メキシコ)，アマースト(アメリカ)，フロリアノーポリス(ブラジル)，ハノイ(ベトナム)，ヨハネスブルク(南アフリカ共和国)，パティアラ(インド)といった，世界の様々な箇所で開催されており，国際色の豊富さが伺えます。

　第12回大会は，ローザ・ルクセンブルク財団などが主宰する国際カンファレンス"OCTOBER. REVOLUTION. FUTURE"との共催であり，全体テーマは，"The October Revolution: Promoting the Development of World Economy and Improving People's Livelihood"でした。ロシア革命100周年・『資本論』第1巻刊行150周年というメモリアル・イヤーであることも手伝い，世界19カ国，300人超の参加者が集まりました。日本からは17名が参加しましたが，そのうち経済理論学会会員は15名です。平野健会員(中央大学)による前回大会の参加報告(『季刊経済理論』第53巻第4号掲載)では，日本人参加者の減少が危惧されていましたが，今回は大幅に回復しています。

　第1日目には，モスクワ南部に位置するメイン会場・Moscow University of Finance and Lawにて，17時よりオープニングセレモニーが開催されました。WAPE会長であるCheng Enfu特別会員(中国社会科学院)やAlexander Buzgalin氏(モスクワ国立大学)，開催校等からの挨拶がなされた他，学会賞の授賞式が執り行われました。"Marxian Economics Award"が大西広会員(慶應義塾大学)とWu Xuangong氏の2名に贈られ，"The Distinguished

江原 慶(大分大学)	From Classical Market View to Marxian Market View: Reinterpreting the Theory of Market Value
吉田 央(東京農工大学)	The relationship between environmental policy and economic development - The case of pesticide regulation in Japan and South Korea
日臺健雄(和光大学)	On the N. Bukharin's Theory of State Capitalism
金江 亮(三重短期大学)	Inequality in the economic growth
竹永 進(大東文化大学)	On I.I. Rubin's interpretation of Marx's theory of money, in relation to his newly published manuscript
松井 暁(専修大学)	Marxism and Ecology
大西 広(慶應義塾大学)	Revolt in UK, US, HK and Taiwan-Workers 'Interest Different from the Capitalists'
泉 弘志(大阪経済大学・名)	International Comparison of Total Labor Productivity by Using National and International Input-Output Tables (Yanjuan Dai氏(Guangdong University of Foreign Studies)との共同発表)
伊原宏旭(慶應義塾大学・院)	Wage System, Intensity of Labor and Labor time - an analysis by n-person working game theory
平野 健(中央大学)	The Secular Stagnation
横川信治(武蔵大学)	The rise and fall of Japanese economy in super long waves of capitalist world systems
森本壮亮(桃山学院大学)	Stagnating Japanese Economy: A Marxist analysis
李 晨(慶應義塾大学・院)	Re-analysis Marx's growth model under the Dynamic General equilibrium approach

Achievement Award in Political Economy for the Twenty-first Century"が10名に授与されました。この10名のうち，日本人は田添篤史会員（京都大学・非）と私，江原慶の2名です。

"Marxian Economics Award"受賞に際し，大西会員が講演を行いました。同賞のこれまでの日本人受賞者には，伊藤誠会員（東京大学・名）と大谷禎之介会員（法政大学・名）がおり，それぞれ日本の宇野派とMEGA研究を代表しているが，自らの受賞が，置塩信雄や森嶋通夫の流れを汲む，日本の数理マルクス経済学に対するものである旨が強調されました。その上で，搾取の論証に止まらない，史的唯物論の論証が，積極的成果として報告されました。

第2日目と3日目には，午前10時から合わせて4つの全体会と51の分科会がもたれました。日本からの参加者の報告テーマは，表の通りです（プログラム掲載順・敬称略）。

このうち，江原，金江会員，大西会員，横川会員，李氏には，それぞれ自らの参加する分科会の司会の任が割り当てられていました（事前の依頼はなく，直前に判明しました）。また後述の事情のため，日臺会員は臨時の司会も務めました。

第2日目の夜には，モスクワ中心部の別会場House of Economistにて，WAPE関係者と現地学会Free Economic Society of Russiaの会長であるSergey Bodrunov氏との間で意見交換がなされました。

第4日目は，東方教会総本山である救世主キリスト大聖堂付近のDigital October Centerにて，"Revolution: A Look into the Future"と題された国際会議が午前10時から開催されました。こちらには，世界23カ国から約260名が集まりました。午前中に全体会が催され，午後には6つの分科会にて，ロシア革命をめぐる研究動向について活発な議論が交わされました。

WAPE大会は，会長が中国人ということもあり，中国からの参加者の割合が高めですが，少なくとも2017年度大会については，参加者の国籍はそれなりにばらけていたと思います。国の数としては，先進国よりも発展途上国の方が圧倒的多数を占めるわけですから，これはつまり，発展途上国からの参加者が多数派になることを意味します。特に，BRICS諸国からの参加者が多い印象です。学界では，先進国が主導的な役割を果たす場合が多いと考えられるので，このように世界経済の実状を反映した参加者構成となっている学会は

モスクワ川の橋上にて

貴重なのではないかと思います。

ただその中でも，300人中17人という，日本からの参加者の割合は決して低い方ではなく，その点では日本人にとって参加のハードルはそこまで高くないと言えます。国際学会では，渡航資金の獲得に失敗したなどの理由で報告者が来ないケースが多いそうですが，今回の日本からの参加者からはほとんどキャンセルが出ず，その結果，実態としても日本人参加者の割合は高くなりました。

ただし，大会の規模が大きいためか，大会事務局のレスポンスは良いとは言えません。ホームページも整備されておらず，申し込みに際して乗り越えるべき障害は多いです。申し込んだ後も，きちんと受理されたのかどうか，やきもきしたままに置かれる時間も長いです。こうした事務的な障壁が参加の妨げになるのは残念なことですが，現状では，大西会員がこうした問題の対応に尽力し，解決しています。

年齢構成はやや高めでした。しかしそれだけに，若い研究者の参加は歓迎されます。懇親会では，中国の若手研究者や，運営のお手伝いをしているモスクワ国立大学の大学院生たちは，向こうから話しかけてきてくれました。こうしたフランクな会話を，国際的な学術交流の礎にしていければと思います。

全体会では，世界経済の現状を，先進国 vs. 新興国という構図で捉える報告が多かったように思います。ロシア革命100年＝レーニン『帝国主義論』100年ということもあったと思いますが，「帝国主義」という単語が，先進資本主義国の展開を形容する際にしばしば用いられていました。この点，「帝国主義」というタームがあまり使われなくなった日本の学界とは，かなり様子が異なっています。これは，先の経済理論学会第65回大

会共通論題とも関連して，興味深い論点をなすでしょう。

WAPE大会の場合は，各分科会には5〜7名ほどの報告者が割り当てられています。分科会全体の時間は90分なので，一人当たりの持ち時間は10〜15分程度になります。コメンテータは立てません。報告ごとに議論をする時間はないため，全ての報告を終えた後に，まとめて討論の時間に入ることになります。

したがって，一人当たり30分ほどの報告時間があり，コメンテータもいる経済理論学会年次大会とは違ったスタンスで報告に臨まなければなりません。報告テーマの内容を網羅的に扱うことは不可能なので，報告は最も強調すべきポイントに絞り，その他のトピックについては別途論文の参照を指示するなどの工夫が必要です。学会報告の場での議論を通じて研究内容を深めるというよりは，自らの研究の魅力をアピールし，論文の読者を増やそうというような姿勢が適しているのではないかと思います。

とはいえ，報告者が会場に姿を見せず，結果として持ち時間が伸びるケースもあります。竹永会員の報告した分科会では，その他の報告者が現れず，長い質疑の時間を竹永会員一人がこなしました。日臺会員の報告した分科会では，一部の報告予定者に加えて司会者も現れなかった（いずれも中国からの参加者）ため，日臺会員が臨時で司会を担当することになりました。これらは極端なケースだと思いますが，国際学会ではこのような臨機応変な対応も求められると感じました。

なお，中国からの報告者が，分科会の指定言語である英語での報告を拒否して中国語での報告（および質疑応答）を強行する例が複数見受けられました。中国からの報告予定者による無断キャンセルが目立ったことと併せて，今後何らかの対策が求められます。

日本人にあまり馴染みのない地域でも大会が開催されるのも，WAPEの特徴です。そこで，モスクワの旅の様子についても少し触れておきたいと思います。

今回は，大西会員が旅行会社と交渉し，WAPE専用にツアーを組んで下さったので，ビザの取得からホテルの予約，会場までの送迎に至るまで，基本的には全て旅行会社の方で準備されていました。そのため，移動や宿泊自体の心配はほとんどせずにすみました。空き時間についても，旅行会社がオプショナル・ツアーを用意していたので，ホテルで暇を持て余すということもないように配慮がなされていました。

とはいえ，海外では何が起きるか分からないので，ある程度は自己解決できるよう，心構えをしておくことは必要だと思います。今回も，第1日目はホテルへ自力で帰らなければならなくなりました。また，突然のスケジュール変更の連絡を受け取れるよう，対策をしておく必要があります。海外のホテルのWi-fiはあまりあてにならないですし，そもそも外出中は使えないので，個人的には，海外用モバイルWi-fiは必需品だと思います（レンタル料は1,200円／日〜程度）。幸い，今回宿泊したKorstonホテルのWi-fiや会場のWi-fiは，十分実用に足るものでした。

モスクワの街の雰囲気は，近年のヨーロッパ諸都市に比べてもかなり和やかで，行く前に私が抱いていたイメージとは随分異なりました。夜中の0時に外を出歩いていても，とりたてて身に危険を感じることもなく，以前テロに脅かされていた都市とはとても思えないほどです。英語はほぼ通じず，英語表記も少ないですが，行きの飛行機の中でキリル文字とアルファベットとの対応関係を少し頭に入れておくといった程度でも，地名や外来語が読めるようになり，ロシアの風景が随分身近に感じられるようになります。今回は気候にも恵まれ，気温はほぼ0度〜5度くらいの間に収まっていました。冬の札幌の方が寒いくらいです。

街の風景にはソ連時代の記憶が溶け込んでいます。一例を挙げると，第4日目の会場から徒歩10分ほどのところに世界屈指の美術館であるトレチャコフ美術館の新館がありましたが，その隣の彫刻広場には，マルクスやレーニンの胸像や巨大なソ連のロゴマークのモニュメントが，撤去されずに残されています。その周りでは，家族連れが週末の団欒のひとときを過ごしていました。今のロシア人にとって，かつてのソ連がどういう存在なのか，考えさせられる光景です。

海外の学術動向だけでなく，こうした開催地域のリアリティに触れることができるのも，海外学会ならではの経験だと思います。

おそらく海外学会参加の最大のハードルの一つは，専門的な内容について英語でコミュニケーションを取る必要があるという点でしょう。確かに，日本の学会報告と同じものを丸ごと海外に持って行こうとしようとすると，それはかなり困難です。しかし発想を切り替え，自分の研究の国際的な宣伝の場だと捉えれば，もう少し違ったアプローチもできると感じました。そこで聴衆の興味をかき立てることができれば，詳細な議論は後日

メールなどに委ね，時間をかけて取り組むことができるでしょう。

そもそも，英語の報告だからといって，あまり構える必要はないとも言えます。特にWAPEの場合，英語を母語としない参加者も多く，言ってしまえば皆条件は同じです。多くの参加者は，聞き取れないときには聞き返せば，より平易な表現で言い直してくれますし，他の日本人参加者が助けてくれることもあります。私の報告は，報告内容とフロアからの質問がかみ合わず，お世辞にも上手くいったとは言えませんでしたが，その場にいらっしゃった横川会員にアシスト的な質問をしていただいたりしました。

いきなり海外学会への参加が不安なら，経済理論学会年次大会の英語セッションなど，日本にいながら英語で発信できる場で発表することが非常に有用です。私自身も，2015年の経済理論学会年次大会の英語セッションで報告をし，横川会員をはじめとする海外学会経験の豊富な先生からアドバイスをいただきました。

もう一つの大きな障害は，資金の問題だと思います。今回は，諸々の経費を含めて，全体で30万円弱の支出があります。若手研究者が自己負担するにはなかなか厳しい金額であり，昨今の研究費の減少傾向に鑑みても，外部資金の獲得がやはり必要になってきます。しかし，分野によって状況が異なると思いますが，私が専門としているマルクス経済学の原理論研究分野では，海外渡航資金の獲得ノウハウが決定的に不足しています。科研費やその他の民間財団について，情報を共有する必要性を感じています。

今回，私は公益財団法人 村田学術振興財団の研究者海外派遣援助のプログラムから助成を受けています。これは単年度・最大50万円までの海外渡航資金専用の助成事業です。科研費にはこのような小規模枠がないので，非常に助かりました。こうした民間財団は他にもありますので，まずは探してみることを勧めます。

マルクス経済学における若手研究者の減少傾向が顕著な日本では，同じような問題意識を抱く研究者を世界から探し出す必要性が，昨今ますます強まっていると言えます。日本で蓄積されてきた研究成果を外国の方と共有するのは容易ではなく，私自身についてはこれまでのところ共有まで至らなかったことを認めざるを得ません。それでも，現状を踏まえれば，世界への発信を諦めずに続けるべきだと考えます。今回のWAPEの大会では修士課程の院生も報告しているのが印象的でした。若手研究者が海外学会での報告に競って乗り出し，研究発表の水準を高めていける環境が作り上げられることを望みます。

書評

モラル・エコノミー ── インセンティブか善き市民か

サミュエル・ボウルズ 著／植村博恭・磯谷明徳・遠山弘徳＝訳［NTT出版，2017年］

山田鋭夫 名古屋大学・名誉

1 ハイファの託児所にて

著者渾身の思想かつ理論の書であるが，随所に引かれている実例や実験例がこれまた面白い。例えばイスラエル・ハイファの託児所にて。

夕方，子供の出迎えに遅刻する親たちに手を焼いた託児所は，遅刻者に罰金を科すことにした。ところがこの罰金制度が始まると，親たちの遅刻は倍増してしまった。あわてた託児所はやがて罰金制度を中止したが，その後も親たちの遅刻は高止まりしたままだった。

これは何を意味するか。あたかも一般商品と同じように「遅刻に値段をつける」と，親たちは遅刻を「買うことのできる商品」だとみなすようになったのである。裏返せば，託児所職員に迷惑をかけまいとする親たちの「倫理的な義務感」がかき消されてしまい，金さえ払えば遅刻してもいいのだという観念を植えつけてしまった。その結果，罰金制度が廃止されても増えた遅刻は減らなくなってしまった。要するに「インセンティブ」（この場合，罰金という負の金銭的刺激）と市民としての「道徳的行動」（ひろく「社会的選好」とも表現される）が足を引っ張り合って，遅刻を減らすという所期の目的が達成できなかったどころか，事態をさらに悪化させてしまったわけである。

そこから大きな問いが生まれる。目指した効果を実現するために，インセンティブに訴えるとなぜ人びとの社会的選好を殺いでしまうのか。なぜ物質的インセンティブは道徳的な市民に取って替われないのか。要するに「なぜ巧みなインセンティブは徳ある市民に取って替われないのか」（原書副題）。これが本書を貫く超テーマをなす。

経済学は長年，インセンティブに反応して行動する利己的個人（ホモ・エコノミクス）を前提に置いて理論を構築してきた。その意味でボウルズの本書はそうした経済学に対する根源的挑戦であり，現代版「経済学批判」であり，さらに言えば「社会科学批判」である。以下，興味に応じて紹介しつつコメントをしよう。

2 いかにして悪党に善行をなさせるか，あるいは，価格に道徳の働きをさせるか

「悪党のための立法」と題された第2章は短いけれど，さながらユニークな社会思想史の観がある。その昔，アリストテレスは良き市民こそが良き統治の基礎となるとして，立法者の役割は良き法によって市民的な徳を涵養することだとした。時を経て16世紀のマキャベリとともに思想的転換が始まり，不道徳な悪人を前提とした法や統治システムをいかに巧みに作り上げるかが立法者の課題となった。いかなる法を通して悪党に善行をなさせるか。ここに「悪人」「悪党」とは，さしあたり他者を考慮することなく，自己利益を追求する利己的人間のことである。

さてその2世紀後，マンデヴィル『蜂の寓話』は「私悪を公益にする」のが良き政治家の仕事だとして，悪人を善人にすることでなく，「正しい制度」を考案して悪人に善行をさせることが肝心だとした。ヒュームもまた然り。さらにアダム・スミスも「われわれが食事をとれるのは，肉屋や酒屋やパン屋の博愛心によるのではなくて，自分自身の利益に対する彼らの関心によるのである」（『国富論』第1編第2章）と語って，正しい制度があれば「見えざる手」に導かれて，「普通の動機」（利己心）から「高尚な結果」（社会的富の増進）が生まれるのだと宣言した。要するに制度設計が重要であり，その設計の要所は，ベンサムの直截な言葉を借りれば，義務的行動を利害的行動に転換せよ，ということにある。

ただし注意すべきは，以上に挙げた古典的思想家たちはいずれも，市民たちがひたすら不道徳で利己的な悪人だとは思っていなかったということである。スミス『道徳感情論』の「共感」原理をはじめ，古典派経済学者たちは人間のもつ倫理的・他者考慮的な動機をしっかりと見据えていた。逆に言えば，利己的なホモ・エコノミクスなるものは一個の単純化だということを自覚していたのである。にもかかわらず利己心が政府によって第一義的に受け入れられるようになった背景には，打ち続く戦乱や拡大する統治範囲といった時代的変化が

ある。そうボウルズは見る。

これに見るように，古典派以来の経済学は多くの場合，利己的インセンティブとは異なる道徳的行動を見落としていたのではない。ただし彼らは重大なことを見落とした。インセンティブと道徳は分離不可能だということを。つまりインセンティブと道徳はそれぞれ独立変数をなしていて分離可能であり，一方の変化は他方の変化に影響を与えないと仮定してしまったのである。託児所で「罰金制度」（インセンティブ）を設けても，それは親たちの「倫理的な義務感」（道徳）に影響を与えはしない，──こう暗に仮定していたわけである。

ひとたびインセンティブと道徳の分離可能性が前提されると，経済学は安んじて利己心の世界のみに埋没するようになる。利己心の経済学が一人歩きしはじめる。それどころか「価格が道徳の仕事をする」とまで言いだした。統治にとって徳はもはや不要であり，市場こそが徳となる，と。

ボウルズによれば，仮にそう言えるためには，あらゆる物が，あらゆる側面にわたって適正な価格をもたなければならない。つまり「完備契約」が必要となる。だがしかし完備契約など，ありうるのか。否。むしろ「不完備契約」の方が一般的だ。例えば労働市場では，労働内容の細部すべてにわたって適正な価格で契約を結ぶことなど，およそ不可能である。同じく信用，情報，知識，医療，ケアの市場など，契約は不完備であらざるをえず，しかも現代資本主義のもとで不完備契約の領域はますます拡大している。契約が不完備だとしたら，市場や社会を究極的に支えるのは価格ではなく道徳なのである。「価格に道徳の働きをさせる」のでなく「道徳がときどき価格の仕事をしなければならない」。道徳なき市場に対して，ボウルズはあらかじめこう釘を刺す。

3　クラウディングアウトからクラウディングインへ

いわば「富と徳」をめぐるボウルズの思想史的整理を見てきたわけだが，もちろんこれは過去の話ではない。悪人に善行をなさせるための制度を作れ。これは今日なお，いや今日においてこそ，強く叫ばれている。例えば1987年の株式暴落の際，『ニューヨーク・タイムズ』は「強欲を禁ずる？　ノー。それを活かせ」と題する社説を掲げ，利己的行動を阻止するのでなく，うまく誘導する制度を作れと主張した。また「メカニズム・デザイン」なる学問分野が生まれて，公共目的の達成のために最適なインセンティブ装置は何かを追求した。「見えざる手」に制度設計という「救いの手」を差し伸べようとしたこの理論は，しかし，利己的個人のもとで効率的結果が帰結しうることを明らかにしえておらず，倫理的動機が不要となるような制度も見つけていない，とボウルズは批判する。念のために言っておくが，ボウルズはインセンティブを撲滅して倫理的動機のみで経済社会を運営せよ，などといった裏返しの暴論を吐いているのではない。そうではなく「モラル」と「エコノミー」のよき関係を模索しているのである。

インセンティブと社会的選好の関係を解明すること。そのためにボウルズは，現代の先端的研究を駆使して自説を積極的に展開する（第3～6章）。そこではメカニズム・デザイン理論が批判的に検討されるとともに，実験経済学，行動科学，民族誌学，社会調査などの成果がフルに活用され，さきの思想史的展望にあらためて社会科学的土台が与えられる。

インセンティブ（物質的利害）と社会的選好（道徳感情）は分離不可能だというのが，現代の先端的研究からボウルズが得た根本的知見であり，根本的視点であった。分離不可能とは互いに独立的でなく相乗作用があるということだ。相乗作用には正と負の両面がある。負の相乗性とは両者が「代替的」ということであり，一方が強まると他方が弱まって「クラウディングアウト」（押しのけ）されることを意味する（ハイファの託児所の例）。しかし正の相乗性もありえ，そのとき両者は「補完的」で「クラウディングイン」（呼びよせ）の関係をなす。

こう概念整理をしてみるとき，ボウルズの関心は，どうしたらインセンティブと社会的選好の関係を，クラウディングアウトからクラウディングインの関係にもって行けるかに絞られてくる。どういう条件のもとで，物的インセンティブと道徳は補完しあってクラウディングインの関係になるのか。

カギは「リベラルな市民文化」「堅固な市民文化」の存否にある，とボウルズは見る。法の支配，職業移動の自由，社会保険といった市民的制度が整備されていることは，対人関係におけるリスクを削減し，市場交換における「信頼」を高める。狭い範囲の血族姻族的信頼でなく，見知らぬ他人との一般的信頼を高める。しかも，法の支配などの「非市場的制度」だけでなく，実は「市場」そのものもこうした「市民化の過程」に貢献してきた。「リベラルで民主的で，市場に基づく社会で人々が直面するインセンティブや制約は……社会的選好のクラウディングアウトではなく，むしろ一種のクラウディングインをもたらす」（p. 143），とボウルズは言う。裏返せば，そうした市民社会的基盤が弱いところでは──あるいは

仮に市民文化が行きわたっていても，それに逆行するような特定の局所的状況（例えば上司・部下間にあからさまな不信がはびこっている場合）のもとでは——一般的信頼は生まれず，インセンティブは社会的選好を押しのけてしまう。「モラル」と「エコノミー」を補完関係において結びあわせるものは「市民社会」だということだ。

4 「見えざる手」の「救いの手」は何なのか

　以上から示唆されるように，ボウルズによれば，自己考慮的で利己的な市民のみを前提とするかぎり，いかに巧妙にデザインされたメカニズムといえども効率を達成しえない。利己心は「見えざる手」を救いえないのだ。

　では何が「救いの手」たりうるのか。興味深い社会学的発見が紹介される。「信頼して取引相手に関わることは，また自らの評判や他者の評判に配慮することは，生産物の質が契約によって規定されないときには生じるが，規定されうるときには生じない」(p. 171)，と。つまり完備契約よりも不完備契約の方が，取引相手を信頼することを学ばせ，市場をよりよく機能させていくということである。不完備契約はたしかに「市場の失敗」ではあるが，逆に契約者間の信頼を醸成することによって，いわば「市場の成功」をもたらす可能性があるというわけである。倫理的で他者考慮的な動機は市場にとって「救いの手」となる。

　ここから立法者あるいは行政当局の使命の何たるかが見えてくる（最後の第7章）。一言でいえばそれは，インセンティブと道徳を代替的ではなく補完的とするような方法や政策を模索することだ。その時，良き法によって市民的な徳の涵養を目指した「アリストテレスの立法者」の意義が改めて浮かびあがる。ハイファの託児所でも，一片の罰金布告で済ます前に，まず遅刻がもつ倫理的問題を親たちに訴えかけていたら，また罰金制度を導入する場合でも遅刻に対する情状酌量や罰金収入の合理的使途について説明がなされていたら，所期の目的を達成できたのかもしれない。

5 ボウルズ思想と日本の市民社会思想

　ほぼ以上のような筋書きの本書である。繰り返すが，主流の経済学は長らく利己心と道徳を切り離すことによって，ひたすら利己心の世界に閉じこもって市場の効率的運行を追求してきた。本書はそれへの根底的な批判をなす。ボウルズはいう，——利己心に任せるままでは，いかに巧妙なメカニズムをデザインしようと市場経済はうまく作動しないのであって，市民的な信頼や道徳感情こそが市場経済を支えるのだ，と。健全な市場経済は信頼の形成を軸とする市民社会ぬきにはありえないというメッセージが伝わってくる。

　振り返りみればこの日本でも，これとよく似た指摘は，数多くではないが，しばしばなされてきた。近くは法人論の延長上に信任論を展開した岩井克人が「自己利益追求で成立しているシステムは必然的に倫理性を必要とする」と述べつつ，「私たちは今，契約と信任という二つの異質な人間関係を軸とする，新たな市民社会像を構築する必要に迫られている」ことを見抜いていた（『資本主義から市民主義へ』『二十一世紀の資本主義論』）。「契約と信任」は「エコノミーとモラル」「市場経済と市民社会」と読み替えてよいだろう。

　遡って戦中・戦後期の大河内一男や内田義彦が想起されてよい。大河内によれば，イギリス資本主義形成期のスミス時代，市民の利己心（経済）はそれが社会的生産力の発展に貢献するかぎりで徳性（倫理）たりえたが，やがて資本主義の発展とともに「社会問題」が顕在化し，それとともに経済と倫理の幸福なる一致は消滅し，代わりに経済の外に倫理を求める歴史学派の登場となった（『スミスとリスト』）。同じく内田は，封建的・重商主義的な独占が解消されたとき，「そこにおいて（はじめて）利己心はそのまま社会的善の槓桿になる」（『日本資本主義の思想像』）とスミスは考えていたとし，大河内と同じく，スミス的世界における経済と倫理の一致を確認するが，しかし，利己心がそのまま道徳たりうるか否かは偶然的なことであって，例えば近代ドイツにあっては利己心は道徳たりえなかったという（『内田義彦著作集補巻』）。

　要するに，利己心がそのまま道徳たりうるケースがありうるとしても，それは極めて限られた歴史的条件のもとにおいてなのである。ボウルズ的にいえば「価格」はそう簡単には「道徳の働き」をしないのである。だからこそ「アリストテレスの立法者」の介在によって両者のよき補完関係を築き，そのうえに立って「モラル・エコノミー」を再建することが肝要だということになる。

　ここにわれわれは，アメリカ・リベラリズムの最良の継承者たるボウルズと，戦後日本における最良の市民社会思想とが，時代を隔てて呼応しあっているのを見る。本書の「訳者あとがき」はボウルズ思想の展開と内実，それにその大局的意義を解説して説得的であるが，日本の市民社会思想との関係にも言及してくれている点で，ボウルズをいっそう親しみやすくしている。

書評

「他者」の倫理学——レヴィナス，親鸞，そして宇野弘蔵を読む

青木孝平 著［社会評論社，2016年］

沖 公祐 | 香川大学

　本書は，副題にもあるように，フランスの哲学者であるエマニュエル・レヴィナス，浄土真宗の開祖である親鸞，マルクス経済学者である宇野弘蔵の思想を論じたものである。時代も分野もまったく異なる三者であるが，著者によれば，彼らには通底するもの，すなわち，「自我を根源的に相対化しうる『他者』を主体とする思想」(5頁)が見いだされるという。

　人類の知的営為は，哲学であれ，仏教であれ，経済学であれ，自我(自己)の発見からはじまった。その後の思想史は，自己を起点とする思考がいかにして他者に到達しうるか，この問題を巡る格闘の歴史と言うことができるかもしれない。しかし，自己を主体とする思想は，その語の真の意味での他者(絶対的他者)を認めることはできない。認識主体としての自己を超え，他者を主体とすることによって初めて，このアポリアを乗り越えることができる。そして，著者によれば，このような転換を成し遂げた例外的な思想家がレヴィナス，親鸞，宇野なのである。

1　本書の概要

　本書では，レヴィナス(第Ⅰ部)，親鸞(第Ⅱ部)，宇野(第Ⅲ部)が他者を主体とする思考である所以が，それぞれの前史を踏まえた上で論じられる。以下，著者の主張を簡単に紹介しよう。

第Ⅰ部　現象学における他者

　「我思う，ゆえに我あり」に基づくデカルトの自我(精神)と物質(世界)の二元論，「物自体」の存在とその「現象」に対する認識の乖離によるカントの二律背反(アンチノミー)を解決する試みは，一方のヘーゲルと，他方のフッサールによってなされた。フッサールの現象学は，外的な世界について判断停止(エポケー)を行うことによって，デカルト以来の二元論を排し，「超越論的意識による内的世界の構成へと一元的に自閉する」(32頁)ことができたが，そのなかに「他者」をどう位置づけるかという難問を抱えることになった。フッサールは「自己の身体」を通じて他者を「類比」的に構成しようとしたが，そうして構成された「間主観的世界」は「私だけの臆見的世界」(38頁)にとどまった。フッサールを批判し，その限界を克服しようとしたフランスの実存主義(サルトル，メルロ＝ポンティ)も，自己と他者との「相克」(44頁)，「可逆性」(50頁)を見いだしたにすぎず，「他者の『絶対的他性』」(51頁)を明らかにすることはできなかった(以上，第1章)。

　個々の「存在者」を対象とするフッサール以来の現象学に対し，ハイデガーは，「存在者」から「存在」を区別した上で，「存在」とは，「他者」による支配(頽落)を脱し，「現存在が帰還すべき根源としての故郷」(55-56頁)であると論じたが，レヴィナスはそれを「いっさいを自己同一化する全体主義的な『同』の暴力」(57頁)にほかならないと批判した。ハイデガーとは反対に，「存在」ではなく，「具体的な個としての『存在者』の立場」(61頁)に立つレヴィナスは，「他者」は「全体性」＝「同」に包摂されるものではなく，「全体性」の絶対的な「外部」＝「無限」として存在するものであると主張する。この「無限」としての他者は「顔」として語られるが，この「顔」は自己によって構成されるものではなく，「自ら私に訴えかけ，語りかける能動的存在」(69頁)であるとされる。この「絶対的に他なるもの」としての他者に対面することは「責任」を負うことであり，それゆえ，顔は，レヴィナスによって，「他のなにものにも基礎をもたない倫理の基底的な源泉」(70頁)であると言われる。このレヴィナスの他者論は，デリダからの批判を受けてさらに先鋭化し，「顔」に対する「責任」は時間も空間も超越した無限のものとされ，自己は「他者への『従属者sujet』」(84頁)，他者の「身代わり」ないし「人質」とまで言われるようになる(以上，第2章)。

　このようなレヴィナスの倫理(学)は，しかし，「第三者」という契機の導入によって転換を迫られる。自己に対して「他者」と「第三者」が同時に現れるとき，両者を比較考量しなければならないが，そのためには，「認識し理解できないはずの『絶対的に他なるもの』を，自己の意識に還元しなければなら」(91頁)ず，その結果，

「他者に一方的で片務的に貢献するはずの自己の『倫理』は，自己と他者の対称性symétrieすなわち，平等な『正義』の秩序へと変換されてしまう」（92頁）のである。しかし，これによって，レヴィナスの他者中心の倫理（学）が平等性の正義論に解消されてしまうわけではなく，両者の間には解決不可能な絶対的な矛盾が残る。この矛盾ゆえに，「『市民社会』における『正義』は，それを神と呼ぼうと国家と呼ぼうと，あるいは貨幣，王，法などと呼ぼうと，それが何であれ，絶対的に還元不能で非平等な『一者』を前提とし，かつ，この一者の犠牲に支えられた他者相互の平等としてしかありえない」（97頁）のである（以上，第3章）。

第Ⅱ部　仏教における他者

　仏教とは，本来，苦悩からの解脱を「自己の自力修業の実践による『悟り（涅槃の証）』に求める思想」（107頁）である。スリランカや東南アジアに伝わった上座部仏教はこの流れを受け継いだが，紀元前後に興り，東アジアに伝わった大乗仏教は，「自己救済だけではなく，むしろ自ら功徳を積んで一切衆生（一般民衆）の救済，さらには苦悩の中にあるすべての生命の救済を誓願する思想」（108頁）となった。しかしながら，大乗仏教は「他者」の救済を目指してはいるものの，「『自己』が菩薩となることによって他者（衆生）を救い，それをつうじてのみ自己が往生し仏に成るという，あくまでも『自己』の能動性を起点としたベクトルをもつ思想」（109頁）であった。日本で奈良時代に成立した南都六宗は，大乗仏教の流れを引きつつも，凡夫の往生を認めず，「国家権力に庇護された学僧というエリートの宗教」（125頁）であるにとどまった。しかし，平安の二大仏教（天台宗・真言宗）に至ると，人間の自我の否定に仏を見るか，自我の肯定に仏を見るかという（一見すると大きな）違いがあるにせよ，奈良仏教とは対照的に，「すべての人間（衆生）の本質に仏性が具備する」（149頁）と見なすようになる（以上，第1章）。

　平安時代末期になり，戦災や天災が相次ぐと，「現世を捨てて死後に極楽浄土での往生を説く浄土教に対する信仰が急速に広まっていく」（154-155頁）ことになった。最初，比叡山（天台宗）で学んだ法然は，「何人にも理解でき修することのできる教え」（157頁）を体系化するためにさまざまな経論を渉猟し，最終的に「これまで死者の鎮魂慰霊のための呪文として用いられてきた念仏を，末法の時代にあらゆる衆生が成仏することを可能にする唯一の方法へと転換することに成功」（173頁）する。一切衆生の成仏を認める法然の浄土宗は，しかし，念仏という自力を求めている限りにおいて，「わずかではあるが『自己』から『他者』へ向かうベクトルが確実に残存している」（180頁）と言わざるをえない（以上，第2章）。

　この残存する自力を払拭したのが親鸞である。親鸞の思想は，「阿弥陀仏を能動的な主体とし，自己をそれに対する受動的な対象とみなす絶対他力の思想」（187頁）であると言える。親鸞は，念仏という「行」を「凡夫衆生が往生するための修業ではなく，諸仏がなした大行の功徳を現世の一切衆生に『廻向』するもの」（194頁）と理解する。また，「信」も「衆生が仏を信じることではなく，如来の本願力による大信が衆生へと受動的に廻向されること」（198頁）を意味する。つまり，親鸞において，はじめて「『他者』としての阿弥陀仏を絶対的『主体』とし，『自己』としての衆生を『従属者』とする『絶対他力』の非対称性」（216頁）が確立されたのである（以上，第3章）。

第Ⅲ部　資本主義における他者

　ヘーゲル左派として出発した若きマルクスは，「超越論的な主体としての『人間』を端緒に設定し，その力能である『労働』概念の内的な自己疎外過程として資本主義という私的所有社会を導きだし批判しようと試みた」（229頁）が，その究極目標は「自己による自己の普遍性の実現」（230頁）であった。この「自己」に始まり「自己」に終わる一元的ロジックは，『ドイツ・イデオロギー』を経て，『資本論』に至っても変わらず維持されている。すなわち，『資本論』は，「人間（自己）を主体とし，その内属的な労働の自己展開にもとづく資本主義理解に立脚している」（255頁）のである（以上，第1章）。

　こうした資本主義理解に根源的な批判を加えたのが宇野弘蔵である。宇野の『経済原論』は，「人間（自己）に対してあらかじめ外的に存在する『他なるもの』を主体とする論理」（268頁）に貫かれている。例えば，マルクスが冒頭商品の（価値）実体を労働に求めたのに対し，宇野の冒頭商品は「人間の労働過程の『外部』」（271頁）から登場する。また，商品から貨幣，貨幣から資本への移行は労働の自己展開としてではなく，「他者」によって駆動される論理として説かれる。そうして導出された「資本は，がんらい人間に外部的に対立する『他者』でありながら，自らの内部に『人間』とその労働を包摂することで，世界における唯一の普遍的で絶対的な『主体』としての自らを確立」（287頁）する。しかし，そのことは決して資本主義の「無限性」を意味するものでは

ない。「資本主義そのものが閉じた『全体性』であることの確認は、その特殊歴史性を明証するものであり、それゆえ同時に、それ自身に対する絶対的『外部』の存在を認めざるえないことになる」(299頁)のである(以上、第2章)。

「他者」を主体とする論理は、宇野の『経済政策論』(段階論)にも見いだされる。宇野は、マルクスによる資本主義の内的な自己発展論を批判し、帝国主義を分析する枠組みとして「原理論」とは抽象レヴェルの異なる「段階論」を彫琢した。宇野の考えによれば、帝国主義の成立は、イギリス自由主義の「内部」的な自己発展の結果ではなく、「イギリスの産業資本に『外部』的に対抗する後発資本主義国ドイツにおいて、株式会社組織を用いた金融資本に主導されて登場した」(303頁)のである。また、帝国主義段階のドイツにおける原蓄の不徹底は、大量の中間層を残存させ、それが「不断の過剰人口」を維持・吸収する緩衝材として機能した。この意味で、宇野の帝国主義論は、「三大階級の商品経済的関係から逸脱した、文字どおり『他者』に依存している」(307頁)のである(以上、第3章)。

宇野は、段階論の適用範囲を第1次大戦までで打ち切り、以後の時代を「現状分析」の対象とした。宇野が第1次大戦以後を資本主義の新たな段階としなかったのは、そこでの「主導的地位にあるのは、資本主義に対する『他者』としての社会主義ではないか」(312頁)と考えたからであった。例えば、管理通貨制は、「金融資本が自ら求めた積極的政策ではなく、『社会主義』との対抗を意識することによって、消極的に採用を余儀なくされた受動的政策」(313頁)なのである。社会主義の崩壊によって資本主義に「『外部』的に対抗しうる『他者』」(319頁)は消滅したように見えるが、「痕跡traceとしての『絶対的他者』」(321頁)はいまなお資本主義批判を倫理的に根拠づけているのである(以上、第4章)。

2 コメント

本書の醍醐味は、何と言っても、「レヴィナス、親鸞と宇野弘蔵という思想の出所も志向の形成過程もまったく異なるものをクロスオーバーさせる」(5頁)という著者ならではの「インターディシプリナリー」あるいは「トランスクリティーク」な姿勢にある。しかし、ここでは、『季刊経済理論』という媒体を考慮し、敢えて宇野を扱った第III部に絞って若干のコメントを行うこととしたい。

著者は、宇野弘蔵の原理論が、さらには、原理論、段階論、現状分析からなる三段階論全体までもが、他者＝外部を主体とする論理によって貫かれていると主張する。確かに、宇野は、資本主義を自立的、完結的なシステムとは見ておらず、したがって、そこには他者＝外部に対する透徹した眼差しがあると言ってよい。しかしながら、宇野の論理展開が他者＝外部を主体とするものであったという著者の主張には疑問を抱かざるをえない。むしろ、宇野の方法は、内的論理を極限まで推し進め、その限界を炙り出すことによって、他者＝外部を否定的に見いだすというものではなかったか。原理論では、例えば、商品、貨幣、資本へと進む流通論の展開は、著者の言うように外部を駆動因とするものではなく、――価値実体＝労働の自己展開ではないにしても――流通形態の内的展開として説かれている。その上で、流通論から生産論へは内的に移行できないことを、したがって、両者の間には断絶があることを強調する。この断絶を埋めるのは理論の外部としての歴史(原蓄)であるが、それは原理論では直接扱われず、否定形として述べられるにすぎない。また、段階論においても、各段階は特定の型の資本によって内的に規定される「タイプ」として論じられるが、段階間の移行は資本の内的展開としては説きえない。ここから移行の動力としての外的要因が示唆されるが、しかし、宇野段階論はあくまで「タイプ」論にとどまり、移行そのものを扱ってはいない。総じて、宇野の方法は、「絶対的他者」にすべてを預けるレヴィナスではなく、むしろ理性の限界に物自体を見いだしたカントに近いものと言えよう。

そもそも「絶対的他者」とはあらゆる理論化を逃れるものであり、理論(理性)の側からはその限界として示唆されるにすぎない。ゆえに、「絶対的他者」を主体とする思考は、学問を超え、宗教に行き着かざるをえない。宇野が外部を否定的にしか規定できなかったことは、レヴィナスや親鸞と異なり、宇野が良くも悪くも学問の領域に踏みとどまったことを示しているのである。

書評へのリプライ

『生産的労働概念の再検討』に対する阿部浩之氏の書評へのリプライ

安田 均 | 山形大学

　本書は，こんにちさまざまな形で繰り広げられている諸労働を，生産的労働概念を基軸に理論的に位置づけようと試みたものであり，本誌に掲載された投稿論文4編4章と序論から成る。もちろん大幅に加筆した第1章以外にも手を加えている。このような研究を若い研究者がどのように理解しているのか関心があった。今回，書評を寄せてくれた阿部浩之氏は，感情労働論を主テーマとする新進気鋭の研究者だ。本書の内容を丁寧に紹介したうえで暖かい評価を寄せてくれた阿部氏には感謝の言葉しかない。

　ここでは，阿部氏が問題提起のために提示した3つの論点について私見を示したい。

複雑労働と単純労働

　本書が，特別の訓練を要する複雑労働を扱う理論的意義を，従来のような単純労働への量的還元でもなく，小幡道昭氏の型づけ労働のような常雇の導出でもなく，追加供給の困難に求めていることに関して，「追加供給の難易度は，あくまで比較の問題ではなかろうか。つまり，追加供給に関して単純労働と複雑労働は，画然と区切られるものではなく連続性があるのではないか」との指摘をいただいた。追加供給の難易度に関してはそうである。

　しかし，それが常雇に結びつくか否かは，追加供給の難易度ではなく，技能の性質の問題である。なるほどコストが大きくなれば，その職種に止まる傾向が強まるであろうが，企業特殊性がない限り，コストは労働者が全額負担することになり，現在の企業に留まる必然性はない，というのが本書で指摘したことである。

評価と結びつく労働者の個別性

　第2に，査定を伴う能力主義的労働の対象を，技能・知識の表出が産出量として外形的に把握できない間接労働や個人毎の成果が不確定な労働としたことに対し，「労働者の個別性は，より広く問われて良いのではないか。例えば，単純労働においても出来高賃金のように成果と連動する賃金形態によって個別性が処理されていると考えられる。資本は，……出来高賃金や個人査定によって労働者の個別性を析出し，労働者の資本への更なる従属，賃金の下方圧力の増強を普段に意図しているといえよう」との指摘をいただいた。個別性という意味が，「労働者の資本への更なる従属，賃金の下方圧力の増強を普段に意図」させる賃金形態という意味ならば，その通りである。

　しかし，本書では，出来高賃金で計りうる単純労働の個別性とは意識的に区別して，評価を不可避とする労働の個別性を取り上げた。単純労働であれば，「労働者の資本への更なる従属，賃金の下方圧力の増強」を図るにも出来高賃金で十分であり，能力主義の適用は必要ではないからである。

不生産的労働

　最後に，本書が，主に家庭内の消費に伴う労働のうち，効率性を重視しないが故に，定量性を欠いている労働を不生産的労働と位置づけていることに関して，「不生産的労働こそが，資本主義経済において家庭を含むある種の共同体にかろうじて残存する本来的な人間労働であると捉えることも可能と思われる」との指摘をいただいた。これは阿部氏の見方であろう。本書で取り上げた阿部照男氏も同じ考えである（169-171頁）。しかし，本書は必ずしも「不生産的労働こそ……本来的な人間労働である」という考えを採っているわけではない。普遍的な生産過程で措定されていることからわかるように，人間の主体性を示す労働も，生産物視点を強めれば生産的労働となる。

　生産的労働の典型はこんにちでは賃労働であり，それを理想視するわけではない。しかし，私企業がなくなっても，生産的労働，一言で言えば，手段化され，効率的に遂行される労働がなくなるわけではない。なるほどこんにちでは，生産の効率化が進んでも，労働者の自由時間や不生産的労働に携わる時間が延びるわけではなく，むしろ生産の効率化と長時間労働化が同時に進行している。しかし，どんな社会でも，生産を行なう労働が効率的に行なわれなければ，社会的には

再生産が滞り，個人的には自由時間や不生産的労働に携わる時間を確保できない。

例えば，こんにち発達しているケアに関する官民のサービスは，家庭内で家人が担っていた労働のうち，定量化・費用化できる部分が外部化したものであり，生産的労働と言える。これらすべてを家人が心ゆくまで担う不生産的労働に戻すべきであろうか。もちろん，そのような選択をする家庭もあるであろうが，一般的には外部サービスを併用することにより不生産的労働に携わることも可能になっているのではなかろうか。本書が本来の労働を不生産的労働に局限しない所以でもある。

経済理論学会 第65回大会報告

経済理論学会第65回大会が，2017年10月28日（土）・29日（日）の2日間にわたり，中央大学多摩キャンパスで開催されました。台風が近づいていたにもかかわらず，全国から233名の参加者が集い，前掲の共通論題の他に，22の分科会が開催されました。分科会の詳細については，以下をご参照ください。

今回の共通論題「『資本論』150年・『帝国主義論』100年と資本主義批判」は，2日目の29日午後に開催されました。3人の報告者がともに「経済の金融化」に焦点を当てる，あるいは言及したこともあり，討論でもその点が中心論点の1つになりました。前回のグローバリゼーションとは別の視角から，現代資本主義に関する議論を深めることができたと思います。22の分科会では，従来からのEnglish Session（7つの分科会）に加えて，今回は中国の大学や研究機関などから多数の研究者が来日し，2つの分科会（中国の政治経済学①②）で，報告・コメントをされました。経済理論学会としての国際的な学術交流のさらなる発展を期待させるものでした。

初日の28日には会員総会に続いて，第8回（2017年度）経済理論学会奨励賞の授賞式が行われ，柴崎慎也会員（埼玉学園大学・非常勤）ならびに薗田竜之介会員（佐賀大学）が表彰されました。引き続き第3回（2016年度）経済理論学会ラウトレッジ国際賞を受賞されたDavid Harvey（City University of New York, Distinguished Professor）氏の授賞式と記念講演 "Capital and Totality" が行われました。終了後，海外からの多数の参加者も含め150余名の参加で，盛大に懇親会が開催されました。

中央大学での経済理論学会の大会開催は久しぶりということで，開催校として不慣れな点もあり参加者の皆様にはいろいろとご迷惑をおかけしましたが，皆様のご協力で無事終了することができました。開催校の準備委員会として心より御礼申し上げます。

（大会準備委員長：米田貢）

【分科会報告一覧】

⦿ 第1日（28日）：午前の部　9時30分～12時10分

第1分科会：「マルクスの均衡経済学批判」（共通論題関連分科会・セット企画）

司会：佐々木隆治［立教大学］

斎藤幸平［大阪市立大学］「転形問題における時間」
　コメンテーター：明石英人［駒澤大学］

隅田聡一郎［一橋大学・院］「マルクスの『国家財政』批判：国家形態・租税・国債」
　コメンテーター：江原慶［大分大学］

佐々木隆治［立教大学］「市場価値と生産価格：『資本論』第三部草稿の検討をつうじて」
　コメンテーター：小西一雄［立教大学・名誉］

第2分科会：「数理マルクス経済学」（セット企画）

司会：山下裕歩［獨協大学］

関根順一［九州産業大学］「生産組織と市場経済：消費財モデルの展開」
　コメンテーター：森岡真史［立命館大学］

伊原宏旭［慶應義塾大学・院］「賃金形態と労働密度および長時間労働：N人労働ゲームによる分析」
　コメンテーター：関根順一［九州産業大学］

第3分科会：「日本経済の分析」

司会：藤田実［桜美林大学］

今村遠征［会員］「景気と周期（波）について」
　コメンテーター：藤田実［桜美林大学］

小栗崇資［駒澤大学］「日本経済における内部留保の構造とその活用」
　コメンテーター：藤田実［桜美林大学］

嶋野智仁［松山大学］「所得分配，技術変化と日本経済の利潤率の動態」
　コメンテーター：阿部太郎［名古屋学院大学］

第4分科会：「現代経済と制度的アプローチ」

司会：遠山弘徳［静岡大学］

内橋賢悟［横浜国立大学・非］「韓国財閥のガバナンス統治手法にみる内生的成長理論の展開：韓国財閥にみるボウルズ型『選好の内生性』の応用」
　コメンテーター：原田裕治［摂南大学］

横田宏樹［旭川大学］「地域産業分析に対する部門・領域的調整アプローチ：旭川家具産業の発展における制度的調整の役割」
　コメンテーター：立見淳哉［大阪市立大学］

森岡真史［立命館大学］「経済システムの基本的要素としての売手－買手関係：選択の自由と選ばれるための競争」
　コメンテーター：西部忠［専修大学］

第5分科会：「中国の政治経済学①」（セット企画）

司会：李幇喜［清華大学］

魏旭［吉林財経大学］「マルクス経済学の理論体系の論理

的出発点とその帰結について」
　　コメンテーター：渡辺雅男［一橋大学・名誉］
斎昊［中国人民大学］「剰余価値率の歴史的ピークと中国経済の『新常態』：政治経済学的視点」
　　コメンテーター：藤森頼明［早稲田大学・名誉］
陳昌兵［中国社会科学院］「資本の減価償却率，技術進歩と経済成長：中国各省ごとの資本の減価償却率モデルに基づく試算」
　　コメンテーター：藤森頼明［早稲田大学・名誉］

第6分科会：English Session［1］"Capitalism and the World Economy"
Chair: Nobuharu Yokokawa［Musashi University］
Richard Westra［Nagoya University］"Periodizing Capitalism and Capitalist Disintegration"
Myles Carroll［York University, Canada］"Crisis and Transformation in Heisei Japan"
Kang-Kook Lee［Ritsumeikan University］"The End of Egalitarian Growth in Korea: Rising Inequality and Stagnant Growth after the 1997 Crisis"
Nobuharu Yokokawa［Musashi University］"How to analyse historical dynamism of Capitalist world system"

第7分科会：English Session［2］"Distribution, Structural Change and Economic Dynamics"
Chair: Hiroyasu Uemura［Yokohama National University］
Taro Abe［Nagoya Gakuin University］"Egalitarian Policies and Effective Demand: Considering Balance of Payments"
Kazuhiro Kurose［Tohoku University］"The Structure of the Models of Structural Change and Kaldor's Facts: A Critical Survey"
Adam Berg［Kyoto University］"Class-Education Circles and Increasing Economic Inequality"
Chen Li［Keio University］"Re-analysis Marx's Growth Model under the Dynamic General Equilibrium Approach"

⊙第1日（28日）：午後の部　13時10分〜15時50分

第8分科会：「資本主義の基礎理論」（特設分科会・セット企画）
司会：大西広［慶應大学］

吉村信之［信州大学］「価値論の動向：転形問題と単一体系解釈について」
　　コメンテーター：東浩一郎［東京立正短期大学］・森本壮亮［桃山学院大学］
東浩一郎［東京立正短期大学］「TSSIの現段階」
　　コメンテーター：森本壮亮［桃山学院大学］・吉村信之［信州大学］
森本壮亮［桃山学院大学］「TSSIの価値論と置塩定理批判」
　　コメンテーター：東浩一郎［東京立正短期大学］・吉村信之［信州大学］

第9分科会：「震災関連」（特設分科会・セット企画）
司会：池上岳彦［立教大学］
渡辺初雄［市民防災研究所］「原発事故と避難者」
　　コメンテーター：半田正樹［東北学院大学］
佐藤公俊［長岡工業高等専門学校・名誉］「福島からの避難とチェルノブイリ法の避難の権利に学ぶ避難計画」
　　コメンテーター：半田正樹［東北学院大学］
田中史郎［宮城学院女子大学］「原子力発電の闇：原発と軍事」
　　コメンテーター：半田正樹［東北学院大学］

第10分科会：「日本経済の変革」（セット企画）
司会：工藤昌宏［東京工科大学・名誉］
大貝健二［北海学園大学］「地域経済循環の構築と地域産業振興の可能性」
　　コメンテーター：江川章［中央大学］・八幡一秀［中央大学］
綱島不二雄［元山形大学］「現段階における地域と農業に関する理論再考」
　　コメンテーター：江川章［中央大学］・八幡一秀［中央大学］

第11分科会：「『資本論』関連①」（共通論題関連分科会）
司会：松尾匡［立命館大学］
武井博之［会員］「マルクス利潤率低下法則の再構成：置塩定理批判の要約」
　　コメンテーター：石倉雅男［一橋大学］・深澤竜人［山梨学院大学］
内山昭［元立命館大学］「グローバル資本主義と軍事大国・日本の並立：資本主義の新段階と国家の相対的自立性」
　　コメンテーター：飯田和人［明治大学］
八尾信光［鹿児島国際大学・名誉］「21世紀における社会経済学の課題」
　　コメンテーター：柴垣和夫［東京大学・名誉］

第12分科会:「資本・労働・賃金」

司会：姉歯 曉［駒澤大学］

子島喜久［さいたま市消防局］「消防職員の労働賃金について」

コメンテーター：姉歯 曉［駒澤大学］

佐藤 隆［立命館大学］「資本の増殖・変態・循環」

コメンテーター：守 健二［東北大学］

第13分科会:「中国の政治経済学②」(セット企画)

司会：李帮喜［清華大学］

余斌［中国社会科学院］「平均利潤率の傾向的低下の法則とその論争」

コメンテーター：鶴田満彦［中央大学・名誉］

王生升［清華大学］（李帮喜［清華大学］との共著）「周期的更迭か，それとも歴史的超越か：世界体系の変遷から『一帯一路』の歴史的位置付けを考察する」

コメンテーター：渡辺雅男［一橋大学・名誉］

李暁魁［中国社会科学院］（薛宇峰［雲南財経大学］との共著）「中国のマルクス経済学研究：回顧と現状」

コメンテーター：渡辺雅男［一橋大学・名誉］

第14分科会:English Session [3] "Varieties of Capitalism, Social Norms and Regulation"

Chair: Hiroyasu Uemura［Yokohama National University］

Pascal Petit［University of Paris 13, France］"Towards a Modern Capitalism number 2: can global capitalism take a sustainable path?"

Lei Song［Peking University, China］"Business-Government Relations, Mode of Production and the Diversity of East Asian Capitalism"

Hiroyuki Uni［Kyoto University］"John R. Commons's Criticism of Classical Economics"

Pauline Debanes［EHESS, France］"Government as Both a General and a Limited Partner: Political Economy of the Financialization of Startup Promotion Policies in Korea"

Hironori Tohyama［Shizuoka University］, Yuji Harada［Setsunan University］, and Hiroyasu Uemura［Yokohama National University］"Varieties of Capitalism and Civic Social Preference: The Régulation Theory and S. Bowles' *The Moral Economy*"

第15分科会:English Session [4] "Labour, Value and Money"

Chair: Makoto Nishibe［Senshu University］

Jie Meng［Fudan University, China］ and Jinhua Feng［Shanghai University of Finance and Economics, China］"The reduction of complex labor and the determination of product value: A theoretical and mathematical analysis"

Niels Albertsen［Aarhus School of Architecture, Denmark］"Equivalence, commensurability, value. Three arguments of commensurability in the beginning of *Capital* and their impact on Marxist (critique of) political economy"

Motohiro Okada［Konan University］"Friedrich von Wieser on Labour"

C. Saratchand［Satyawati College, University of Delhi, India］"Value, Money and Imperialism"

Makoto Nishibe［Senshu University］"The property of modern money as self-fulfillment of ideas"

会員総会（16時〜16時50分）

司会：姉歯 曉［駒澤大学］・松尾 匡［立命館大学］

第8回（2017年度）経済理論学会奨励賞授与式（16時50分〜17時10分）

第3回（2016年度）経済理論学会ラウトレッジ国際賞受賞記念講演（17時10分〜18時10分）

司会：河村哲二［法政大学］

David Harvey［City University of New York, Distinguished Professor］"Capital and Totality"

懇親会（18時20分〜20時20分）

司会：鳥居伸好［中央大学］

◉第2日（29日）：午前の部　9時30分〜12時10分

第16分科会:「『資本論』関連②」(共通論題関連分科会)

司会：田中英明［滋賀大学］

尾﨑裕太［会員］「マルクスの弁証法：マルクスの思想の一貫性はいかに示されるべきか」

コメンテーター：今井裕之会員［玉川大学・非］

江原 慶［大分大学］「資本概念の現在」

コメンテーター：隅田聡一郎［一橋大学・院］

後藤康夫[福島大学]「ポスト冷戦・21世紀の生産力展開と世界編成,そして展望:五味久壽編『岩田弘遺稿集』が提起するもの」
コメンテーター:五味久壽[立正大学・名誉]

第17分科会:「『帝国主義論』関連」(共通論題関連分科会)
司会:森岡真史[立命館大学]
後藤宣代[福島県立医科大学・非]「革命ロシアの女性・社会解放論:マルクスと同時代人・チェルヌィシェフスキー(前史)からレーニンとともに実践者・コロンタイ(本史)へ」
コメンテーター:日臺健雄[和光大学]
日臺健雄[和光大学]「ブハーリンによる国家資本主義論の検討」
コメンテーター:岡部洋實[北海道大学]
大西 広[慶應大学]「『帝国主義論』と米中の覇権交代」
コメンテーター:萩原伸次郎[横浜国立大学・名誉]

第18分科会:「現代帝国主義」(セット企画)
司会:蓑輪明子[名城大学]
原 民樹[一橋大学・院]「フィリピンにおける競争法成立の政治経済的意義」
コメンテーター:大屋定晴[北海学園大学]
森原康仁[三重大学]「ソリューション・サービスの提供による超過利潤の獲得」
コメンテーター:永田 瞬[高崎経済大学]
柴田 努[岐阜大学]「経済の金融化とコーポレート・ガバナンス」
コメンテーター:二宮 元[琉球大学]

第19分科会:「生産力と生産諸関係」
司会:植村高久[山口大学]
塩見由梨[東京大学・院]「生産力の発展と資本蓄積の制約」
コメンテーター:吉村信之[信州大学]
枝松正行[都留文科大学・非]「サービスの消費的生産と生産的労働の歴史的規定:飯盛信男先生を悼みつつ,サービス論争の新地平を展望する」
コメンテーター:鈴木和雄[弘前大学・名誉]
竹内たかお[会員]「資本制の枠内での生産諸力発展と社会的諸関係」
コメンテーター:海野八尋[暮らしの学際研究所]

第20分科会:English Session [5] "Money and Finance"
Chair:Nobuharu Yokokawa [Musashi University]
Junji Tokunaga [Dokkyo University] "USD-denominated global financial intermediary by European banks and U.S. economy in the 2000s"
Sergio Cámara Izquierdo [Universidad Autónoma Metropolitana-Azcapotzalco, México] "Fictitious Capital: A Critical Appraisal of Marxism and a Marxian Proposal"
Will Brehm [Waseda Institute for Advanced Study] "Education's Big Short: Betting against SLABS, Bubbles, and Human Capital Theory"
Halyna Semenyshyn [University of Kassel, Germany] "Marginalizing the German Savings Banks through the European Single Market"
Alexander Zevin [City University of New York, USA] "City of London, Empire of Finance: What the Economist can tell us about the political economy of liberalism before after the First World War"

第21分科会:English Session [6] "Political Economy and Socio-economic Policies"
Chair:Yuji Harada [Setsunan University]
Benjamin King [Rangsit University, Thailand] "G. A. Cohen's Normative Turn: Revisited and Defended"
Chika Miyata [Yokohama National University] "Reconsidering the Relation between Social Norms and the Subject: Contradictory Consciousness in the Everyday Life of the Poor in the UK"
Kostiantyn Ovsiannikov [University of Tsukuba] "Impact of Shareholder-Value Pursuit on Labor Policies at Japanese Joint-Stock Companies: Case of Nikkei Index 400"

第22分科会:English Session [7] "Developing Economies"
Chair:Richard Westra [Nagoya University] and Hiroyasu Uemura [Yokohama National University]
Jingjing Meng [Beijing University of Posts and Telecommunications, China] "Technological Advancement, Economic Upgrading and the Labor Market in China: An Analysis Based on the Provincial-level Data"
Prapimphan Chiengkul [Thammasat University, Thailand] "Sustainably Extractive and Creatively Unequal:

A Critique of Thailand's Schizophrenic Capitalist Economy 4.0"

Imelda M. J. Sianipar［Universitas Kristen Indonesia, Indonesia］"Globalisation, Neoliberalism and Inequality in Indonesia"

◉第2日(29日)：午後の部　13:00 〜 17:00

共通論題：「『資本論』150年・『帝国主義論』100年と資本主義批判」

司会・運営委員：河村哲二［法政大学］・大黒弘慈［京都大学］・竹内晴夫［愛知大学］・森岡真史［立命館大学］・米田貢［中央大学］

高田太久吉［中央大学・名誉］「2007-10年金融恐慌が浮き彫りにした現代資本主義の歴史的特徴」

新田　滋［専修大学］「循環する世界資本主義システムと反復・回帰する原理と段階：『資本論』150年と『帝国主義論』100年，宇野没後40年に寄せて」

渡辺雅男［一橋大学・名誉］「日本経済の金融化と階級的覇権の交代」

　コメンテーター：鍋島直樹［名古屋大学］・前畑雪彦［桜美林大学・名誉］

The 65th Annual Conference of the Japan Society of Political Economy
"*Capital* 150th anniversary, *Imperialism* 100th anniversary and the Critique of Capitalism"

The 65th JSPE annual conference was held at Chuo University on October 28th (Saturday) and 29th (Sunday), 2017. The main language of the conference was Japanese but seven English sessions were organized.

October 28 (Saturday) from 9:30 to 12:10

Session 1: "Marx's Critique of Equilibrium Economics"
Chair: Ryuji Sasaki [Rikkyo University]
Kohei Saito [Osaka City University] **"Time in the Transformation Problem"**
  Commentator: Hideto Akashi [Komazawa University]
Soichiro Sumida [Hitotsubashi University, Graduate Student] **"Marx's Critique of State Finance: State forms, Tax, National debt"**
  Commentator: Kei Ehara [Oita University]
Ryuji Sasaki [Rikkyo University] **"Market Value and Production Price"**
  Commentator: Kazuo KONISHI [Rikkyo University, Emeritus Professor]

Session 2: "Mathematical Marxian Economics"
Chair: Yuho Yamashita [Dokkyo University]
Jun-Ichi Sekine [Kyusyu Sangyo University] **"Production Organization and Market Economy: An Extension of a Model of Consumption Goods"**
  Commentator: Masashi Morioka [Ritsumeikan University]
Hiroaki Ihara [Keio University, Graduate Student] **"Wage System, Intensity of Labor and Labor Time: An analysis by N-person working game theory"**
  Commentator: Jun-Ichi Sekine [Kyusyu Sangyo University]

Session 3: "Analysis of Japanese Economy"
Chair: Minoru Fujita [Obirin University]
Ensei Imamura [Non-affiliated] **"On the Business Condition and Cycle (Wave)"**
  Commentator: Minoru Fujita [Obirin University]
Takashi Oguri [Komazawa University] **"The Structure of Accumulated Retained Earnings in Japanese Economy and Its Practical Use"**
  Commentator: Minoru Fujita [Obirin University]
Norihito Shimano [Matsuyama University] **"Income Distribution, Technical Change and Profit Rate Dynamics in the Japanese Economy"**
  Commentator: Taro Abe [Nagoya Gakuin University]

Session 4: "Institutional Approach to Modern Economy"
Chair: Hironori Toyama [Shizuoka University]
Kengo Uchihashi [Yokohama National University, Lecturer] **"A Development of Endogenous Growth Theory in the Governance Method of Korean Cheboru: An Application of Bowls Type 'Endogenous Preference' of Korean Cheboru"**
  Commentator: Yuji Harada [Setsunan University]
Hiroki Yokota [Asahikawa University] **"RST Approach to the Analysis of Regional Industry: A case study on furniture industry in Asahikawa area from the point of view of Institutional Régulations"**
  Commentator: Junya Tatemi [Osaka City University]
Masashi Morioka [Ritsumeikan University] **"Sellers-Buyers Relation as a Basic Element of Economic Systems"**
  Commentator: Makoto Nishibe [Senshu University]

Session 5: "Political Economics in China ①"
Chair: Li Bangxi [Tsinghua University, China]
Wei Xu [Jilin University of Finance and Economics, China] **"On the Logical Starting Point and Its Consequence in the Theoretical Framework of Marxian Economics"**
  Commentator: Masao Watanabe [Hitotsubashi University, Emeritus Professor]
Qi Hao [Renmin University of China] **"The Historical Peak of the Rate of Surplus Value and the 'New Normal' of the Chinese Economy: A Political Economy Analysis"**
  Commentator: Yoriaki Fujimori [Waseda University, Emeritus Professor]
Chen Changbing [Chinese Academy of Social Sciences, China] **"Capital Depreciation Rate, Technological Change and Economic Growth: Based on the estimation of Chinese province (municipalities) capital depreciation rate model"**
  Commentator: Yoriaki Fujimori [Waseda University, Emeritus Professor]

Session 6: English Session [1] "Capitalism and the World Economy"

Chair: Nobuharu Yokokawa [Musashi University]
Richard Westra[Nagoya University]"**Periodizing Capitalism and Capitalist Disintegration**"
Myles Carroll[York University, Canada] "**Crisis and Transformation in Heisei Japan**"
Kang-Kook Lee[Ritsumeikan University]"**The End of Egalitarian Growth in Korea: Rising Inequality and Stagnant Growth after the 1997 Crisis**"
Nobuharu Yokokawa[Musashi University] "**How to analyse historical dynamism of Capitalist world system**"

Session 7: English Session ② "Distribution, Structural Change and Economic Dynamics"
Chair: Hiroyasu Uemura[Yokohama National University]
Taro Abe[Nagoya Gakuin University]"**Egalitarian Policies and Effective Demand: Considering Balance of Payments**"
Kazuhiro Kurose[Tohoku University]"**The Structure of the Models of Structural Change and Kaldor's Facts: A Critical Survey**"
Adam Berg[Kyoto University]"**Class-Education Circles and Increasing Economic Inequality**"
Chen Li[Keio University]"**Re-analysis Marx's Growth Model under the Dynamic General Equilibrium Approach**"

October 28 (Saturday) from 13:10 to 15:50

Session 8: "Understanding Capitalism"
Chair: Hiroshi Onishi [Keio University]
Nobuyuki Yoshimura [Shinshu University] "**Recent Trends in Value Theory : Transformation Problem and Single System Interpretation**"
  Commentator: Koichiro Azuma [Tokyo Rissho Junior College]and Sousuke Morimoto [Momoyama Gakuin University]
Koichiro Azuma [Tokyo Rissho Junior College] "**The Current Stage of the Temporal Single-System Interpretation**"
  Commentator: Sousuke Morimoto [Momoyama Gakuin University]and Nobuyuki Yoshimura [Shinshu University]
Sousuke Morimoto [Momoyama Gakuin University] "**TSSI's Value Theory and Its Critique of the Okishio Theorem**"
  Commentator: Koichiro Azuma [Tokyo Rissho Junior College] and Nobuyuki Yoshimura [Shinshu University]

Session 9: "Rerated to Earthquake Disaster"
Chair: Takehiko Ikegami [Rikkyo University]
Hatsuo Watanabe [Shimin Bosai Kenkyujo] "**Nuclear Accident and Evacuation from Fukushima**"
  Commentator: Masaki Handa [Tohoku Gakuin University]
Kimitoshi Satoh [National Institute of Technology, Nagaoka College, Emeritus Professor]"**The Exodus from Fukushima and an Evacuation Program from Atomic Disaster Based on the Right of Refuge in Chernobyl Law**"
  Commentator: Masaki Handa [Tohoku Gakuin University]
Shiro Tanaka [Miyagi Gakuin Women's University] "**Darkness of Nuclear Power Generation: Atomic energy and military affairs**"
  Commentator: Masaki Handa [Tohoku Gakuin University]

Session 10: "Change of Japanese Economy"
Chair: Masahiro Kudo [Former Professor of Tokyo University of Technology]
Kenji Ogai [Hokkai Gakuen University]"**The Construction of Regional Economic Circulation and The Possibility of Regional Industrial Policy.**"
  Commentator: Akira Egawa [Chuo University] and Kazuhide Yahata [Chuo University]
Fujio Tsunashima [Former Professor of Yamagata University] "**Reconsideration on Present Stage about Region and Agriculture**"
  Commentator: Akira Egawa [Chuo University] and Kazuhide Yahata [Chuo University]

Session 11: "Rerated to Marx's Capital ①"
Chair: Tadasu Matsuo [Ritsumeikan University]
Hiroyuki Takei [Non-affiliated] "**Law of Profitrat in Modern**"
  Commentator: Masao Ishikura [Hitotsubashi University] and Tatsuhito Fukazawa [Yamanashi Gakuin University]
Akira Uchiyama [Former Professor of Ritsumeikan University] "**Global Capitalism and JAPAN as a Military Power: New Stage of Capitalism, and the Relative Independency of State**"
  Commentator: Kazuto Iida [Meiji University]
Nobumitsu Yao [The International University of Kagoshima, Emeritus Professor] "**Research Agenda of Political Economy in the 21st Century**"
  Commentator: Kazuo Shibagaki [The University of

Tokyo, Emeritus Professor]

Session 12: "Capital, Labour and Wages"
Chair: Aki Aneha [Komazawa University]
Yoshihisa Nejima [Saitam Fire Bureau] **"The Labor Wages of the Fire Staff"**
  Commentator: Aki Aneha [Komazawa University]
Takashi Sato [Ritsumeikan University] **"Valorizaiton, Metamorphose, and Circuit of Capital"**
  Commentator: Kenji Mori [Tohoku University]

Session 13: "Political Economics in China ②"
Chair: Li Bangxi [Tsinghua University, China]
Yu Bin [Chinese Academy of Social Sciences, China] **"Marx's Law of the Tendency of the Rate of Profit to Fall and It's Controversy"**
  Commentator: Mitsuhiko Tsuruta [Chuo University, Emeritus Professor]
Wang Shengsheng [Tsinghua University, China] and Li Bangxi [Tsinghua University, China] **"Cyclical Change or Historical Transcendence-Exploring: The Historical Meanings of 'One Belt One Road' from the Viewpoint of World-Systems Theory"**
  Commentator: Masao Watanabe [Hitotsubashi University, Emeritus Professor]
Li Xiaokui [Chinese Academy of Social Sciences, China] and Xue Yufeng [Yunnan University of Finance and Economics, China] **"Marxian Economics in China: Prospective and Retrospective Outlook"**
  Commentator: Masao Watanabe [Hitotsubashi University, Emeritus Professor]

Session 14: English Session ③ "Varieties of Capitalism, Social Norms and Regulation"
Chair: Hiroyasu Uemura [Yokohama National University]
Pascal Petit [University of Paris 13, France] **"Towards a Modern Capitalism number 2: Can global capitalism take a sustainable path?"**
Lei Song [Peking University, China] **"Business-Government Relations, Mode of Production and the Diversity of East Asian Capitalism"**
Hiroyuki Uni [Kyoto University] **"John R. Commons's Criticism of Classical Economics"**
Pauline Debanes [EHESS, France] **"Government as Both a General and a Limited Partner: Political Economy of the Financialization of Startup Promotion Policies in Korea"**
Hironori Tohyama [Shizuoka University], Yuji Harada [Setsunan University], and Hiroyasu Uemura [Yokohama National University] **"Varieties of Capitalism and Civic Social Preference: The Régulation Theory and S. Bowles'** *The Moral Economy***"**

Session 15: English Session ④ "Labour, Value and Money"
Chair: Makoto Nishibe [Senshu University]
Jie Meng [Fudan University, China], and Jinhua Feng [Shanghai University of Finance and Economics, China] **"The reduction of complex labor and the determination of product value: A theoretical and mathematical analysis"**
Niels Albertsen [Aarhus School of Architecture, Denmark] **"Equivalence, commensurability, value: Three arguments of commensurability in the beginning of** *Capital* **and their impact on Marxist (critique of) political economy"**
Motohiro Okada [Konan University] **"Friedrich von Wieser on Labour"**
C. Saratchand [Satyawati College, University of Delhi, India] **"Value, Money and Imperialism"**
Makoto Nishibe [Senshu University] **"The property of modern money as self-fulfillment of ideas"**

16:00 - 16:50
General Meeting
Chair: Aki Aneha [Komazawa University] and Tadasu Matsuo [Ritsumeikan University]

16:50 - 17:10
The JSPE Prize for Younger Members

17:10 - 18:10
The JSPE-Routledge Book Prize Invited Plenary Lecture
Chair: Tetsuji Kawamura [Hosei University]
David Harvey [The 2016 JSPE-Routledge Book Prize Winner, City University of New York, Distinguished Professor] **"Capital and Totality"**

18:20 -20:20
Conference Dinner
Chair: Nobuyoshi Torii [Chuo University]

October 29 (Sunday) from 9:30 to 12:10

Session 16: "Related to Marx's Capital ②"
Chair: Hideaki Tanaka [Shiga University]

Yuta Ozaki [Non-affiliated] **"Marx's Dialectic: How Should the Consistency of Marx's Thought Be Shown?"**
  Commentator: Yushi Imai [Tamagawa University, Lecturer]

Kei Ehara [Oita University] **"What is 'Capital'?"**
  Commentator: Soichiro Sumida [Hitotsubashi University, Graduate Student]

Yasuo Goto [Fukushima University] **"How to Analyze the Global Economy in the 21st Century: A new version of IWATA Hiroshi's 'World Capitalism'"**
  Commentator: Hisatoshi Gomi [Rissho University, Emeritus Professor]

Session 17: "Related to Lenin's Imperialism"
Chair: Masashi Morioka [Ritsumeikan University]

Nobuyo Goto [Fukushima Medical University, Lecturer] **"Women's Emancipation toward Revolutionary Russia: From N. Chernyshevsky to A. Kollontai"**
  Commentator: Takeo Hidai [Wako University]

Takeo Hidai [Wako University] **"On the N. Bukharin's Theory of State Capitalism"**
  Commentator: Hiromi Okabe [Hokkaido University]

Hiroshi Onishi [Keio University] **"Change of the World Hegemony from US to China from the Viewpoint of Lenin's Imperialism"**
  Commentator: Shinjiro Hagiwara [Yokohama National University, Emeritus Professor]

Session 18: "Modern Imperialism"
Chair: Akiko Minowa [Meijo Uiversity]

Tamiki Hara [Hitotsubashi University, Graduate Student] **"Political and Economic Significance of the Enactment of the Competition Law in the Philippines"**
  Commentator: Sadaharu Oya [Hokkai Gakuen University]

Yasuhito Morihara [Mie University] **"Capture of Excess Profit by Providing Solution Services"**
  Commentator: Syun Nagata [Takasaki City University of Economics]

Tsutomu Shibata [Gifu University] **"Financialization of the Economy and Corporate Governance"**
  Commentator: Gen Ninomiya [University of the Ryukyus]

Session 19: "Productive Forces and Relations of Production"
Chair: Takahisa Uemura [Yamaguchi University]

Yuri Shiomi [The University of Tokyo, Graduate Student] **"The Development of Productivity on Capital Accumulation"**
  Commentator: Nobuyuki Yoshimura [Shinshu University]

Masayuki Edamatsu [Tsuru University, Lecturer] **"Consumptive Production of Service and Historical Concept of Productive Labour"**
  Commentator: Kazuo Suzuki [Hirosaki University, Emeritus Professor]

Takao Takeuchi [Non-affiliated] **"Corresponding between Development of Production Forces and Social Relations within the Capitalist System"**
  Commentator: Yahiro Unno [Kurashi Gakusai Kenkyusho]

Session 20: English Session [5] "Money and Finance"
Chair: Nobuharu Yokokawa [Musashi University]

Junji Tokunaga [Dokkyo University] **"USD-denominated global financial intermediary by European banks and U.S. economy in the 2000s"**

Sergio Cámara Izquierdo [Universidad Autónoma Metropolitana-Azcapotzalco, México] **"Fictitious Capital: A Critical Appraisal of Marxism and a Marxian Proposal"**

Will Brehm [Waseda Institute for Advanced Study] **"Education's Big Short: Betting against SLABS, Bubbles, and Human Capital Theory"**

Halyna Semenyshyn [University of Kassel, Germany] **"Marginalizing the German Savings Banks through the European Single Market"**

Alexander Zevin [City University of New York, USA] **"City of London, Empire of Finance: What the Economist can tell us about the political economy of liberalism before after the First World War"**

Session 21: English Session [6] "Political Economy and Socio-economic Policies"
Chair: Yuji Harada [Setsunan University]

Benjamin King [Rangsit University, Thailand] **"G. A. Cohen's Normative Turn: Revisited and Defended"**

Chika Miyata [Yokohama National University] **"Reconsidering the Relation between Social Norms and the Subject: Contradictory Consciousness in the Everyday**

Life of the Poor in the UK"
Kostiantyn Ovsiannikov[University of Tsukuba]**"Impact of Shareholder-Value Pursuit on Labor Policies at Japanese Joint-Stock Companies: Case of Nikkei Index 400"**

Session 22: English Session〔7〕"Developing Economies"
Chair:Richard Westra[Nagoya University] and Hiroyasu Uemura[Yokohama National University]
Jingjing Meng[Beijing University of Posts and Telecommunications, China]**"Technological Advancement, Economic Upgrading and the Labor Market in China: An Analysis Based on the Provincial-level Data"**
Prapimphan Chiengkul[Thammasat University, Thailand]**"Sustainably Extractive and Creatively Unequal: A Critique of Thailand's Schizophrenic Capitalist Economy 4.0"**
Imelda M. J. Sianipar[Universitas Kristen Indonesia, Indonesia]**"Globalisation, Neoliberalism and Inequality in Indonesia"**

October 29 (Sunday) from 13:00 to 17:00

Plenary Session: "*Capital* 150th anniversary, *Imperialism* 100th anniversary and the Critique of Capitalism"
 Chair and Organizer: Tetsuji Kawamura [Hosei University], Koji Daikoku [Kyoto University], Haruo Takeuchi [Aichi University], Masashi Morioka [Ritsumeikan University] , and Mitsugu Yoneda [Chuo University]
Takuyoshi Takada [Chuo University, Emeritus Professor] **"An Essay on the Systemic Crisis of the Contemporary Financialized Capitalism: Focusing on Capital Markets and the Over-accumulation of Moneyed Capital"**
Shigeru Nitta [Senshu University] **"Long Cycle of World Capitalism and Recursion of Principle compatible/incompatible Situations"**
Masao Watanabe [Hitotsubashi University, Emeritus Professor] **"The Financialization of Japanese Economy and the Hegemonic Change of Class Power"**
 Commentator: Naoki Nabeshima [Nagoya University] and Yukihiko Maehata [Obirin University, Emeritus Professor]

第1分科会：「マルクスの均衡経済学批判」（共通論題関連分科会・セット企画）報告

佐々木隆治 立教大学

■1. 斎藤幸平会員(大阪市立大学)による報告「転形問題における時間」では，TSSIと呼ばれる近年の転形問題についての再解釈を，クライマン，フリーマン，カルケディの議論を中心として紹介した。ボルトケヴィッチがワルラスの影響下で意図的に持ち込んだ「同時主義」的な価格体系の計算方法にたいして，マルクスのテキストに則して，不可逆的な時間進行を考慮した継起主義的な方法を取るべきことが示された。

明石英人会員(駒澤大学)のコメントでは，MEGAに基づいて，価格の価値からの乖離が社会全体では打ち消される点が指摘された。それに対しては，クライマンらが『61-63草稿』における同様の趣旨のマルクスの発言に注意を払っていることが指摘された。

質疑応答では，石塚良次会員(専修大学)から「労働価値論はなぜ必要か？搾取の証明のためか？」という質問が出された。斎藤会員からは，労働価値論は搾取証明のためでなく，私的労働に基づく社会的生産を可能にするために生じてくるものであるとの返答があった。佐藤隆会員(立命館大学)からは「カルケディの図表のt_1時点のOutput AとInput Aの価値や価格は同じ値か，違う値か」，「P_1方式のt_0のinputとt_1のoutputの価値が異なる場合，方程式体系を閉じるための上手い方法があるか」という2つの質問が出された。第一の質問については，カルケディによれば，価値は同じ時点t_1においてもアウトプットと（次の生産過程の）インプットとして，「社会的価値」と「個別的価値」という異なった規定性を受け取るとの回答があった。二点目については，TSSIによれば，インプットはすでに所与であり，未知数でないことが強調された。

■2. 隅田聡一郎会員(一橋大学・院)による報告「マルクスの「国家財政」批判——国家形態・租税・国債」では，以下の趣旨の報告がなされた。いわゆる国家独占資本主義段階において，社会国家による市場や再生産過程にたいする介入は，開発援助や社会保障などの財政政策を中心に様々なかたちで機能していた。しかし，前資本主義的共同体とは異なり，資本主義社会の無産国家は，経済的構造を独自に形成することはできず，貨幣や資本といった経済的形態規定に限界づけられている。国家の経済的基礎である租税はもちろん，架空資本として機能する国債もまた，資本の蓄積過程で産出される剰余価値，すなわち資本主義的生産様式の経済的基礎にその限界をもつのである。それゆえ，後期資本主義論や財政社会学が主張するように，国家の財政政策によって，諸収入の分配をコントロールできたとしても，こうした国家行動それ自体は，その根底にある資本の蓄積過程に制約されざるをえない。

これにたいして，コメンテーターの江原慶会員(大分大学)からは，現代の財政政策を具体的に検討するには，不換制下の信用制度や銀行システムを考慮する必要があるとの指摘がなされた。これにたいして，隅田会員から次のような応答がなされた。現代資本主義における「生産過程」への国家介入の根拠について，いわゆる「段階論」規定のように，政治と経済を単純に分離することで，国家介入の有無を判断してはならない。むしろ，マルクスの経済学批判によれば，両者の「分離と結合」のあり方，資本主義の政治的形態（国家形態）とその経済的基礎（財政・租税・国債）との関連が常に問題となる。

■3. 佐々木隆治会員(立教大学)による報告「市場価値と生産価格——『資本論』第三部草稿の検討をつうじて」においては，生産価格論の理論的解明は，総計一致問題の成立，不成立に還元することはできず，生産価格における価値法則の貫徹を，社会的総労働の配分と価値との関連を考察した市場価値論から，説明しなければならない，という主旨の報告がなされた。報告者は，まず価値論について検討し，マルクスの価値論においては，社会的総労働の配分が交換比率を究極的に規制しているという価値法則①が根幹をなし，この①を基礎としたうえで価値が交換を通じて配分される交換価値の上限を規制しているという価値法則②が成立することを確認した。そのうえで，現行版『資本論』第三巻ではなく，『資本論』第三部主要草稿にもとづき，市場価値を，社会的総労働の社会的欲望に比例した配分を可能にする市場価格の重心を規定するものとして規定し，この市場価値概念を媒介として，社会的総労働の配分が交換比率を究極的に規制するという価値法則の生産価格における貫徹を確認した。

小西一雄会員(立教大学・名)によるコメントでは，報告に異論はないとしたうえで，報告の主旨を補完するための論点について言及があった。松尾匡会員(立命館大学)からは，社会的欲求が変化したケースについての質問がなされ，報告者からは報告で示した生産価格の理解で基本的に説明可能であるという応答がなされた。

第2分科会:「数理マルクス経済学」(セット企画)報告

山下裕歩 | 獨協大学

■ 1. 第1報告は関根順一会員(九州産業大学)による「生産組織と市場経済:消費財モデルの展開」であった。本報告は理論的見地から生産組織と市場経済の関連を検討し,生産組織と市場経済を統合するモデルを提示するものである。本報告の主要な結論は以下の通りである。生産組織による生産決定の下,生産組織は企業の生産目標を定め,生産計画を作成して生産組織内の労働者に労働投入量を指示する。第1に企業は生産組織による生産決定の下,自立した生産主体になる。第2に生産計画に基づく労働供給量の指示は一般に,生産組織内の個々の労働者に対する強制である。第3に生産組織による生産決定にもかかわらず,各家計は自分自身の消費生活に関して裁量の余地を持つ。ただし,各家計が自由な選択を行う以上,企業による消費財供給が家計の消費財需要の総計に一致する保証はない。消費財の需要と供給が一致しなければ,その調整は当事者間の自由競争に委ねられるだろう。第4に生産組織による生産決定は一方で生産組織内の強制を,他方で生産組織外の自由な市場取引を生む。

本報告に対して,コメンテーターの森岡真史会員(立命館大学)から,自由な市場取引の必要性,労働者が強制に従う理由,資本主義における「強制」の理解についての質問があった。また会場から大西広会員(慶応義塾大学)が機械制大工業の前提が結論に及ぼす影響,生産組織による生産決定の下で労働の過不足が残る理由を,松尾匡会員(立命館大学)が自由な生産決定の成立条件が厳しい理由を質問した。山下裕歩会員(獨協大学)は,資本制経済の存在理由を考慮すれば,モデルの動学化が必要であることを指摘した。

■ 2. 第2報告は伊原宏旭会員(慶應義塾大学・院)による「賃金形態と労働密度および長時間労働——N人労働ゲームによる分析」であった。本報告は,近年日本で問題となっている長時間労働問題に対してゲーム理論を用いてn人ゲームの形で分析を行うものである。先行研究によると日本の労働問題は終身雇用・年功賃金制度・企業別組合という3つの日本的経営戦略が原因となっているとされている。その中で,本報告はまず賃金制度に着目して考察している。N人の労働者が労働強度を戦略として選び,全員で一定量の仕事をするというゲームの形にすることで労働者の戦略を考えると,固定賃金の際には低い労働強度で働く戦略が支配戦略となり,全員が低い労働強度で働くことがナッシュ均衡となる。これに対して完全出来高賃金では,労働強度を高めるコストが低い場合は囚人のジレンマ状況となり高い労働強度で働く戦略がとられる。しかし,日本は終身雇用制度により労働ゲームが繰り返される可能性が高い。よって囚人のジレンマ状況でも協調行動として全員が低い労働強度で働き続けるというトリガー戦略がとられる可能性があり,賃金制度を出来高賃金に変更しても長時間労働問題を解決できるとは言えないと考えられる。

本報告に対して,コメンテーターの関根順一会員(九州産業大学)から問題提起として,長時間労働が問題であるという趣旨に対して,結論で長時間労働が最適戦略となるのは問題であるという指摘があった。この指摘に対して報告者は,長時間労働が問題というのは社会的な問題であり,個人合理性の結果として問題が発生しているという結論とは必ずしも矛盾するものとは考えていない旨を返答した。また,長時間労働からの過労死などの問題は個人合理性と矛盾しておりこのモデルでは扱えていないという指摘もあり,この点に関しては今後の検討課題としたいとの回答があった。

なお,本分科会は3つの報告が予定されていたが,1名が欠席となったため,上記2名からの報告となった。

第3分科会：「日本経済の分析」報告

藤田 実 桜美林大学

■1. 今村遠征会員(無所属)「景気と周期(波)について」

「景気について」では，$M't = \{M(t) - M(t-1)\}/M(t) = \{$今年度の利潤－前年度の利潤$\}/\{$今年度の利潤$\}$で表される $M't$ を景気値と呼び，景気値 $M't$ が，(1) $M't \geq 10\%$ の時を好況(A)，(2) $0\% \leq M't < 10\%$ の時を回復(C)，(但し，$M't > M't-1$)，(3) $0\% \leq M't < 10\%$ の時を停滞(D)，(但し，$M't < M't-1$)，(4) $-10\% < M't < 0\%$ の時を不況(B)，(5) $M't \geq -10\%$ の時を恐慌(P)と，景気の量的規定および景気の区分を行った。

「周期(波)について」では，景気値 $M't$ の時系列順の「低い値―高い値―低い値」で景気の1つの周期と規定し，ラムダ周期と名付けた。1920～2013までの93年間で，完了したラムダ周期は，1920～2011年間の27個であった。27個のラムダ周期の平均周期(平均周波)個数は 91/27≒3.4年，となる。「キッチンの波」の検出である。

以上の報告に対して，司会者の藤田実会員(桜美林大学)から，次のようなコメントがなされた。日本の景気循環の深さと幅を1920年から2013年までの長期間にわたって精密に確定したことで，それぞれの景気循環の様相が鮮明になった。

今村報告に対して，柴垣和夫会員(東京大学・名)，田中史郎会員(宮城女子大学)，小林正人会員(駒澤大学)より質問があった。

■2. 小栗崇資(駒澤大学)「日本経済における内部留保の構造とその活用」

日本経済においてかつてないほどの膨大な内部留保の蓄積が進んでいる。1971年から85年，86年から2000年の内部留保は売上の増加から生じる利益が留保され設備投資に投下されており，総資産に占める内部留保の割合もそれぞれ2％台の伸び率であった。しかし2001年から15年の期は売上は伸びない中で，内部留保の割合は8％となり巨額の蓄積が行われた。内部留保の激増は人件費削減と法人税の減税から生じている。また内部留保はこの期では金融資産に投下されており，内部留保からみた日本経済の構造は21世紀に入ってから急激な変質を遂げ，金融資本主義化とその下での格差の拡大を生んでいる。内部留保を社会に還元する方策が求められているが，その1つは内部留保課税である。

以上の報告に対して，コメンテーターの藤田実会員は(桜美林大学)は次のように述べた。2000年代における内部留保の特異な増大の分析は，2000年代の日本経済の構造的変化を裏付けるもので興味深い分析である。内部留保増大の原因として人件費の削減を指摘しておりそれは正しいが，同時に日本企業は国内市場の縮小と技術革新の停滞で成長分野を見いだせないという，構造問題があるのではないのか。また内部留保課税したとしても，労働分配率は労働組合の交渉力如何であるし，設備投資は成長分野次第であるから，配当を増やすだけに終わるのではないか。

報告に対して渋井康弘会員(名城大学)，半田正樹会員(東北学院大学)，田中史郎会員(宮城女子大学)より質問があった。

■3. 嶋野智仁(松山大学)「所得分配，技術変化と日本経済の利潤率の動態」

1961～2014年にかけての日本の非金融・保険業の法人企業を対象に，構造変化が利潤率の動態に与える影響を実証分析する。本報告では，資本の有機的構成と利潤―賃金比率が構造変化からどの様な影響を受け，利潤率の動態がどの様に変化してきたかに注目する。本報告の実証分析では，日本経済において構造変化は利潤―賃金比率の変化にはほとんど影響を及ぼしていない一方で，資本の有機的構成の変化には重要な影響を及ぼしているという結果が示される。つまり日本経済では，構造変化は資本の有機的構成への影響を通じて，利潤率の動態に影響を与えているということである。

以上の報告に対して，コメンテーターの阿部太郎会員は(名古屋学院大学)は以下のように述べた。本研究は，嶋野氏がこれまで行ってきた，日本経済の金融化に関する研究から派生したものである。日本経済に関する利潤率の動態を構造変化の視点から包括的に分析した研究はこれまでになく，その意味で大きな貢献であると言える。1961～73年と2000～14年の期間において経済のサービス化が有機的構成への変化を通じて利潤率の動態に大きな影響を与えていることが明らかになったが，1973～91年の期間においても進んでいる経済のサービス化は利潤率の動態にそれほど大きな影響を与えているわけではなく，期間ごとに構造変化の質に違いがあることが明らかになった。

報告に対して山崎亮一会員(東京農工大学)，池田毅会員(立教大学)より質問があった。

第4分科会:「現代経済と制度的アプローチ」報告

遠山弘徳 静岡大学

■1. 内橋賢悟会員(横浜国立大学・非)「韓国財閥のガバナンス統治手法にみる内性的成長理論の展開——韓国財閥にみるボウルズ型『選好の内生性』の応用」は韓国企業の構造と動態を制度論的に検討した報告である。ガバナンス構造は儒教的ガバナンス(財閥経営者の世襲制)に反映され,この封建的な手法がアングロサクソン型市場主義と相矛盾する関係に見られる。だが,トップダウンの統治手法がアングロサクソン型市場均衡条件を人為的に変質させ,国家の社会契約的コントロールがもたらす市場均衡を達成しようとする点で双方は補完的であると主張される。コメンテーター原田裕治会員(摂南大学)からは,①1990年代以降,賃労働関係と国際体制・金融との関係が逆転したとするレギュラシオンの認識が示され,この認識に基づき韓国ではナショナルレベルの制度に関して制度階層性の逆転や構造変化は生じたのか。生じたとすれば,どのような変化だったのか。②企業の中の補完性に焦点を置いた本報告は,マクロを対象とした従来の理論とどう異なるのか。1997年危機以降,サムソン等が企業ごとに異なる補完性を有しているとすれば,「生産モデル論」の枠組みの方が適合するとのコメントがなされた。横田宏樹会員(旭川大学)からは戦後の成長体制の構築・変化と財閥企業のそれとの整合性を分析する方法論的手段として,自動車産業分析をメゾ・ミクロ分析として進めた「生産モデル論」を参考にすべきだとの指摘がなされた。

■2. 横田宏樹会員(旭川大学)「地域産業分析に対する部門・領域的調整アプローチ——旭川家具産業の発展における制度的調整の役割」は地域産業の成長や危機における経済調整メカニズムに関する理論的・実証的分析への貢献を目的に,地域産業として発展した旭川家具産業の歴史過程を制度調整の観点から検討した報告である。コメンテーター立見淳哉氏(大阪市立大学・非会員)は旭川産地の発展を担ったゲームのルールとしての役割は理解でき,調整を「コーディネーション」と「ヒエラルキー」に分けて検討している点も興味深いと評価する。だが,Coordinationとrégulationの関係はどのように理解できるのか,2つの調整概念の関係,扱いについて補足説明が必要である。また,「経済社会や資本主義に満ち溢れている諸個人・諸団体の間の対立,闘争,矛盾,葛藤を誘導し方向づける」régulationの意味での調整は,旭川産地ではどのような場面で見出されるのかとのコメントがなされた。大見健二氏(北海学園大学・非会員)より①国の中小企業政策の展開,制度調整との関連において旭川における政策の受け皿,利害調整はどのように進められているのか。②産地間競争,地域間比較に関連し,他産地との比較による制度調整の一般性と特殊性の関係はどう理解されるのか。西部忠会員(専修大学)からはミクロとマクロの中間のメゾレベルの調整について,分析枠組み・方法論的アプローチとして家具産業の事例研究をどう普遍化して行くのかとの質問が出された。

■3. 森岡真史会員(立命館大学)「経済システムの基本的要素としての売手−買手関係——選択の自由と選ばれるための競争」は資本主義経済では買手が売手とその商品を選択し,売手は買手に選ばれるために競争する結果,売手と買手の間にも選ぶ側が選ばれる側を競争させる関係として経済的な権力関係が存在することを明らかにする。その上で選択の自由に基づく買手の権力の存在と役割を認識し,この権力と資本所有に基づく権力によって形成される,資本主義に固有の権力配置の明確化が政治経済学の課題であると主張される。コメンテーター西部忠会員(専修大学)は売手−買手関係の権力が所有関係における権力とは異なる性質のものだとする問題提起は理論的に重要であり,市場経済が貨幣を媒体とする相対取引=売買のネットワーク,自律分散型の貨幣経済であることを示すと評価する。だが,①マルクスが資本による労働の支配だけを問題にしたとする解釈をめぐってはマルクスも商品と貨幣の非対称性を問題にしたこと。②報告者がショートサイド原理を「提案」と「応諾」に読み替え,買手と売手のいずれからも提案が可能だとする点については買手が提案する事例は考え難い。商品に対する貨幣の優位や権力,売買成立のイニシアティブが貨幣所有者側にある点が曖昧になる。③選択と競争に基づく権力と所有の関係については,貨幣所有者に選択の自由が与えられるので選択の自由と所有権は関係しており,一時的権力だという点で異なるとのコメントがなされた。鈴木和雄会員(弘前大学)より,所有に基づく権力と市場における選択に基づく権力の関係をどう考えたらよいのか。植村高久会員(山口大学)からは在庫ある市場では買手は選択の自由を持つとされるが,この状態を「買手が権力を持つ」と言えるのかとの質問が出された。

第5分科会:「中国の政治経済学①」(セット企画)報告

李幇喜 | 清華大学

　第65回大会はセット企画として「中国の政治経済学」の特設会場を設け,中国の清華大学,中国人民大学,中国社会科学院,吉林財経大学から報告者を含め15名が参加した。

■1.魏旭(吉林財経大学)「マルクス経済学の理論体系の論理的出発点とその帰結について」は,マルクス経済学の理論的体系における論理的出発点を全体的,構造的,科学的に把握し,その性格を究明するには該当の論理的出発点とその帰結とを結合することが必要で,マルクスの経済学体系の研究方法と論理的出発点の策定(方法)は,中国の特色のある社会主義的政治経済学体系を構築するにあたって重要な指針であると主張した。

　コメンテーターの渡辺雅男(一橋大学・名誉)は,魏旭報告は日本の政治経済学の歴史的経験と比較してみると大変興味深く,日本でも戦後『資本論』冒頭商品の性格を巡って世界市場の商品と捉える主張は当時の論争ではあまり交わされなかった視点であることを考えれば,今回の魏旭報告は画期的であると評価した。当時同じく活発に議論された国際価値論が今日の中国でどのように継承され議論されていくか大変興味深いと付け加えた。

■2.斎昊(中国人民大学)「剰余価値率の歴史的ピークと中国経済の「新常態」:政治経済学的視点」は,マルクス経済学のアプローチに従い,1956～2015年にわたる中国経済の剰余価値率を時系列に試算し,2008年に歴史的ピークに達したと明らかにされ,中国経済の所謂「新常態」は剰余価値率の停滞と資本の価値構成の高度化がもたらす収益性の悪化の段階と考えるのが適切であると主張した。

　コメンテーターの藤森頼明(早稲田大学・名誉)は,斎昊報告は市場価格ベースのマクロ経済統計を如何に認識するかという問題に関わるものといえ,(T)SSIによる影響を大きく受けるが,(T)SSIは価値概念を欠くものであって,「剰余価格」が対象であって剰余価値ではない故,剰余価格は基礎理論と直結出来ないとコメントを寄せた。それに数式において商業取引高全額が「剰余価値」に含まれているが,これは正しくないと指摘した。

　会場から松尾秀雄(名城大学)は生産的労働と不生産的労働の前提についてもう少し考究する必要があり,商業労働や銀行部門の労働者が剰余労働とどう関係するのか,理論的再考の余地があるが,中国が商業や銀行を中心に成長すべきという主張には賛成出来るとコメントを寄せた。

■3.陳昌兵(中国社会科学院)「資本の減価償却率,技術進歩と経済成長:中国省ごとの資本の減価償却率モデルに基づく試算」は,資本の減価償却率から出発し,中国の各省における資本に体化された技術進歩について分析し,1990～2015年の中国省ごとの資本ストックを推測し,資本の減価償却率,経済成長と技術進歩との関係を計量モデルで構築し,1990～2015年の間に,21の省の資本蓄積が効果的,10の省における資本蓄積があまり効果的でないと結論づけた。

　コメンテーターの藤森頼明は,陳昌兵報告は中国企業の財務会計,特に固定資産,減価償却の処理法についていかに考えているのか,数理モデル(非線形)と計量モデル(線形回帰)との間に若干の乖離があるのではないか,減価償却と耐用年数との関係はいかなるものか,それに本報告でも技術進歩の指標は計量分析では独自推計の対象とされていない故,全体的に線型モデルで良いのではないかとコメントした。

　会場から,飯島欽次(JR東日本)は減価償却率の変化と技術進歩を関連付ける意味はあるか,技術進歩と資本ストックの変化を関連付ける意味を説明して欲しいと質問した。

　員要鋒(帝京大学)も同じく減価償却率と技術進歩との関係性について質問した。

第6分科会：English Session [1] "Capitalism and the World Economy" 報告

横川信治 | 武蔵大学

■ 1. Richard Westra (Nagoya University) は "Periodizing Capitalism and Capitalist Disintegration" と題して資本主義の発展段階と資本主義の崩壊について次のように論じた。資本主義の歴史的使命は大量生産によって人間の欲望を満たすことであった。質を無視して利潤に代表される量の拡大が資本主義の目的であった。マルクス主義による資本主義の段階規定は『資本論』ではなく唯物史観に基づいている。段階規定はレーニンの「国家資本主義」の概念にあらわされる社会主義を予測させる生産力の社会化の理論化から始まった。制度的調整の研究は資本主義研究に対するマルクス経済学とヘテロドクス経済学の接点を形成した。レギュラシオン理論と社会的蓄積構造論では中間理論が抽象的理論と歴史研究の仲立ちをするが，抽象的理論の発展は見られず，また社会主義への軌跡も見られない。資本主義の発展段階は生産を中心とする社会が終了した新自由主義で終わる。

■ 2. Myles Carroll (York University, Canada) は "Crisis and Transformation in Heisei Japan" と題して，1990年代以降の日本資本主義の危機と社会構造の転換について次のように論じた。高度成長期における日本の成功についてのChalmers Johnsonなどの研究と1990年代以降の危機について新自由主義による日本経済の批判を紹介したのちに，日本の政治経済に深く根差した問題のより深い分析が必要であるとして，伊藤誠の見解を次のように整理した。1973年までの経済成長は特に有利な条件のもとに起こった歴史的に例外的な高度成長であり，1973年から1990年までの資本蓄積を回復しようとする政策を経て，1990年からは資本主義が逆流し構造変化が生じた。最後に，第2次世界大戦後の高度成長と1990年代のバブル後の恐慌の統合的な説明をするために，新グラムシ派による覇権的な支配関係の成功とその支配関係から次第に積層される矛盾という観点を導入した。

海野八尋，Alexander Zevin，Richard Westraから質問があり，活発に議論された。

■ 3. Kang-Kook Lee (Ritsumeikan University) は，"The End of Egalitarian Growth in Korea: Rising Inequality and Stagnant Growth after the 1997 Crisis" と題して，1997年のアジア通貨危機以後の韓国経済の構造変化を論じた。1960年代来の韓国の工業化は開発独裁的な政府の主導のもとに行われた。輸入制限，資本管理，国内市場保護，為替相場介入などを伴う平等主義的な開発経済モデルは成功をおさめた。その成功が政府の企業部門に対する調整力を弱め，1980年代末になると政府には財閥や大企業を統制する力は残されていなかった。大企業と外部からの圧力で，1993年から金融と資本勘定の徹底的な自由化が行われたが，1997年の東南アジアの通貨危機の伝染で韓国経済は恐慌に陥った。通貨危機後の新自由主義経済成長政策では賃金率が抑えられ，経済成長の源泉は国内需要から輸出需要に変化した。韓国の新自由主義成長モデルは，東アジアの奇跡の平等主義的成長と正反対の所得不平等と低い成長率の悪循環をもたらしている。韓国経済は輸出に頼る現在の新自由主義政策から平等な所得分配を基礎とする国内需要に依存する代替政策に変化する必要がある。Soumya Sengupta (Panskura Banamali College, India)，海野八尋，Alexander Zevinから質問があり活発な議論がなされた。

■ 4. Nobuharu Yokokawa (Musashi University) は，"How to analyse historical dynamism of Capitalist world system" と題して，ダイナミック産業と動学的比較優位の概念に基づいて，資本主義世界システムの景気循環，長期波動，超長期波動を論じた。閉鎖モデルにおける動学的比較優位はダイナミック産業の剰余価値率と平均的剰余価値率の差の変化で定義できる。ダイナミック産業の生成期には剰余価値率の差はなく，展開期を通じてダイナミック産業の剰余価値率が増大するので差が拡大し，成熟期を通じて差が縮小する。開放経済における動学的比較優位は各国各財の剰余価値率の差の変化で定義する。剰余価値率の差の変化を決定するのは各国各財の単位労働費用の変化である。動学的比較優位論を赤松の雁行型発展論に導入することによって，キャッチアップ国間の飛び越し型の経済発展，資本主義世界システムの覇権国の交代など，資本主義世界システムの超長期的波動の理論的考察が可能になる。

第7分科会：English Session[2] "Distribution, Structural Change and Economic Dynamics" 報告

植村博恭 | 横浜国立大学

■ 1. Taro Abe（Nagoya Gakuin University, Japan）"Egalitarian Policies and Effective Demand: Considering Balance of Payments"は，グローバリゼーションのもとにおける所得分配と平等主義的政策の効果を分析するために，S. Bowlesによって構築されたモデルに基づきつつ，財市場における有効需要制約と国際収支を明示的に導入することによって拡張したものである。特に，効率賃金モデルによって説明される怠業の可能性と資本の瞬時的な国際移動を扱っている。そして，有効需要の制約の問題を考慮すると，Bowles and Gintisが提案する「資産ベースの再分配(asset-based redistribution)」は，その有効性が限定されることが強調された。

植村博恭（横浜国立大学）からは，資産再分配と同時に政府支出を増加させたときの資産再分配政策の有効性について，また藤田真哉（名古屋大学）からは，モニタリング・コストを下げる方法として，資産再分配以外の方法を考慮したときの効果について質問があった。

■ 2. Kazuhiro Kurose（Tohoku University, Japan）"The Structure of the Models of Structural Change and Kaldor's Facts"は，構造変化について，消費構造の変化に伴う需要構造変化，部門間における生産性上昇率格差に基づく供給構造変化，そしてその両方がともに作用する状態を検討し，さらにそれらとKaldorの「定型的事実(Stylized Facts)」との関連及び整合性を分析している。特に，構造変化を伴う経済モデルがKaldorの条件と整合的となる条件が解析的に説明された。

中谷武（尾道市立大学）から，長期的な構造変化はカルドアの「定型的事実」を変更するのか否かについて質問があり，また藤田真哉（名古屋大学）からは，構造変化を伴う新古典派モデルがラムゼイ・モデルに集約されうることを示すことの目的について質問があった。これに対して，発表者からは，今後，資本の異質性と再生産可能性を考慮し，資本構成の変化を分析することの必要性が強調された。

■ 3. Adam Berg（Kyoto University, Japan）"Class-Education Circles and Increasing Economic Inequality"は，E. O. Wrightによって構築された「統合的階級アプローチ(Integrated Class Approach)」を発展させ，「確率的階級利害(probabilistic class interests)」の把握に基づく「階級―教育循環(Class-Education Circles)」を軸にしてアメリカ合衆国における階級構造と不平等を分析するのものである。特に，(a)教育と収入の関連，(b)課業と収入の関連，(c)階級と収入の関連が分析され，アメリカ合衆国においては教育が高所得階層の所得に影響していることを強調している。

八木紀一郎（摂南大学）から，日本の場合，大学進学率は上昇し，高等教育が卒業生に対して高所得をもたらすとは言い切れなくなっており，日本の場合には「階級―教育循環」がどのような意味で成り立つのかとの質問があり，また，植村博恭（横浜国立大学）からは，不平等や教育格差の長期的な世代間再生産に踏み込む必要はないかとの質問があった。

■ 4. Chen Li（Keio University, Japan）"Re-analysis Marx's Growth Model under the Dynamic General Equilibrium Approach"は，資本財生産部門と消費財生産部門の二部門よりなるマルクス的な一般均衡モデルを，動学的最適化を用いて厳密に定式化し，中国経済の将来的な成長可能性に関する分析に応用したものである。この「マルクス派最適成長モデル(Marxian Optimal Growth Model)」を用い，中国経済の実際のデータに基づいて将来の成長軌道を解析することによって，中国経済が2040年までにはゼロ成長状態に収束するとの長期予測が示された。

佐々木啓明（京都大学）から，技術進歩を考慮した場合の成長可能性について，植村博恭（横浜国立大学）からは人口動態の将来的予測について質問があった。さらに，黒瀬一弘（東北大学）からは，発表されたモデルはいかなる意味で「マルクス的」なのか，産業予備軍が発生しないモデルを「マルクス的」と言えるのかとの質問があった。

第8分科会：「資本主義の基礎理論」
（特設分科会・セット企画）報告

大西 広 慶應義塾大学

■1. 第一報告は吉村信之会員（信州大学）の「価値論の動向——転形問題と単一体系解釈について」であった。この中で吉村会員は転形問題論争を振り返り，近年台頭してきた単一体系学派の解釈の検討を中心に，報告者の見解を提起した。具体的には，①単一体系解釈の利点として，価格で集計された統計資料との近似性を高め，労働価値説を実証分析に応用する可能性を提示した点を評価した。しかし批判点として，②単一体系解釈の構成は，価格の背後に価値が存在するものと前提し，両者の恒等関係がMELTによって確認しているに留まること，③そもそも価値概念が何のために価格と別個に提示されているのかという理由が明らかにならないこと，④単一体系解釈，とりわけ「時間的単一体系」解釈TSSIの議論は，投機的バブルのように価格機構が偏奇した状態であっても，市場で成立する価格であればどんな価格でもそこに価値法則が貫かれていると主張しているに事実上等しいこと，⑤さらに『資本論』解釈としても『資本論』が一面で物量体系に明示的に言及していることを不問に付し「解釈」の内容としても一面的であること，を指摘した。ただし，⑥以上は，単一体系解釈が批判する従前の物量的な二重体系が労働価値説のすべての論点を適切に模写していることを意味しない点にも，言及した。報告に対して，他2人の分科会報告者から報告者の転形論の評価について多角的な質問があったほか，佐々木隆治会員（立教大学）からTSSIの生産価格と市場価格との関係について，新田滋会員（専修大学）からマルクスの基本定理と宇野学派による転形問題の解法との関連について，質問があった。

■2. 第2報告は東浩一郎会員（東京立正短期大学）による「TSSIの現段階」であった。この中で東会員は，TSSIやNI（新解釈）が用いる単一体系の手法は明らかにマルクスの方法とは異なっているが，実証分析にマルクス的要素を組み込むためには有効であること，しかし現在のTSSIとNIは，マルクスの基本定理の成立をめぐってどちらがよりマルクスに忠実かを競っているように見えること，しかしこの定理自体が価値と価格の同値関係を表しているだけで価値による価格の規制を示しているわけではないからそれを立証できたところでマルクスの労働価値説を論証したことにはならないこと，そして，学説史的にもSteedmanのフォーク型論理構造による労働価値説批判以前に基本定理は提唱されておりむしろ両者は親和的な関係にあることを述べた。

東会員はさらに，フォーク型論理構造に対して労働価値説の有効性を主張するには価値概念自体の転回が必要であり，1980年前後にはこうした観点から抽象的労働論が提唱されたこと，TSSIやNIが使用するMELTも抽象的労働論の中から出てきた概念であって価値の実体的把握と形態的把握を結びつけるためのツールであること，その意味ではDualとSingleの両者は水と油の関係ではなく抽象的労働論は両者を結びつけるものだと主張した。

討論においては，抽象的労働論が貨幣価値説に陥った事実から，そこでの貨幣とは金なのか紙幣なのかとの質問が出された。それに関してはニューメレールとしての貨幣であり金ではないという回答がなされた。また複雑労働の還元問題での質問には養成費を労働力価値に加算するのは非現実的であり，賃金率で複雑度を測るべきであると回答された。

■3. 第3報告は，森本壮亮会員（桃山学院大学）による「TSSIの価値論と置塩定理批判」であった。森本会員は，価値論に関する1980年代以降の諸新解釈の出発点はそれまでの論争におけるネガティブな帰結であるとし，NI，SSSI，TSSIのそれぞれの特徴をまとめた上で，TSSIの価値論と利潤率低下論（置塩定理批判）とに焦点をあてた紹介と分析を行った。

具体的には，従来型の価値論解釈がマルクス以後に登場したワルラス理論に基づいているのに対し，TSSIはマルクスのテクストを重視した資本循環論がベースの価値論であること，加えて資本循環における時間の経過を重視していることが紹介された。そして，①TSSIの利潤率が，実際に過去に行った資本投下のリターンを示す「結果としての現実の利潤率」であるのに対し，従来型の解釈に基づく利潤率はこれから投資判断を行おうとする資本家が参照する「可能的利潤率」であり意味と意義が異なること，②TSSIの利潤率低下論は「可能的利潤率」が上昇したとしても「結果としての現実の利潤率」は下がりうるとするものであること，③現実の日本経済は1970年代を境に置塩定理的な状況からTSSIが指摘するような状況に変わったことが指摘された。

これに対し，吉村・東の両コメンテーターからは，TSSIの主張とは異なりマルクスも物量を考えているという指摘や，生産量が増えた時の消費先の問題，統計を用いた利潤率の計算方法についての助言，会場の尾﨑会員からは道徳的磨滅についての質問があった。

第9分科会：「震災関連」
（特設分科会・セット企画）報告

池上岳彦 立教大学

本分科会では，福島第一原子力発電所の事故に関連して，以下の報告と質問・コメントに基づいて活発な議論が行われた。

■1. 渡辺初雄(市民防災研究所)「原発事故と避難者」では，福島第一原発の事故による避難生活が6年超に及び，いまも5万人以上が避難している原子力災害の現実が報告された。具体的には，①復興庁が発表する避難者数が実際より少ない疑いがあること，②避難解除基準である放射線量20mSv/年は核関連作業員の被曝許容量と同じであり，大きすぎること，③40年経過した原発の最長20年運転延長が可能とされたこと，④原発事故の発生時に周辺住民の被曝はやむなし，との政策がとられるようになったこと，⑤避難者支援が2017年4月から縮小されたこと，⑥原子力委員会が2017年7月に原発利用を進める無責任な政策を表明したこと，⑦放射性物質に汚染された故郷に帰還した高齢者と家族の安全を考慮して帰還できない若年層との世帯分離が起きていること等が指摘された。

コメンテーターの半田正樹(東北学院大学)からは，原子力事業者に正確な情報を提供させるやり方，オフサイトセンターが実質的に機能する可能性，避難解除基準が線量20mSv/年とされた背景及び避難時にバス・トラック運転手の協力を得る困難さについて質問が出された。また，藤岡惇(立命館大学)から「トモダチ作戦」で被曝した米軍兵士の東京電力提訴と共闘する可能性について質問が出された。

■2. 佐藤公俊(長岡工業高等専門学校)「福島からの避難とチェルノブイリ法の避難の権利に学ぶ避難計画」では，脱原発の必要性を認めつつも，原子力システムが現存することを前提として市民自身の避難計画を作ることが提案された。まず，原子力規制委員会の原子力災害対策指針に基づく官製避難計画について，①避難計画を自治体に丸投げしていること，②指揮系統が首相官邸発の長い経路であり，事故時は分断されること，③複合災害を防災計画に丸投げしていること，④PAZ(予防的防護措置準備区域)もUPZ(緊急時防護措置準備区域)も住民の被曝を前提としていること，⑤SPEEDI等の予測情報を出さないこと，⑥避難計画を原発安全審査の対象としないこと等が問題視された。そのうえで，市民の避難計画においては，原子力事業者の完全な情報公開と協力を罰則つきで義務づけること，警戒事態時に80km圏から避難すること，250km離れた所に避難地を造ること，チェルノブイリ法に倣って追加被曝線量を1mSv/年に制限すること，住民の被曝を避けることのできる避難計画を，原子力規制委員会が原子炉等の設計を審査する新たな基準及び原発立地・周辺自治体と事業者との安全協定に組み込むこと等が主張された。

コメンテーターの半田正樹(東北学院大学)からは，災害発生後の社会問題を解決するために事前の避難計画が必要となる理由について，また原子力事業者の努力を取り入れた実効的な避難計画を作る可能性について質問が出された。また植村高久(山口大学)から，現行の避難計画は住民を安全に避難させられない点で詐欺であるとの指摘がなされた。さらに田中史郎(宮城学院女子大学)から，250km離れた所に避難地を造ることの現実性に疑問が出された。

■3. 田中史郎(宮城学院女子大学)「原子力発電の闇」では，福島第一原発事故の対応が終わらず，また原発が経済コストから見ても間尺に合わないにも拘わらず，原発再稼働の準備が進められ，かつ核燃料サイクル(高速増殖炉)構想が断念されていない現実の背後に軍事の問題が存在することが報告された。すなわち，①原子炉の開発は核燃料であるプルトニウムを生成する装置として始まったこと，②原子炉のエネルギーの動力や発電への利用が，まず潜水艦の原子力化としてなされたこと，③その後"Atoms for Pease"のスローガンのもと，原潜の発電技術を商用発電に応用する試みが始まり，原子炉の大型化も進められたが，それは必ずしも平和利用のためではないこと，というのも，④原発の稼働は核のゴミを生み出すが，それを処理する核燃料サイクルは「超兵器級」といわれる高純度の核分裂性プルトニウムを生成するのに最適な装置であること等である。

コメンテーターの半田正樹(東北学院大学)からは，核兵器に転用できる機微技術を保持しようとする現政権の世界的座標軸，脱原発を経済的理由から主張することの有効性如何，ドイツの脱原発への転換に対する評価等の問題が提起された。また，植村高久(山口大学)からは機微技術を日本企業が担うことについて，佐々木隆雄(法政大学)からはアメリカの原発産業と軍事産業との関連が薄くなったことについて，長島誠一(東京経済大学)からはプルサーマル計画や高速増殖炉計画の現状について，渋井康弘(名城大学)からは原発推進が軍事研究を意図していたことについて，問題が提起された。

第10分科会:「日本経済の変革」(セット企画)報告

工藤昌宏 東京工科大学・名誉

　本分科会では,日本の地域経済とりわけ農業の再生を巡って,その方向性や方法を探るという観点から大貝健二氏(北海学園大学),綱島不二雄氏(元山形大学)の報告が行われた(報告順)。報告の後,それぞれの報告について江川章氏(中央大学),八幡一秀氏(中央大学)によるコメントがなされ,それに対するリプライと参加者との質疑応答が行われた。

■1. 第1報告者の大貝健二氏の報告(「地域経済循環の構築と地域産業振興の可能性」)では,地域経済を活性化させる可能性を模索するために,北海道十勝地方の小麦生産農家の活動事例が取り上げられた。そこでは,従来,十勝地域の小麦のほとんどが首都圏に搬出されていたが,最近では地産地消の動きがみられていること,具体的には小麦の生産,製粉,加工,販売,消費が地元で循環的に行われるようになってきている実態が取り上げられた。

　十勝産小麦の製粉工場が地元の企業によって作られたこと,十勝産小麦を使った地元でのパンの製造,消費,またパン屋さん同士のネットワークの構築,地元レストランでの消費といった十勝産小麦を軸に産業連関が形成されていること,また地域自治体による十勝産小麦の宣伝など小麦生産農家と自治体との連携関係も形成されていることが示された。そして,このような小麦生産農家を巡る産業連関の構築や関係者の連携の構築は,地域経済の循環構造を通じて農業の再生に貢献するばかりでなく,雇用創出効果をも併せ持っていることなどが指摘された。

　大貝報告についてコメンテーターからは,地域での経済循環構造や価値創造を取り上げられた点について高い評価がなされた。併せて以下の質問が出された。第1に小麦生産者が従来の流通ルートを変更して新たな循環構造にどの程度対応できるのか,地元農家の同意をどのように得ていくのか。第2に「価値創造」とは何か。第3に小麦だけでなく他の産業についてのネットワークの構築についてはどう考えるか。コメントに対して大貝氏からは,経済循環構造についての農家の対応は十分とは言えず今後の課題である,「価値創造」の概念についてはさほど掘り下げてはいなかった,また他の産業のネットワークについてはこれからの課題である,というリプライがなされた。

■2. 第2報告者の綱島不二雄氏の報告(「現段階における地域と農業に関する理論再考」)では,農業再生の鍵は「家族経営」の再生にあるとの視点から,日本の農業の実態,これまでの日本の農業政策の誤りを国際的な農業政策の潮流を踏まえつつ検出し,併せて家族経営の重要性が検出された。綱島氏はまず,農業再生を担えるのは,持続性,歴史,文化,そして自然との共生を担う「家族経営」であるとし,ここに自主的地域再生の1つの切り口を見出そうとする。そして,戦後の農政は家族経営を否定する方向に進んできたこと,とくに現在では家族経営見直しの国際的潮流があるにもかかわらず,日本の農政はそれに逆行するする方向性を強めていることを歴史的経緯に沿って示す。そしてとくに,東日本大震災大震災からの復興過程は,高台移転や農業担い手の法人化などを通じて農村集落の消滅,家族経営消去政策の典型と位置付けている。さらに,綱島氏は地域社会との関連で家族経営の役割を取り上げ,そこに住み,そこで生産し,その地域に責任を持つ家族経営こそが農業の再生の鍵となると主張する。そして,これによって農業の持つ機能,すなわち生産過程の独自の循環機能,食物循環,環境保全,災害対策,景観,文化の伝承,多様な食材の提供などの機能を果たすことが可能であり,現在でもそのような機能を担える農家は多数散在しているとする。そして最後に,地域経済循環の活性化を意識した家族農業経営こそ「新たな家族経営像である」と結ばれている。

　綱島報告についてコメンテーターからは,家族経営の重要性をえぐりだした点,さらには日本の農政の歴史的な経緯を土台にしている点について高い評価がなされた。併せて以下の質問が出された。第1に家族経営を維持するための条件をどう作っていくのか,また現段階で家族経営の維持,発展は可能か。第2に農協の家族支援の在り方に問題はないか。コメントに対して綱島氏からは,家族経営を維持するためには,地域の連携が必要であり商工会などとの連携が重要である,また農協については現段階では家族支援に役立っているとは言い難い,農協のあり方を変える必要があるというリプライがなされた。最後に,参加者からは家族経営とくに耕作規模の大きい経営に対する支援策をどうするか,後継者が農業経営を望まない場合はどうするか,農業経営を希望する都会の青年には土地を譲らない例が出ているがどうすべきかといった質問が出され,討論を経て分科会は定刻通りに終了した。

第11分科会：「『資本論』関連①」（共通論題関連分科会）報告

松尾 匡 | 立命館大学

■ 1. 武井博之(会員)「マルクス利潤率低下法則の再構成——置塩定理批判の要約」

コメンテーター：石倉雅男(一橋大学)，深澤竜人(山梨学院大学)

要旨：武井会員は，1964年の『資本論講座4』所収の置塩信雄の解説論文の数学に慣れない読者向けの説明用モデルを用い置塩定理を批判した。「実質賃金率一定の仮定は異常だ」「労働対象と労働諸手段の区別がない」等。これに対し，石倉会員，深澤会員，司会の松尾が，置塩定理は一般的モデルで証明されており説明の簡単化のための仮定に縛られない，利潤率が低下するとしたら実質賃金率が上昇する場合だと示すのが真意だ等と説明した。

■ 2. 内山昭(元立命館大学)「グローバル資本主義と軍事大国・日本の並立——資本主義の新段階と国家の相対的自立性」

コメンテーター：飯田和人(明治大学)

要旨：主題は「グローバル資本主義と軍事大国・日本が並立する論理は何か」。グローバル資本は出自の国民国家との関係を希薄化するが，両者は「国家・ナショナリズム・覇権主義」の相対的自立性により並立する。具体的には2010年前後，軍事大国・日本は東アジア・西太平洋における対米従属的な日米共同覇権を成し遂げた。飯田会員コメント：①「1国資本主義論の視角は終焉した」との見解と本来資本主義経済は世界性を持っていることとの関係は？ ②軍事大国，覇権国家への志向の必然性は「国家の相対的自立性の論理」からは説明しきれない。報告者の回答：①おおむね20世紀末までは1国単位が基本的で，国際化は第2次的であったが，80〜90年代の過渡期を経たグローバル資本主義の下で1国資本主義論は有効性を失った。②国家の相対的自立性の概念を「ナショナリズム，覇権主義」まで拡張すれば説明可能。

フロアとの質疑応答：渋井康弘会員(名城大学)対米従属と軍事大国・覇権主義は両立しうるか。答：超大国の実力が低下し，同盟国が，対中国，対核開発国への対処という共通の利害を名目に東アジア，西太平洋で大きな経済力を基礎に従属的共同覇権の成立は可能。前原正美会員(東洋学園大学)軍事大国・日本への対抗戦略は？ 答)憲法前文，第9条の理念にもとづいて，平和大国への政策体系を示すこと，それは多くの国民の心をとらえうる。竹内たかお会員：生産力の発展で資本主義は新段階を画するか。答：生産力の発展がICT革命という質的変化を伴い，出自の国を超えたグローバル資本が支配的となっているので，新段階と規定しうる。

■ 3. 八尾信光(鹿児島国際大学・名誉)「21世紀における社会経済学の課題」

コメンテーター：柴垣和夫(東京大学・名誉)

要旨：1850〜2015年における各国の実質経済規模PPPGDPの増大過程・14の先進国での経済変動過程・12の人口大国での実質平均所得PPPPC，世界各地域のPPPGDPが世界に占める割合，従来の先進諸国と新興諸国でのPPPPC，両地域のPPPGDP増大過程，国連推計で見た2100年までの人口動態などを図示し，先進諸国が1960年以降高成長から低成長に向かったのに対し，それを総平均で数十年遅れて追い上げている新興諸国は2050年までに世界経済の約8割を占める，世界各国で順次実現されつつある高度の富裕化を基礎に，誰もが人間らしく働き生活できる社会の形成(と，そのための国内外の諸分野での民主主義拡充の取組み)に努めれば，世界は市民たちが中心の協働連合社会に近づいていくとした。

質疑応答：柴垣和夫会員「市民」とは何か？ など。答：現代社会の下で主権者としての地位を確立しつつある人々。藤岡惇会員(立命館大)①1980年代以降の格差再拡大は世界で最も豊かな8人の総資産が下位37億人の総資産額に匹敵するに至ったが？ ②1945年以降の「修正資本主義」をどう見るか？ ③1980年代以降の欧州型と英米(日本)型資本主義の違い，国家の役割の違いをどう見るか？ 答：①大問題で，是正の努力が不可欠だが，報告資料で示した南北格差の縮小傾向や，為替相場換算による国際比較の問題点も考慮すべき，②戦後の「修正資本主義」が，大恐慌を生んだマネーの暴走への反省によると見ることに賛成，③北欧・西欧の国々は福祉国家の形成に向けた長い歴史を持つが，英米国は後発国や新興国の追い上げで経済的威信を傷つけられたので市場原理主義が強く現れたのでは。竹内たかお会員「ゼロ成長に向かう」とされるが，生産力は発展しなくなるのか？ 答：長期趨勢から見てどの国も早晩ゼロ成長に向かうが，技術革新や生産性の向上は続く。今後は環境や労働と生活の改善に向けた分野の経済活動に重点を移せば，ゼロ成長になっても人間社会の福祉は増大する。

第12分科会：「資本・労働・賃金」報告

姉歯 曉 | 駒澤大学

■ 1. 子島喜久会員(さいたま市消防局)の報告「消防職員の労働賃金について」の概要は以下の通りである。

消防職員の労働賃金の実態は，改正地方公務員法によりNPMの一要素である市場原理の導入で職務給を再構築し，従来からの職務等級を基礎にした査定賃金である。また，地方公務員の労働条件の一般的性格に加えて，消防職員の特殊労働条件が特別権力関係というヒエラルキーに基づいたものであり，しかも労働基本権から無保護な状態におかれているため，経済の緊縮政策と合理化推進と賃金圧縮のもとで生計費の縮減が強められている。

報告者はこれに対して，経済学史と『資本論』の生存費説を論拠にして『資本論』における歴史的な精神的な要素を限界生存費説と規定し，これを特殊消防職員の労働条件に適合し，特殊熟練労働を機軸にしつつ，かつて生活給と勤続給を保障していた電算型賃金体系の中心をなしていた年功制賃金を適用させることを提起した。

報告に対して，姉歯曉会員(駒澤大学)からは①「生存費＝労働力の再生産費」の証明と生活賃金への「是正」との繋がりが不明確。②「国家公務員及び地方公務員の現時点までの問題点」は，先行研究でほぼ整理はついているのであって，本報告の新規性はどこか，とのコメントが寄せられた。岩田佳久会員(東京経済大学)からは①消防士の賃金制度や人事評価システムの現状が市場原理主義的，新自由主義的という意味②消防にも非正規・民間委託が存在しているのか，との2点の質問が出された。金子ハルオ会員(都立大学(名)・大妻女子大学(名))からは①マルクスの「生存費説」を基本とするのであればラッサールの説とはそもそも異なる。②「理想的な，またはよりよい賃金形態」というものがありうるのか。「マーケットバスケット方式」がよりよい賃金形態とのことであるが，それは，賃金が労働力の価値以下に引き下げられているので，これを戻そうとするものではなかったのか，との質問が寄せられた。

■ 2. 佐藤隆会員(立命館大学)の報告「資本の増殖・変態・循環」の概要は以下の通りである。

資本の変態・循環・増殖という3つの運動規定の関係を確定し，資本がどのような運動を行なっているのかを明らかにするために資本の循環定式 G—W…P…W′—G′ はフローとストックに峻別され，ストックは G—P…W—G として，他方のフローは定式中に新規に付加される線分の重みとして表現されることを示した。フローの重みは，購買・生産・販売過程と，貨幣・生産・商品資本との3行3列の「資本の循環定式表」に記入することができる。この表は，その成分が変態を，列和が循環を，行列和が増殖を示していることを表したものである。増殖運動は循環運動によってその大きさを規定され，循環運動は複数の変態運動によってその大きさを規定される。すなわち，まず資本の変態運動が起こり，次にこの変態運動が購買・生産・販売過程を経ることによって資本の循環運動が引き起こされ，最終的に資本が増殖運動を行うのである。したがって，資本とは増殖を目指して循環する変態運動である。

報告に対して，守健二会員(東北大学)からは以下のコメントが寄せられた。佐藤報告は資本循環論の諸概念を厳密に再定義し論理の数式化を企図した研究である。その成否は，とくに従来の生産理論の体系への流通過程の編入を基礎づけるという意味で，数理マルクス経済学のレゾンデートルにかかわるだけに，今後の研究成果が大いに期待される。その上で，以下の4点について論旨の明確化が望まれる。①諸概念の定式化による再定義は自己目的とはなりえず，後の諸命題の論証のための準備作業と位置付けられるはずだが，今回の定義はどのような命題を念頭に置いて定式化されたものか。②報告者の論文では，ストック量，資産の集合という異なる二つの用法が存在するが「G」「P」「W」というノテーションの意味は？③添え字付きの「K」というノテーションは何を意味するのか。ストック量か，資産の集合か，あるいは個々の資産の名称か。さらに(1)報告者の「変態」の定義に従った場合の任意の「資本K」の「変態」の一意性の担保，(2)「資本K」と，それが3回「変態」することよって得られる「資本K」が同一であることの保証，④「資本K」の一循環における3つの「変態」は時間的に順次継起するはずだが，3つの「変態」における「増殖」の和が交換可能だとの主張の根拠。亀﨑澄夫会員(広島修道大学)からは①宇野の資本循環の図式と佐藤報告における循環の図式との関係性②資本の運動に要する「時間」について質問が寄せられた。

第13分科会：「中国の政治経済学②」(セット企画)報告

李幫喜 清華大学

■1. 余斌(中国社会科学院)「平均利潤率の傾向的低下の法則とその論争」は，平均利潤率の低下は二つの形態を想定出来，つまり，累進的に低下する形態では0を限度とするため資本の増加についても上限が存在する可能性があることと，平均利潤率が周期的に低下する形態では資本主義経済の周期性を表しているもので，マルクスの一般利潤率の低下の法則が剰余価値率の上昇や新たな固定資本の低下など，さらに広い範囲に適用可能であると主張した。

コメンテーターの鶴田満彦(中央大学・名誉)は，①余斌報告は利潤率低下法則の要点を把える上で過剰労働力が存在していても資本家は機械に対する投資を続けようとするという認識は，新古典派主義的技術選択を採らないという判断が示され，過去の利潤率の推定・計算において，技術進歩に伴う既存資本の価値破壊を考慮すべきだという一貫した主張にもとづいて，「帳簿価額が再調達原価より多い部分については，損失分として利潤率を計算する分子から差し引くことも必要」といっているのは重要だと思われる，②利潤率低下をめぐる論争の中で，余斌氏は所謂「置塩定理」(1961)に言及してはいるが，置塩の著書を直接引用して「置塩定理」を本格的に批判していない。置塩は2000年にCJEに発表した論文に，実質賃金率が資本家間競争の影響を受けて変化するとき，もしこの過程で技術進歩が生じないならば，資本家間の競争は利潤ゼロの状態をもたらすであろうと主張し，シミュレーションで証明した。この置塩最後の論文は，「置塩定理」とどのような関係をもつのか，読んだ上で是非考えて欲しいとコメントした。

会場から，宮田惟史(駒澤大学)は，報告者は始めにマルクスの一般的利潤率の傾向的低下法則について『資本論』第3部第3篇第13～14章の内容に基づき要約を行っていたが，「法則の内的諸矛盾の展開」とされる第15章についての言及がなかった，第15章でマルクスは長期法則としてだけでなく，恐慌をもたらす法則としても論じるが，この点について報告者はどのようにお考えか，と質問した。

■2. 王生升(清華大学)「周期的更迭か，それとも歴史的超越か：世界体系の変遷から「一帯一路」の歴史的位置付けを考察する」〔李幫喜(清華大学)との共著〕は，マルクスの社会総資本に関する矛盾的運動理論を世界システムの歴史的変遷に関する分析に適用し，資本主義システムにおける蓄積循環の内在的ロジックを明らかにした上で，中国の特色のある社会主義的市場経済の実践的特徴を念頭に置き，「一帯一路」構想の歴史的位置付けを「資本主義システムでの蓄積循環を歴史的に超越し，真の平等互恵を実現する包容的な発展」として，より精確に把握しようとするものである。

コメンテーターの渡辺雅男(一橋大学・名誉)は，世界システム論(ジョバンニ・アリギ)の紹介とその理論的枠組みを語る前半部分と「一帯一路」構想を語る後半部分とが上手く繋がっていないという印象を感じたが，それは研究の出発段階になることの証かもしれない，社会主義的要素を社会や国際関係の中にどのようにして認めるかが問われているのではないかとコメントした。

■3. 李暁魁(中国社会科学院)「中国のマルクス経済学研究：回顧と現状」〔薛宇峰(雲南財経大学)との共著〕は，中国におけるマルクス経済学の歴史発展とその脈絡，マルクス経済学における3つの学派(つまり，正統派マルクス経済学学派，新マルクス経済学総合学派，建国門学派)，マルクス経済学研究の現状と展望について報告を行った。

コメンテーターの渡辺雅男(一橋大学・名誉)は，せっかくの機会なので各学派の中心人物に状況を説明して貰おうとし，邱海平(中国人民大学)，余斌(中国社会科学院)，魏旭(吉林財経大学)にコメントを求めることにした。

三氏は中国のマルクス経済学の事情を補足情報として付け加え，中国におけるマルクス経済学学派の分け方について多種多様な「説」が存在するが，正統派の重鎮は中国人民大学にあることは誰からも異議がないと言える。その他の学派の分け方は統一的な見解にはまだなっていないのも事実である。

邱海平は今回の訪日団の団長として今回の「中国の政治経済学」分科会の設置に感謝の意を述べ，今後経済理論学会の皆様と一層の交流を交わしていきたいと締め括った。

第14分科会：English Session [3] "Varieties of Capitalism, Social Norms and Regulation" 報告

植村博恭 横浜国立大学

■ 1. Pascal Petit (University of Paris 13, France) "Towards a Modern Capitalism Number 2: Can Global Capitalism Take a Sustainable Path?" は，完全雇用政策を軸とする「現代資本主義No.1」，すなわち「フォーディズム」から，新自由主義の危機以降の時期の「現代資本主義No.2」への転換を展望し，政体 (polity)，政策 (policies)，政治 (politics) の三次元の観点から改革戦略を提起している。特に，EUにおいては，環境政策と共通技術政策の領域において，地域的レベル，国民国家的レベル，国際的レベルにおいて持続可能な成長のための新しい合意を形成することが重要である点が強調された。Prapimphan Chiengkul (Thammasat University) から，その政策を遂行するのはいかなる政策主体か，また多様な調整のレベルに対する多国籍企業の影響をどうみるかとの質問があった。

■ 2. Lei Song (Peking University, China) "Business-Government Relations, Mode of Production and the Diversity of East Asian Capitalism" は，東アジア資本主義のおける産業政策に関する議論を念頭におき，企業合理化政策が中国において十分に導入されていない問題について分析している。特に，中国においては，国家政策において構造政策は行われているものの企業合理化政策の役割に対する認識が弱く，呉敬連などの競争政策に関する理解を例外として，概して進化経済学的認識が希薄である点が指摘されている。八木紀一郎 (摂南大学) からは，青木昌彦が呉敬連教授と共同研究を行いつつインサイダー・コントロールの問題を指摘していたのではないかとの指摘があり，植村博恭 (横浜国立大学) からは進化経済学の理解不足だけでなく，既得権益の実態が影響しているのではないかとの質問があった。

■ 3. Hiroyuki Uni (Kyoto University, Japan) "John R. Commons's Criticism of Classical Economics" は，J. R. Commonsの1927年の草稿をもとに，その理論的な特徴と発展を紹介し，その古典派経済学に対する批判のエッセンスを総括的に検討するものである。特に，古典派経済学おいては，希少性，貨幣所有，摩擦と異質性の観点が欠如しているとの批判が紹介された。さらに「専有的希少性 (propriety scarcity)」，「多重因果連関 (multiple causation)」を伴った価値論，「交渉取引 (bargaining transaction)」「管理取引 (managerial transaction)」「司法的取引 (judicial transaction)」という3つの取引の概念などが検討され，Commons理論の独自性が説明された。David Harvey (New York City University) からJ. R. CommonsとK. Marxの価値概念の相違について質問がなされた。

■ 4. Pauline Debanes (EHESS, France) "Government as Both a General and a Limited Partner – Political Economy of the Financialization of Startup Promotion Policies in Korea" は，金融グローバリゼーションのもとでの韓国の「金融主導型蓄積体制 (finance-dominated accumulation regime)」における「国家–金融ネクサス (state-finance nexus)」による企業金融について分析したものである。特に，ベンチャー・キャピタル産業における国家に誘導された金融と企業のスタートアップの促進，それによる「漸進的制度変化 (gradual institutional change)」を分析し，「国家–金融ネクサス」における新しい補完性の可能性を検討している。Kan-Koo Lee (立命大学) からは，補完性を問題とするとき金融資本が内包するリスクに注意する必要があるとの指摘があった。

■ 5. Hironori Tohyama (Shizuoka University, Japan), Yuji Harada (Setsunan University, Japan) and Hiroyasu Uemura (Yokohama National University, Japan) "Varieties of Capitalism and Civic Social Preference: The Régulation Theory and S. Bowles' *The Moral Economy*" は，レギュラシオン理論の枠組みにS. Bowlesが提起した「市民的な社会的選好 (civic social preference)」の分析を統合することによって，多様な資本主義における「信頼 (trust)」の多様性及びアジア資本主義における所得再分配に影響を与える社会的選好の性質を分析している。特に，アジアにおいては普遍的な制度化された信頼と共同体的信頼とが共存し，そのもとで社会的選好が利己的動機によってクラウディングアウトされる可能性と説明された。Pascal Petit (University of Paris 13) から社会的選好と成長体制の動態との関連について質問があった。

第15分科会：English Session[4] "Labour, Value and Money" 報告

西部　忠 | 専修大学

The theme of the session is "Labour, Value and Money". We were supposed to have the following five presentations in the session, but only two Japanese presenters, 3. Okada and 5. Nishibe, attended. I had no information and explanation why other three didn't show up. They should be responsible for their absences and have let me know their situations in advance or at least ex post facto if they couldn't attend.

1. Jie Meng (Fudan University, China), and Jinhua Feng (Shanghai University of Finance and Economics, China) "The reduction of complex labor and the determination of product value: A theoretical and mathematical analysis"
2. Niels Albertsen (Aarhus School of Architecture, Denmark) "Equivalence, commensurability, value. Three arguments of commensurability in the beginning of *Capital* and their impact on Marxist (critique of) political economy"
3. Motohiro Okada (Konan University) "Friedrich von Wieser on Labour"
4. C. Saratchand (Satyawati College, University of Delhi, India) "Value, Money and Imperialism"
5. Makoto Nishibe (Senshu University) "The property of modern money as self-fulfillment of ideas"

The abstract of two presentations are as follows.

3. Motohiro Okada　岡田元浩（甲南大学）

This study examines Wieser's thoughts on labour. In doing so, it illuminates his perceptive insights into related issues and their conflict with his neoclassical theory. In his early writings, Wieser presented an Austrian theory of attribution that concluded that the value of labour, as well as the value of capital and land services, is determined based on its marginal productivity, and so is wages as well as interest and rent, although he perceived particular characteristics of labour relating to worker subjectivity. In his later works, with increased interest in sociology, Wieser focused on the leader-masses relationship and offered critical observations on the industrial relations in big business-dominated capitalism. However, they were at variance with his neoclassicist theory. Despite his subjectivist approach, he failed to perceive the distinctiveness of capitalistic labour exchange arising from worker subjectivity towards labour performance and employer countermeasures. Thus, Wieser's views vividly illustrate the features and limitations of the attitude towards labour shared by early neoclassical economists.

5. Makoto Nishibe　西部　忠（専修大学）

This paper provides a new way of understanding modern money and markets by stressing their self-fulfilling/self-destructive properties as institutions from evolutionary perspectives. In contrast to an unrealistic view of the neoclassical general equilibrium theory that models the price mechanism of a "concentrated market" without using money, presented here is an alternative theory of markets on how a realistic "dispersive market" using a stock of money and inventory as buffers can work as a multilayered price-quantitative adjustment system. The central features of modern sovereign moneys seen in inconvertible IOUs of central banknotes can be depicted as "The Emperor's New Clothes" that correspond to the U.S. dollar and the Euro void of their own value. The image captures such characteristics of national currencies as "self-fulfilling ideas" by the inertia of conventions in the past and expectations of an uncertain future. Both ideas normally make money more acceptable and circulative so that its value can become more stable unless expectations for the future turn very pessimistic. The same logic also applies to such other currencies as Bitcoin and community currencies. Their recent diffusion has shown that Hayek's idea of denationalization of money and competition between multiple currencies in terms of its qualities become more relevant under current situations.

第16分科会：「『資本論』関連②」（共通論題関連分科会）報告

田中英明 滋賀大学

■ 1. 尾﨑裕太会員(無所属)「マルクスの弁証法——マルクスの思想の一貫性はいかに示されるべきか」の目的は，法的理念に基づく「主述転倒」論(「法哲学批判」)，資本理念に基づく「商品生産の所有法則の資本主義的取得法則への転回」(『資本論』)，そして「法哲学批判」から『資本論』への移行，の3点が同一の原理(弁証法)に基づいていることを明らかにすることによって，マルクスの思想が弁証法によって一貫していることを示すことであった。報告の平易化を図るため，概念図を用いて，(1)理念と非理性的理念の概説，(2)ヘーゲル哲学体系とその破綻，(3)フォイエルバッハの「主述転倒」論とその破綻，(4)マルクスの「主述転倒」論，(5)『資本論』の「転回」論，そして(6)非理性的理念(資本)から理性的理念(アソシエーション)が説明された。

今井裕之会員(玉川大学・非)からは，「本質的矛盾」と「現象的矛盾」との関係を媒介する「資本と資本家の矛盾」について，また商品生産の所有法則の仮象性について，清水徹朗氏(非会員)からは，マルクスの学位論文との関係や，エンゲルス「自然弁証法」の位置づけについて，隅田聡一郎会員(一橋大学・院)からは，ヘーゲルの弁証法を『資本論』に読み込むことの理論的生産性について，また『資本論』が「本源的蓄積」を前提としていることに関連して歴史と弁証法との関係について，質問がなされた。

■ 2. 江原慶会員(大分大学)「資本概念の現在」は，2008年の金融危機以後，とりわけマルクス派の諸論者の間で活発化しつつある資本概念をめぐる研究に関するものである。マルクス経済学の資本概念は，従来，『資本論』第1巻ベースの搾取論と結びつけられ，社会的再生産のシステム全体と不可分のものとして論じられてきたが，近年の研究は，流通あるいは市場の部面において，資本の概念を捉えようとするものが多い。ただし，それらの研究はかなり多様化している。本報告では，D.ハーヴェイ『資本の〈謎〉』や大谷禎之介『マルクスの利子生み資本論』などが，『資本論』を参照軸にしながら検討された。その上で，資本概念は，バランスシートの発想を抽象化して借りつつ，商品と貨幣という2つの価値の姿態を変換させる活動の元手として，資産商品とは区別して捉える必要があるとされた。

コメンテーターの隅田聡一郎会員は，報告者が「利子生み資本」を資本概念の延長線上で捉え直し，出資関係を射程に入れた資本の運動を「姿態変換」として把握する必要性を強調したのに対し，原理的に資本を「自己増殖する価値」と定義したとしても，たんなる金融資産と(現実)資本を区別することはできると指摘した。また，今井裕之会員は，価値増殖概念や貨幣取扱資本概念について，佐藤滋正会員(無所属)は，所有概念と帝国主義論との関係について，尾崎全紀会員(無所属)は，「利子生み資本」論と姿態変換の関係について，質問した。竹永進会員(大東文化大学)は，貨幣の増加と価値の増殖を区別する観点はマルクスにはないのではないかと指摘した。

■ 3. 後藤康夫会員(福島大学)「ポスト冷戦・21世紀の生産力展開と世界編成，そして展望——五味久壽編『岩田弘遺稿集』が提起するもの」は，1960年代の冷戦体制を分析し一大潮流を創り上げた2人の同世代人(南克己「冷戦帝国主義」，岩田弘「世界資本主義」)が，ポスト冷戦に入ってからも，ともに機械制大工業を超える情報・ネット革命に注目し，グローバルな編成と変革像を提起しており，そこから学ぶことは生産的であると問題関心を述べ，報告者の『遺稿集』書評(本誌54巻3号)をもとに，岩田の提起を①地域コミュニティ集積産業としてのシリコンバレー産業を起動力とする米中結合グローバル資本主義，②私有とピラミッド支配に代わる並列・分散・ネットワークの新たな編成原理，③生産と生活のコミュニティ主義としてのコミュニズム，の3点に整理し，「歴史認識としての経済学」の本領発揮と評価した。そしてネグリやハーヴェイ，ジジェクの提起と切り結び，グローバルな討論を始めようと呼びかけた。

コメンテーターの五味久壽会員(立正大学・名)は，報告者が理論的系譜の異なる『岩田弘遺稿集』に対して共感をもって読み込んでいることを賞した上で，米中「新資本主義」の基軸概念・コミュニティと報告者の重視する個人との関係について質した。また，田中裕之会員(立正大学・非)からは，情報技術の進展の中で個人の位置が高まっていることの社会的運動における意味や，IOTの普及の進む中国の経済的影響力について，長島誠一会員(東京経済大学・名)からは，階級・個人・コミュニティの相互関係と，「21世紀資本主義」の総括的な規定について，質問がなされた。

第17分科会：「『帝国主義論』関連」（共通論題関連分科会）報告

森岡真史 立命館大学

■1. まず，後藤宣代会員の報告「革命ロシアの女性・社会解放論——マルクスと同時代人・チェルヌィシェフスキー（前史）からレーニンとともに実践者・コロンタイ（本史）へ」は，ロシア革命100周年にあたり，二人の理論と実践が与えた世界史的インパクトについて論じた。二人の関係は，19世紀のチェルヌィシェフスキーはユートピア小説の形で革命後の社会を構想し，20世紀のコロンタイはロシア10月革命のなかで，この構想の実践を試みたと言える。コロンタイは，1960年代以降，米国の第二波フェミニズム運動のなかで再評価されており，資本制と家父長制との関係・批判，女性の自己決定権，家族制度廃止論，そして女性と子どもの社会的保障制度に関する見解はきわめて先駆的であり，21世紀の現代においても大いに汲み取るべきと主張した。

討論者の日臺健雄会員はスターリンの家父長的性格について，森岡真史会員は，ブルジョア・フェミニズムに対するマルクス主義フェミニズムの独自性について，尾崎全紀氏はコロンタイ研究が日本で活発でない理由について，それぞれ質問した。報告者は，質問への応答で，(1)スターリンをはじめ当時の男性ボリシェビキには家父長的な思想と行動が見られた，(2)ブルジョア・フェミニズムが主として女性参政権を掲げたのに対して，マルクス主義フェミニズムは階級解放と女性解放の二つを基軸にした，(3)コロンタイ研究には，マルクス主義，ロシア社会，フェミニズム，これら三者の理解が必要であり，その点で水田珠枝『女性解放思想の歩み』（1973年）における評価は大いに参考になる，と述べた。

■2. 次に，日臺会員の報告「ブハーリンによる国家資本主義論の検討」では，レーニンの帝国主義論形成に影響を与えたブハーリンの経済理論について，国家資本主義論に焦点を当てて検討がなされた。そこでは，国家資本主義概念を用いてロシアや中国など新興国の経済発展を分析する研究がみられるが，それらはヒルファディングからブハーリン，レーニンを経て日本の尾崎彦朔らに至る国家資本主義論の理論的な系譜をほとんど踏まえていないとした上で，ブハーリンの国家資本主義論について，レーニンの国家資本主義論と比較しつつ，時系列に沿って理論的な発展過程を示した。

討論者の岡部洋實会員からは，(1)「国家資本主義」概念の論者ごとの異同を明確化する必要，(2)レーニンに対するブハーリンの理論的影響の大きさと継承関係，(3)ブハーリンが第一次世界大戦前後の資本主義経済に見出した統制的側面に関する報告者の歴史認識，についてコメント・質問がなされた。内山昭会員からは戦後のソ連・東欧を国家資本主義と位置付けるかどうかについて，大西広会員からは中村静治氏による国家資本主義論への評価について，長島誠一会員からは現代資本主義を国家独占資本主義とみる理論への見解について，新田滋会員からは国家と企業が一体となって世界市場の競争戦を行う主体として「国家資本主義トラスト」概念を用いることの有効性について，保住敏彦会員からはポロックによる国家資本主義論の評価について，それぞれ質問がなされた。

■3. 最後に，大西会員の報告「『帝国主義論』と米中の覇権交代」では，1980年代以来の諸著作の要約の形で3つのことが論じられた。具体的には，第一に，世界資本主義が不均等発展していること。これは今に始まったのではなく1980年代に始まっているが，当時に途上国の成長を主張するのには困難があった。しかし，レーニンは『帝国主義論』において資本の少ない途上国における高利潤率が先進国からの資本を導き入れて成長率を高めると主張された。第二に，以上の結果として各国独占資本の利害代表としての各国政府が世界の再分割で闘っていること。これは過去には先進諸国間の貿易摩擦の形で現れ，その後，実際の軍事紛争を伴いながら，AIIBの設立・発展という形で現在進行している。これらは世界の経済バランスが政治バランスを決定するという唯物論テーゼの一部を構成するとされた。第三に，後発帝国主義同盟の盟主としての中国への覇権の交代がトランプ政権の登場で加速しようとしていること。この交代には，AIIB設立の過程での米日の主張の非合理性，米国の保護主義による企業家の米国離れ，米国人権外交の終焉，米国のパリ協定からの離脱，弱体化した経済力に代わり軍事依存を強める米国外交（今回の朝鮮危機も）といった米国のイデオロギー的優位性の喪失も作用している。さらに，これらが生産力の低下とその帰結としての労働者のrevoltによってもたらされていることも主張された。

討論者の萩原伸次郎会員からは，(1)中国の帝国主義はアメリカのような帝国主義とは違うのではないか，(2)トランプの反保護主義政策は金融中心主義的なものに転換するのではないか，との意見が提起され，討議が行われた。

第18分科会：「現代帝国主義」（セット企画）報告

簑輪明子 名城大学

　第18分科会「現代帝国主義」は，グローバル経済化及び国際的な武力紛争の中で，現代でこそ，覇権国家による国際秩序支配と資本主義の関係を問う必要があろうとの問題意識で企画されたものである。内容としては，現代帝国主義の経済的基礎をなす，現代資本主義の蓄積構造の現状分析がテーマとなった。

■1. 原田樹「フィリピンにおける競争法成立の政治的経済的意義」

　フィリピンにおいて，財閥資本の政治的妨害により未成立であった，市場独占を規制する競争法が2015年に制定された。原報告では，フィリピンで競争法が成立した背景として，外的・内的な政治経済的条件の成熟があることを指摘した。外的条件としてあげられたのは，フィリピンのASEAN経済共同体（ACE）への参加である。競争政策の整備はACEの参加条件となっており，実態的にもフィリピンの大資本も海外投資を進めていることから，競争法への同意が形成されつつあったという。他方，内的には，アキノ政権の政策によって，経済的政治的条件が整ったことが大きいという。アキノ政権は高成長による失業減やセーフティネット整備，中小企業振興と貧困層の雇用創出政策などを行っており，競争法に反対する組織労働者や資本家の声を和らげる経済環境と政策がアキノ政権下で整ったこと，競争政策制定に向けた中小企業家や革新的政治家のイニシアティブなどがあげられた。競争法は自由化や競争促進をもたらすため，新自由主義的な側面があるとはいえ，伝統的支配層の解体というフィリピン的文脈では革新的な性格を持ちあわせているのではないかと指摘した。討論では，アキノ政権の性格が主として議論された。大屋定晴氏は，①競争法による地場産業育成が移民労働者の送り出し国としてのフィリピンを変えるのか，②アキノ政権はアメリカの国際秩序の枠内にいたが，「革新的政治」といえるのかとの疑問が示された。原氏は，競争法によって国内産業形成の余地がつくられるならば，移民大国としての位置は変化するだろうとする一方，アキノ政権は積極的再分配政策を行っており，革新的な性格があるとの見解が示された。

■2. 森原康仁「ソリューション・サービスの提供による超過利潤の獲得」

　近年の情報技術の発展はサービス部門の市場化をもたらした。森原報告では，IBM社の「生産者（起業者）サービス」の事業展開を事例に，巨大企業における超過利潤（差別化戦略）の新たな獲得形態が分析された。そこでは顧客に提供されたソリューション・サービスの中に，独自仕様のモジュールがいくつか埋め込まれることで，顧客との特殊な「結びつき」が獲得され，独占の確保がはかられている。その事業を通じて，受託企業に顧客特殊的・産業特殊的な暗黙知が集積されて「統合」され，受託企業組織の他部門に適用されることで，結果として独占利潤が確保されるようになるという。森原氏はIT産業の発展以降の資本主義をネットワーク型と捉える議論に対し，IBMの事例は統合を基調とする利潤確保の形態だと指摘した。討論では，統合的独占利潤形成の形態が，今後の資本主義の支配的蓄積モデルとなっていくのかという点が議論された。この論点は永田瞬氏から示されたが，森原氏は本報告で最も強調したかったのは，産業の製品特性に規定された特殊な競争条件の中でも，ある種の企業は別種の競争条件を創出する主体的な側面を持っている点だと述べ，現実の資本蓄積モデルが多様であること，及び多様性を生み出す根拠が示唆された。

■3. 柴田努「経済の金融化とコーポレート・ガバナンス」

　1990年代以降，日本企業の行動様式が株主や株価を一義的に重視するものに転換し，賃上げやリストラが横行している。その背景に経済の金融化があると指摘されてきたことは周知の通りである。柴田報告では，経済の金融化の文脈で日本企業の行動の変化を捉える通説に疑問を呈し，90年代のコーポレート・ガバナンス関連法制の変化とそのねらい，および非金融企業の分析を通じて，非金融企業の経営者が「株主価値重視経営」のスキームを利用して，賃金の引き下げなどを行って，資本蓄積構造の変化を図ろうとした結果，90年代以降の日本企業の行動に変化がみられたことを指摘した。討論では，柴田氏の解釈が持つ射程について議論された。二宮元氏からは経済の金融化論をとらない場合，企業行動に関する理解はどう変わるのかとの疑問が出された。柴田氏は，企業行動の理解は，現在の格差や貧困の責任をどこに求めるのかの理解に直結しており，それだけに問題解決に必要な対策の射程も変わってくる――必要なのは企業に対する規制なのか，株主や投資家に対する規制なのか――と応じた。このほか，日本の規制緩和におけるアメリカ側圧力の意味も討論された。

　総じて，本分科会で現代資本主義の蓄積構造の新たな局面と多様性が明らかになったといえよう。

第19分科会：「生産力と生産諸関係」報告

植村高久 山口大学

■1. 第1報告，塩見由梨（東京大・院）の「生産力の発展と資本蓄積の制約」は，複雑労働に関する議論であり，人間の労働が労働手段と労働対象の自然的・技術的に確定した反応を制御する能力である点に注目し，この能力の違いが標準的作業でも労働者ごとの生産性の差となると主張した。さらに，高い能力の労働者を得るために，資本が「募集」という方法を採用して，労働者どうしの質（能力）を競わせるとした。

コメンテーター・吉村信之（信州大）は，本報告に対し，6点にわたる疑問点を提起したが，主な点は①複雑労働と単純労働をどう扱うかで，報告者は『資本論』では単純労働は実際の労働としては想定されておらず，窮乏化論との関連で捉えられる。複雑労働は既存研究があるので扱わなかったと回答。「募集」の議論は賃金インセンティブだけにみえるとの疑問には，他の動機も検討したが理論化が困難なため除いたとする。

また，大坂洋（富山大）のこうした問題はエージェント・プリンシパル理論の蓄積があるとの指摘に対し，労働過程で生産性に着目した点は独自性があると回答。竹内たかお（無所属）は文献として挙がっているブレイヴァマン，熊沢，小池と本報告との関係を問うたが，報告は理論にとどまり，現実的な考察はしていないとした。また安田均（山形大）は熟練や集団的能力は労働者に属するとする本報告に対し，資本の下で初めて形成されるため資本に属するのではとの疑問が提起されたが，集団力はあくまで働く労働者に属すると回答された。

■2. 第2報告，枝松正行（都留文科大学）「サービスの消費的生産と生産的労働の歴史的規定――飯盛信男先生を悼みつつ，サービス論争の新地平を展望する」は故飯盛信男氏の主張について，生産的労働の本源的規定と歴史的規定の関連を「広義の経済学」から把握したとして再評価を試みたもの。生産的労働の歴史的規定は，資本の立場からは商品の所有権移転が可能な外的自然の限界までの対象化である Nutzeffekt の「生産的消費」（社会的・政治的・精神的生活手段も包む剰余価値生産）だが，労働者家族の立場からは外的自然への労働対象化による商品交換という「回り道」を通じた消費者自身の内的自然の変化である Dienst の「消費的生産」（人間の生産）の直前までの商品化だ。「広義の経済学」の新地平からみれば，生産的労働の歴史的規定は人間の力の発展と Leben の再生産を自己目的とする生産的労働規定への過渡形態となるとした。

コメンテーター・鈴木和雄（弘前大・名）は①対人サービス労働価値形成性の根拠を質したのに対し，報告者は価値形成性の根拠を「消費的生産」ではなく，一分子の自然素材が消滅する瞬間までの外的自然への対象化たる「生産的消費」であることとした。②サービス労働対象を労働手段と補助材料とするのは無理があるとし，飯盛氏の批判への回答も求めた。回答はサービス労働対象は固定資本と補助材料の減価償却・損耗部分だけと厳密に規定しており，労働手段と労働対象は明確に区別されると主張した。また，サービス労働対象不在説は飯盛・赤堀説の弱点であり，報告者はこの弱点を補強したとの理解を示した。

大坂洋（富山大）は生活過程は構造に入るか，ならば構造・上部構造の区分は何処にと問うたが，生活過程全体が構造・上部構造の両者に含まれるとの回答があった。海野八尋（暮らしの学際研究所）は下山房雄の労働力形成労働価値形成説との関連を質したが，家事サービスは価値形成しないと回答された。

■3. 第3報告，竹内たかお（無所属）「資本制の枠内での生産諸力発展と社会的諸関係」は，これまで資本制生産関係の枠内で，各時点の様相の特徴を捉えた名称での段階区分が様々に提示されてきたが，それらが生産力の発展とどう関係するかの解明を課題とする。すなわち，生産諸力の発展を，主として個別労働過程での①機械使用による工場での生産，②科学技術の利用による工程の構成，③外からの視点での労働の構成変え，④思考・情報交換・制御など知的過程のデジタルICT化，という生産性を上昇させるパターンの推移に着目して考察して，マルクスの唯物史観に言う'資本制の枠内での段階的な変容を，生産力の発展から導出する'という視角をかなりの範囲で検証し得たとする。

コメンテーター・海野八尋（暮らしの学際研究所）は，まず「生産力と生産関係」命題は論証すべき法則か，それとも作業仮説かと質したが，報告者は作業仮説だが妥当性はかなりの範囲で検証されたと回答。また，資本主義の枠内で説く意義はとの質問には，資本主義の変容では何が変容し社会がどう変化したかあきらかにしたいとの回答があった。加えて史実に関し縷々疑問点が呈されたが，議論は噛み合わなかった。

斉藤幸平（大阪市大）の利潤率傾向的低落法則と過剰資本との関係を問う質問に対し，利潤率低落は実証すべき問題，過剰資本は利子率の問題と回答された。

第20分科会：English Session[5] "Money and Finance" 報告

横川信治 | 武蔵大学

■ 1. Junji Tokunaga(Dokkyo University)は，"USD-denominated global financial intermediary by European banks and U. S. economy in the 2000s"と題して，2000年代におけるヨーロッパ銀行の信用仲介におけるアメリカドルの圧倒的優勢の原因について論じた。ヨーロッパの銀行はアメリカの金融市場で低利子の短期資金を調達し，債務証券を購入することによって利ザヤを稼いでいる。購入した債務証券を担保にアメリカのレポ市場で短期資金を調達し，さらに債務証券を購入することでレバレッジを上げ，高収益を得ていた。次の点でアメリカの影の銀行システム(SBS)が有利であったことが，ヨーロッパではなくアメリカのSBSが活動の場になった原因である。ヨーロッパではレポ市場が発展していない。アメリカドル建ての債務証券は連邦準備銀行の最後の貸し手機能によって救済される(と信じられていた)。

Alexander Zevin(City University of New York, USA)からアメリカの金融政策と中央銀行の政策について，Sergio Cámara Izquierdo (Universidad Autónoma Metropolitana-Azcapotzalco, México)からアメリカのSBSについての質問があり活発に議論された。

■ 2. Sergio Cámara Izquierdo(Universidad Autónoma Metropolitana-Azcapotzalco, México)は"Fictitious Capital: A Critical Appraisal of Marxism and a Marxian Proposal"と題して，擬制資本と利潤の関係を整理した。マルクスの擬制資本の定義は多様であり，また不明確である。資本価値の自己増殖の観点から，擬制資本を労働価値説および剰余価値論と統合的に理解可能である。このような観点から，生産資本，商業資本，銀行資本，証券資本の関係を整理し，剰余価値生産との関係で生産的，半寄生的，寄生的に分け，それぞれの剰余の源泉を明確にした。

■ 3. Will Brehm(Waseda Institute for Advanced Study)は"Education's Big Short: Betting against SLABS, Bubbles, and Human Capital Theory"と題して，アメリカの教育市場における学生ローンの問題を論じた。教育は労働生産性を上げ収入を増大させるという人的資本論の隆盛によって，1997年から20017年の間に私立大学の授業料は1.57倍に公立大学の授業料は2.37倍になったにもかかわらず，高等教育に対する需要は増大している。この間賃金は上昇しなかったので，その結果は1兆4500億ドルに上る政府学生ローンの残高の増大である。学生ローンに頼る卒業生の平均的なローン負債残高は3700ドルで利子率は6.8％である。これが深刻な問題を生み出している。一方では期待した所得の増大が得られなかった11％を超える債務者が滞納しており，他方では政府学生ローンの回収が民営化され学生ローンがSLABとして証券化され流通市場で投機の対象となっている。人的資本論に対する信仰が続く限り，学生ローンの残高の増大と滞納は続き，他方では証券市場でのSLABの値崩れが第2のサブプライムローン恐慌をもたらす可能性がある。

Halyna Semenyshyn(University of Kassel, Germany)からアメリカの高等教育制度の改革の可能性に関して，Junji Tokunagaから学生ローン証券化の推進者について質問があり活発に議論された。

■ 4. Halyna Semenyshyn(University of Kassel, Germany)は，"Marginalizing the German Savings Banks through the European Single Market"と題してヨーロッパ金融市場の統合過程におけるドイツの公的貯蓄銀行の危機について論じた。欧州委員会とヨーロッパ中央銀行は通貨統合を完成させるために資本市場同盟と，単一監督機構，単一決定機構，単一貯蓄保険機構を3本柱とする銀行同盟を進めている。銀行同盟が一般的にはEU圏の公的貯蓄銀行や協同銀行などの代替的銀行の存続を脅かしているが，ドイツの公的貯蓄銀行モデルにとっては脅威ではないとされている。しかしながら，単一貯蓄保険が導入され，銀行同盟がドイツの公的貯蓄銀行に独自の合同負債制度の放棄を迫ると，公的貯蓄銀行が崩壊する可能性がある。安定的な貯蓄銀行制度がなぜEUの銀行同盟の中で存続できないのか，超国籍的な金融規制政策形成過程においていかにすれば代替的な銀行制度存続できるかを論じた。

Alexander Zevinと横川信治が超国籍的な政策の下でどのような国別の政策がとれるかについて質問し，活発に議論された。

■ 5. Alexander Zevin(City University of New York, USA)は"City of London, Empire of Finance: What the Economist can tell us about the political economy of liberalism before after the First World War"と題して，第一次世界大戦前後のロンドンの金融中心地シティーと自由主義の関係を有名な

自由主義週刊誌『エコノミスト』との関係から論じた。ホブソンやレーニン，1980年代のジェントルマン資本主義が論じた帝国主義政策におけるシティーの役割についての疑問が生じている。この論文では，第一世界大戦前後の自由主義の変遷を振り返ることによって，シティーの役割を位置付ける。1902年のボーア戦争後に自由主義者であるホブソンや『エコノミスト』の編集長ハーストは金融に対する批判から，金融が国際的関係と平和を守るために貢献しているので擁護する必要があると考えを変えた。1906年には自由党が社会改革と政府の介入を公約して選挙で勝利をおさめると，シティーの金融業者はこの改革が投資家の信頼を損ね資本の逃避が起こると恐れ自由主義者と対立が生じた。1916年に『エコノミスト』の反戦主義的な編集長ハーストが保守派の『タイムズ』の愛国主義的なキャンペーンで解雇され，自由主義的な『エコノミスト』は危機に落ちたが，終戦後『エコノミスト』もそれが支持した自由主義的な課税，財政・金融政策，金本位制などの政策も復活し，強化された。

第21分科会：English Session [6] "Political Economy and Socio-Economic Policies" 報告

原田裕治 | 摂南大学

■ 1. Benjamin King (Rangsit University, Thailand) "G. A. Cohen's Normative Turn: Revisited and Defended" は，分析的マルクス主義の論者として知られるG. A. Cohenの主張を再検討するものであった。Cohenは，労働者階級による革命および生産的富裕の不可避性と，それらが分配的正義の問題を解消し高度な共産主義社会で特定形態の平等性を実現するというマルクス主義の主張を否定する。その根拠は，一方で資本の超国家的な特性によって，労働者のいかなるグループも社会変革の力とモチベーションをもつことができないことに，他方で理想的な消費レベルを満足させる人間の能力には生態的な制約があり，予見可能な未来において，富裕の不可避性はありそうにないことに求められる。Cohenがこのような議論を展開して20年以上が経つが，この報告は，企業が国境を超えた性格を帯びるのに対して，労働者階級では国際的な連帯が生じづらいこと，また自然環境の制約によって富裕が無制限に拡大する可能性が低いことを根拠に，Cohenの議論が現在も擁護しうるものであることを主張した。

報告に対して，Pascal Petit氏 (Université Paris 13, France) からは，共産主義社会においてはすべての成員が自ら必要とするものを消費するはずという前提で立てられる問題を組み直すことの必要性が指摘された。また松井暁氏 (専修大学) からは，マルクスが提起したのは平等主義ではなく社会主義であったこと，生産力は生産量としてではなく生産性として捉えるべきであることが指摘された。さらに深貝保則氏 (横浜国立大学) からは，格差の解消後に訪れる「ありうべき未来」について質問があった。

■ 2. Chika Miyata (Yokohama National University) "Reconsidering the Relation between Social Norms and the Subject; Contradictory Consciousness in the Everyday Life of the Poor in the UK" は，イギリスでの貧困層の状況を念頭に置きつつ，主体と社会的ノルムとの関係を理論的に検討するものであった。主体と社会構造の関係については，貧困研究において長年議論されてきたが，社会的排除にかんする近年の研究では，社会的認識や社会的ノルムといった社会構造の非物質的側面と，それが貧困の個々人に与える影響に焦点が当てられる。例えば，フーコーの考えを継承する論者は，底辺に位置するグループが自己責任という社会的ノルムをいかにして内部化するかを分析する。しかしこうした議論はノルムの外部に位置する主体について十分に理論化してこなかった。実際には多くの場合，貧困にかんする社会的認識は，個々人の実際の状況と異なるものである。例えば，貧困者は，不安定就業に苦しんでいるのに，社会では貧困者が「たかり屋」とか「怠け者」とかと決めつけられる。こうしたことは，制度化されたノルムの外側にある主体の生産という形で矛盾した意識に結びつく。報告では，特定の社会的ノルムの下で，個人主体がそのような矛盾した意識をどのようにしてもつに至るのかを理論的に分析するために，マルクスの生活過程の概念を用いることが主張された。

報告に対して，深貝保則氏 (横浜国立大学) からは，様々な経路で形成されるとする社会規範と意識の関係について，またKostiantyn Ovsiannikov氏 (University of Tsukuba) からは資本主義や「客観的世界」の捉え方にかんするフーコーとマルクスの違いについて質問があった。

■ 3. Kostiantyn Ovsiannikov (University of Tsukuba) "Impact of Shareholder-Value Pursuit on Labor Policies at Japanese Joint-Stock Companies: Case of Nikkei Index 400" では，日本企業における株主価値の追求が，上場企業における雇用政策にどのような影響を与えるかについて，実証的に分析するものであった。日本では2000年代以降企業統治にかんする一連の立法が行われ，株主権利の拡大が志向された。またJPX日経インデックス400の創設といった変化も投資家に好意的なものであった。これらの変化が企業と労働者の関係にどのような影響を与えたかが主題とされた。報告は，まず日本における労働規制の緩和と企業統治制度の変化について概観した。次にこれらの変化に対して制度補完性の概念を適用し，両者の連関を理論的に考察した後に，日本の上場企業における株主価値の追求が雇用政策にどのような影響を与えるのかについて計量経済学の手法を用いて検証を行った。そうした分析で得られた結果のひとつは，外国人株主の比率が高いほど非正規従業員の雇用比率が高くなるというものであった。

報告に対して，Pascal Petit氏 (Université Paris 13, France) からは，非正規雇用に対する外国人株主比率の影響などの関係は産業部門ごとに異なる可能性があり，産業ごとの推計の必要性が指摘された。また横田宏樹氏 (旭川大学) からは，株主価値追求型の企業統治と利害関係者利益追求型のそれとの違いが非正規従業員への労働政策に対して与える影響ついて質問があった。

第22分科会：English Session[7] "Developing Economies"

Richard Westra 名古屋大学 &
植村博恭 横浜国立大学

■ 1. Jingjing Meng（Beijing University of Posts and Telecommunications, China）"Technological Advancement, Economic Upgrading and the Labor Market in China: An Analysis Based on the Provincial-level Data"は，中国における省レベルのデータを用いて技術進歩と労働市場の変化を分析し，中国東部，中部，西部，北部など各地域の賃金構造とその変化を説明するものである。特に，各地域の名目賃金水準が基礎的消費水準，生産性上昇率，インフレーション，教育水準，1人当たりのGDPなどにいかに影響を受けるか統計的に確認している。R. Westra（名古屋大学）からは，中国における賃金決定が利潤先決の資本支配型であるか否か，都市化に伴う都市への人口移動を重視する必要はないかとの質問がなされた。また，植村博恭（横浜国立大学）から中国における労働市場と賃金決定制度の地域的相違について質問があった。

■ 2. Prapimphan Chiengkul（Thammasat University, Thailand）"Sustainably Extractive and Creatively Unequal: A Critique of Thailand's Schizophrenic Capitalist Economy 4.0"は，タイにおける「中所得国の罠（middle income trap）」から離脱することを目指す「新しい発展モデル（new development model）」を分析し，それが必ずしも労働者や市民を保護する政策とは言えず，経済的権力の集中と社会的コンフリクトの増大をもたらすものであることを示すものである。したがって，その経済政策は新しい経済モデルであるとはいえないと結論づけている。これに対して，Jingjing Meng（Beijing University of Posts and Telecommunications）から政策形成のさいにいかなる社会グループが支配的／被支配的かとの質問があり，またPauline Debanes（EHESS）から多国籍企業の支配に伴う「権威的新自由主義（authoritarian neo-liberalism）」についての指摘があった。

■ 3. Imelda M. J. Sianipar（Universitas Kristen Indonesia, Indonesia）"Globalisation, Neoliberalism and Inequality in Indonesia"は，グローバリゼーションのもとで，インドネシアのジャコ・ウィドド（Jako widodo）政権が示しているポピュリズムの市場志向的性格を分析するものである。特に，インドネシアにおいては，ポピュリズムとネオ・リベラリズムが対立的ではなく，むしろ両立可能なかたちで展開している点を指摘している。さらに，その政策の結果，失業率が上昇するとともに，地方の貧困率が上昇し，そのためジニ係数も上昇している点が強調された。これに対して，植村博恭（横浜国立大学）から，各国のポピュリズムの性格の多様性に関する比較分析はきわめて重要で魅力的な研究であるとの指摘がなされた。

なお，本分科会のプログラムに掲載された次の報告は，発表者の欠席のため未報告となった。

- Soumya Sengupta（Panskura Banamali College, India）and Sugata Sen（Panskura Banamali College, India）"Neo-liberal Globalization and Caste Based Exclusion in India-Nature, Dimension and Policy: A Study through Genetic Algorithm and Bio-informatics"
- Deepak Kumar（Yokohama National University, Japan）"Agrarian Crisis and Marx's Theory of Rent: A Case Study of Rural India"
- Nura Iro Maaji（Bayero University, Nigeria）"Capitalism and Agriculture in Nigeria: A Study of the Proletarianization of the Peasantry in Kuralocal"
- Bhola Khan（Yobe State University, Nigeria）"Impact of Subsidy Removal on Oil Production and Revenue in Nigeria"
- M. S. H. Sarker（Bangladesh Rural Development Board（BRDB）, Bangladesh）and M. Mizanur Rahman Sarker（Sher-e-Bangla Agricultural University, Bangladesh）"Regional Level Spatial Modeling of Child Labor in South Asia: Evidence from Bangladesh"

経済理論学会
2017年度会務報告

代表幹事

I 会員総会

　2017年度の会員総会は，2017年10月28日16時00分から約1時間，中央大学多摩キャンパス8号館8303教室を会場として開催された。議長として姉歯 曉幹事と松尾 匡幹事が選出され，審議および報告事項の提案・説明は河村哲二代表幹事と担当の幹事・会員によって行われた。

　1. 代表幹事によって会務報告が行われ，会員動向，第65回大会および次回第66回大会，マルクス記念イベント・創立60周年記念事業などについて報告が行われた。また本学会が重点的に取り組む課題として，厳しさを増す学会財務状況の改善策を講じる必要性が提起された。

　2. 代表幹事より問題別分科会の設立につき説明がなされ，「問題別分科会（常設）運用細則」が承認された。

　3. 代表幹事よりラウトレッジ国際賞の契約延長について提案があり，承認された。

　4. 『資本論』・マルクス記念事業の進捗状況，および募金に関する状況について代表幹事より報告がなされ，2018年マルクス記念シンポジウムの企画概要が承認された。

　5. 2016年度会計報告および2016年度学会活動強化基金に関する会計報告が，日臺健雄会計担当幹事より行われた。小栗崇資会計監事により，上記の会計報告についての監査報告がなされ，承認された。また，マルクス記念シンポジウム募金についての報告が，江原 慶ネットワーク担当幹事よりなされた。

　6. 会計担当幹事より，2017年度の決算予想にもとづいて2018年度予算案の提案がなされ，承認された。

　7. 足立眞理子奨励賞委員長より第8回経済理論学会奨励賞を柴崎慎也会員と薗田竜之介会員に授与することが報告され，承認された（受賞対象著作については「経済理論学会奨励賞および経済理論学会ラウトレッジ国際賞」の項を参照）。

　8. 代表幹事および植村博恭国際交流委員長により，第4回JSPEラウトレッジ国際賞をサスキア・サッセン氏に授与することが報告され，承認された（受賞対象著作については「経済理論学会奨励賞および経済理論学会ラウトレッジ国際賞」の項を参照）。

　9. 『季刊 経済理論』編集委員会，国際交流委員会，経済学会連合についての報告がそれぞれ行われた。

　10. 次期第66回大会についての報告が松尾 匡大会準備委員長よりなされた。

II 幹事会

第1回

　2017年4月15日，法政大学市ヶ谷キャンパスにて開催。
　2016年度第7回幹事会議事録が承認されたのち，以下のように審議・報告がなされた。

　1. 北海道地区選出幹事である西部 忠会員の4月1日付での東京地区への転出を受けて，大屋定晴会員が新たに北海道地区選出幹事に任命された。またネットワーク担当・事務局補佐担当幹事について，中村宗之会員から江原 慶会員への交代が承認された。

　2. 日臺健雄会計担当幹事より，第1回幹事会の開催が4月15日となり，3月31日までの会計報告および監査報告を第1回の幹事会で行うことが時間的に困難であるため，今年度より5月開催の第2回幹事会で行う旨の提案があり，承認された。

　3. 第65回大会のプログラムについて討議がなされ，次回幹事会で決定することとなった。

　4. 第66回大会の開催校・日程が承認された。

　5. 2017年『資本論』刊行150周年記念シンポジウムでの本学会からの報告者として，小幡道昭幹事を推薦することが承認された。また2018年マルクス生誕200年記念シンポジウムの開催に向けた科研費申請等が承認された。「60周年記念事業募金」については，募金から2017年・2018年両シンポジウムへの経費支出をおこなうこと，募金口座から活動強化基金口座へ繰り入れる金額やタイミングについて代表幹事に一任すること，以上2点が承認された。

　6. 若手セミナー担当幹事に田中英明幹事，実務担当に佐藤 隆会員をそれぞれ任命する提案がなされ，承認された。

　7. 入会申請者1名の入会が承認され，8名の退会が確認された。

　8. 本年度の幹事会開催日程が承認され，国際交流委員会と奨励賞選考委員会からそれぞれ報告がなされた。

第2回

　5月27日，法政大学市ヶ谷キャンパスにて開催。
　前回幹事会の議事録承認ののち，以下のように審議・報告がなされた。

　1. 日臺健雄会計担当幹事より，一般会計・特別会計・60周年記念募金・学会活動強化基金につき，配布資料に基づいて2016年度の会計報告がなされ，岡部洋實会計監事より，監査報告書に基づいて監査報告がなされた。以上を踏まえ，

2016年度の各会計についての会計報告が原案通り承認された。また河村哲二代表幹事より，2017年度の学会活動強化基金の使用計画につき説明がなされ，承認された。

2．第65回大会の準備状況が米田 貢大会準備委員長より報告された。共通論題の運営委員，報告者・コメンテーター，分科会の編成と司会者，記念講演の講演者について承認された。

3．第66回大会につき，松尾 匡幹事が準備委員長，佐藤 隆会員が事務局長を務める旨，報告があり，承認された。

4．『資本論』・マルクス記念シンポジウムについて，準備状況が報告された。

5．代表幹事より常設問題別分科会の運用細則について提案がなされ，最終案を第3回幹事会で決定後，総会で審議することとなった。

6．本年度の若手セミナーの開催について，田中英明幹事より報告があり，承認された。

7．5名の入会が承認され，4名の退会が確認された。

8．足立眞理子幹事より，日本学術会議内に男女共同参画連絡会の準備会が発足している旨，報告があり，それに経済理論学会として関与すること，およびメンバーとして姉歯 曉幹事を派遣することがそれぞれ承認された。

第3回

10月27日，武蔵大学江古田キャンパスにて開催。
前回幹事会の議事録承認ののち，以下のように審議・報告がなされた。

1．「問題別分科会（常設）運用細則」が承認された。

2．河村哲二代表幹事より，2017年『資本論』150年シンポジウムにつき，開催概要と成果について報告がなされた。また2018年マルクス記念シンポジウムの準備状況について報告がなされた。

3．日臺健雄会計担当幹事より学会60周年記念事業募金の，江原 慶ネットワーク担当幹事よりマルクス記念シンポジウム募金の現状につきそれぞれ報告があった。

4．足立眞理子奨励賞選考委員長より，2018年度選考委員の構成について提案があり，承認された。また2017年度奨励賞選考経過と選考結果について報告があり，受賞者を柴崎慎也会員と薗田竜之介会員とする旨，報告があった。

5．第4回ラウトレッジ国際賞の選考について，代表幹事および植村博恭国際交流委員長により報告がなされ，承認された（受賞対象著作については「経済理論学会奨励賞および経済理論学会ラウトレッジ国際賞」の項を参照）。また国際交流委員長より，ラウトリッジ国際賞の契約延長について報告があった。その上で代表幹事から，若干の修正を施した上で無期限の契約延長の申し入れをする旨，提案があり，承認された。

6．会計担当幹事より，2016年度決算予想および2017年度予算案について提案があり，承認された。その上で代表幹事より，学会収支において大会補助金と機関誌作成・発送費の合計額を経常収入で賄えない状況にある点を踏まえて第6回幹事会にて学会財務の改善策について議論することが提案され，承認された。合わせて，紙媒体の廃止が決まっている名簿の新たな形態についても検討することとなった。

7．3名の入会が承認された。また，1名の退会が，2017年3月末にさかのぼって承認された。

8．会員総会の議題，議長・副議長の候補が承認された。

9．2017年度より創設された専任職に就いていない会員向けの会費減免措置について，申請の審議がなされ，5名の会員について減免が承認された。また，当該減免措置について名誉教授など設立主旨と異なる対象者からの申請が複数あることを踏まえて，会計担当幹事より，専任職に就いていたが退職した会員や非研究職かつ常勤職をもつ会員については会費減免措置を適用しない旨の運用方針が提案され，承認された。

第4回

10月28日，中央大学多摩キャンパスにて開催。

1．米田 貢準備委員長より，大会進行状況について予定通り順調に進んでいると報告された。

2．松尾秀雄編集委員長より，各号に関する報告と，編集委員の交代に関する報告がなされた。

3．菅原陽心幹事から，経済学会連合について報告があった。

4．田中英明幹事より，若手セミナーについて報告がなされた。

5．第66回大会を立命館大学（びわこくさつキャンパス）にて2018年10月13日と14日に開催すること，準備委員長を松尾 匡幹事，事務局長を佐藤 隆会員とし，佐藤 隆会員を大会主催校幹事に追加すること（任期は第67回大会準備委員会への引き継ぎ完了時点まで）とすることが承認された。

第5回

10月29日，中央大学多摩キャンパスにて開催。

1．植村博恭国際交流委員長・松尾 匡幹事・横川信治幹事より，記念講演者であるデヴィッド・ハーヴェイ氏招聘の状況について報告がなされた。

2．足立眞理子幹事より，日本学術会議内の人文社会科学系学協会男女共同参画推進連絡会への正式な呼びかけに応じた旨，報告があった。

3．横川信治幹事から，英文査読誌 *Japanese Political Economy* について，経済理論学会会員から25名がEditorial

Boardに参加している旨，報告がなされた。
　4．国際交流委員長より英語セッションの開催が報告された。
　5．江原 慶ネットワーク担当幹事より，2017年11月25日からのJ-stage新機能について説明があり，新機能は利用しない旨の運用方針が承認された。

第6回

12月9日，法政大学市ヶ谷キャンパスにて開催。

第3, 4, 5回幹事会および会員総会議事録が承認されたのち，以下の審議・報告がなされた。

1．河村哲二代表幹事より，マルクス生誕200年記念国際シンポジウムについて，開催日時（2018年12月22, 23日）・会場（法政大学市ヶ谷キャンパス），審査委員会（Scientific Committee）などの説明がなされ、了承された。

2．鳥居伸好幹事より，第65回大会の総括報告がなされ，収支決算書が承認された。大会開催校の間の引き継ぎ，特に事前振込の手順や大会HPの運営・管理に関して確認がなされた。

3．松尾 匡準備委員長より，第66回大会の共通論題や記念講演者招聘に関する報告がなされた。次回幹事会において共通論題を最終的に決定することとなった。

4．姉歯 暁幹事より，第67回大会について，駒澤大学駒沢キャンパスの新校舎を主会場として2019年10月19, 20の日程で開催することが提案され，承認された。

5．石倉雅男会員を2018年度奨励賞選考委員会の委員長に選任する提案がなされ，承認された。

6．2名の入会が承認，1名の退会が確認された。

7．学会財務の改善策について意見交換がなされた。

第7回

2017年1月27日，法政大学市ヶ谷キャンパスにて開催。

第6回幹事会議事録幹事会の議事録が承認されたのち，以下の審議・報告がなされた。

1．2018年開催マルクス生誕200年記念シンポジウムについて，準備状況等が報告された。

2．第66回大会について，準備委員長の松尾 匡幹事より提案および報告があり，共通論題，分科会の開催，英語分科会等について検討が行われた。共通論題について「転換する資本主義と政治経済学の射程――リーマンショック10年」と決定した。

3．2018年に開催される第67回大会の開催候補校からの報告があった。

4．2018年度奨励賞の選考について石倉雅男選考委員長から提案がなされ，募集要項等が承認された。

5．学会財務の改善案について議論がなされ，『季刊 経済理論』編集委員会経費の削減および発行経費の削減を中心とする対策が決定された。

6．4名の入会が承認，4名の退会が確認された。

7．『季刊 経済理論』投稿規程の改正案が承認された。

III 役員・事務局

代表幹事　河村哲二（法政大学）

幹事：足立眞理子（第8回奨励賞選考委員長），姉歯 暁，池上岳彦，池田 毅，植村高久，植村博恭，江原 慶（事務局補佐・ネットワーク担当），大西 広，大屋定晴，小幡道昭，川波洋一，河村哲二，黒瀬一弘（第55巻編集委員長），後藤康夫，坂口明義，佐藤 隆（第66回大会担当），清水 敦（事務局長），菅原陽心，大黒弘慈，竹内晴夫，田中史郎，田中英明，遠山弘徳，鳥居伸好（第65回大会担当），中原隆幸，鍋島直樹，新田 滋，原田裕治，日臺健雄（会計担当），藤田真哉，藤田 実，前畑雪彦，松尾 匡（第66回大会担当），松尾秀雄（第54巻編集委員長），松本 朗，宮澤和敏，森岡真史，横川信治，米田 貢（第65回大会担当）

会計監事：岡部洋實，小栗崇資

国際交流委員会：植村博恭（委員長），足立眞理子，西部 忠，横川信治，江原 慶（特別委員），厳 成男（特別委員），西 洋（特別委員），松井 暁（特別委員），吉原直毅（特別委員），Richard Westra（特別委員）

第8回奨励賞選考委員会：足立眞理子（委員長），石倉雅男，佐々木啓明，清水真志，小西一雄，芳賀健一

第9回奨励賞選考委員会：石倉雅男（委員長），大野 隆，坂口明義，清水真志，大黒弘慈，芳賀健一

第4回ラウトレッジ国際賞選考委員会：河村哲二（委員長），足立眞理子，植村博恭，横川信治，西部 忠（特別委員），松井 暁（特別委員）

第54巻機関誌編集委員会：松尾秀雄（委員長），黒瀬一弘（副委員長），佐々木啓明，渋井康弘，関根順一→山下裕歩，鳥居伸好→佐々木隆治，西 洋→薗田竜之介，宮田惟史→明石英人，安田 均，結城剛志

本学会推薦の日本経済学会連合評議委員：菅原陽心，鶴田満彦

特別会員(Overseas Academic Adviser)：Andrew Barshay, Robert Boyer, Benjamin Coriat, Ronald Dore, Gerard Dumenil, Garry Dymski, James Heinz, Alain Lipietz, Robert Pollin, Robert(Bob) Rawthorn, Saskia Sassen, 程恩富(Cheng Enfu), Pascal Petit, David Harvey.

事務局担当幹事：清水 敦(事務局長), 江原 慶(事務局補佐・ネットワーク担当), 日臺健雄(会計担当)

学会本部事務局：〒176-8534 東京都練馬区豊玉上1-26-1 武蔵大学経済学部　清水 敦研究室気付
電話：03-5984-3781　　e-mail：secretariat@jspe.ge.jp

IV 学会会計

2016年度の一般会計および特別会計の収支決算書，学会活動強化基金の収支報告書は，その基礎となる会計書類とともに会計監事の監査を受け，第65回大会会員総会で承認された。また，同総会で2018年度の一般会計および特別会計の予算が承認された。

V 機関誌

(1) レフリー制により，非会員の投稿も受け付ける機関誌『季刊経済理論』(Political Economy Quarterly)を発行している。その第54巻は，第1号「21世紀の世界とマルクス：『資本論』150年を迎えるにあたって」，第2号「制度の政治経済学のパースペクティヴ」，第3号「グローバリゼーションと地域戦略」，第4号「政治経済学の経済政策論」とそれぞれ特集を組んだ4冊からなっている。発行部数は1300部(うち会員配布は900部)，定価は1冊2000円(税抜き)である。定期購読と個別注文は，発行元の桜井書店で受け付ける。
(2) 事務局は，桜井書店(〒113-0033 東京都文京区本郷1-5-17 三洋ビル16)に置いている。

VI 経済理論学会奨励賞および経済理論学会ラウトレッジ国際賞(JSEP-Routledge International Book Prize)

第8回(2017年度)経済理論学会奨励賞は，同賞選考委員会によって募集と選考が行われ，その選考結果を受けて第3回幹事会および会員総会において柴崎慎也会員と薗田竜之介会員の著作に同賞を授与することが決定され，会員総会後に授与式が行われた。対象となった柴崎会員の著作は，「商業資本のもとにおける債務の集積」(『季刊 経済理論』第53巻第2号, 2016年7月)および「競争と商業組織」(『季刊経済理論』第53巻第3号, 2016年10月)である。対象となった薗田会員の著作は，"Price and Nominal Wage Phillips Curves and the Dynamics of Distribution in Japan," *International Review of Applied Economics*, 31(1), 2017, pp. 28-44である。選考理由および第9回の同賞の募集要項は，本学会のホームページで公開されている。

第4回(2017年度)の経済理論学会ラウトレッジ国際賞は，同賞選考委員会によって募集と選考が行われ，その選考結果を受けて第3回幹事会および会員総会においてサスキア・サッセン(Saskia Sassen)氏に授与することが決定された。授賞対象著書は，*Territory, Authority, Rights: From Medieval to Global Assemblages*, Princeton University Press, 2006 (伊豫谷登士翁監修, 伊藤茂訳『領土・権威・諸権利——グローバリゼーション・スタディーズの現在』明石書店, 2011年)および *Expulsions Brutality and Complexity in the Global Economy*, The Belknap Press of Harvard University Press, 2014 (伊藤茂訳『グローバル資本主義と〈放逐〉の論理——不可視化されゆく人々と空間』明石書店, 2017年)である。また，第65回大会において，第3回(2016年度)のラウトレッジ国際賞を受賞したデヴィッド・ハーヴェイ氏による授賞式と同氏の受賞記念講演("Capital and Totality")が行われた。

VII 2018年度第66回大会

第66回大会は，立命館大学(びわこくさつキャンパス)において，2018年10月13日と14日に開催されることとなった。共通論題は「転換する資本主義と政治経済学の射程——リーマンショック10年」とされた。

VIII 地方都会

地方部会として北海道部会，関東部会，東海部会，関西部会，西南部会が置かれている。2016年度の各部会の活動内容については，『経済理論学会ニュース』No.18(2016年10月)を参照されたい。

IX 会員動向

会員数は，2018年1月開催の第7回幹事会時点で793名(海外特別会員を含む)である。2017年度の幹事会で承認された新入会員は15名であった。他方，定年退職や高齢化を理由とする退会者も少なくなく，この傾向は今後も続く可能性が高い。『資本論』・マルクス記念シンポジウムや常設の問題別分科会や海外学会との連携などを通じ，本学会の活動をより一層活発なものにし，新入会員の増加を図っていくことが必要である。

X 学会のその他の事業

本学会創立60周年記念事業の一環として，本学会と経済学史学会をはじめとするその他6学会の7学会合同で「マルクス記念シンポジウム実行委員会」を組織し，7学会合同企画「21世紀におけるマルクス」を推進し、2017年9月16日に『資本論』150年記念シンポジウムを開催した（会場：武蔵大学江古田キャンパス）。引き続いて2018年12月22日，23日には、マルクス生誕200年記念シンポジウムを、法政大学市ヶ谷キャンパスにて開催する予定であり、それに向けた準備を進めている。

また学会の財務状況が厳しさを増しており，今後の学会活動を維持・拡張するためには財務上の裏づけを確実なものにする必要がある。そこで2016年度に「経済理論学会創立60周年記念募金趣意書」を新たに作成し，「学会活動強化基金」の再拡充を目指して募金を呼びかけている。

XI その他の活動

(1)『経済理論学会ニュース』No.19を印刷・配布するとともに学会ホームページにも掲載した。
(2)『季刊 経済理論』Web媒体のJ-STAGEへの移行への対応をはじめとしてネットワークの整備を行った。

第3回(2016年度)経済理論学会ラウトレッジ国際賞
経済理論学会ラウトレッジ国際賞選考委員会

本学会のラウトレッジ国際賞の第3回(2016年度)授賞式と記念講演が,第65回大会初日(2017年10月28日),大会会場の中央大学多摩キャンパスにて行われた。代表幹事が,受賞理由を読み上げ,受賞者のDavid Harvey氏(City University of New York, Distinguished Professor)に賞盾を手渡し,そのあと同氏による記念講演が行われた。同記念講演では,"Capital and Totality"と題して,受賞の対象となった著書の内容を骨子として,K.マルクスの『資本論』の体系的理解に基づいた,現代のグローバル資本主義の時空間と危機の源泉の総合的分析が提示された。以下,当日の授賞式・記念講演の写真と,受賞理由を掲載する。

授賞対象図書

The Enigma of Capital: And the Crises of Capitalism, Oxford University Press, 2010 (邦訳:『資本の〈謎〉――世界金融恐慌と21世紀資本主義』作品社, 2012年)。

授賞理由

受賞者デヴィッド・ハーヴェイは,現在,ニューヨーク市立大学教授であり,世界で最も貢献度の大きい経済地理学者として名声を博している。同氏は経済にとどまらず社会・文化におよぶ該博な知識を駆使して,50年余におよぶ研究生活の中で単著だけでも20冊を超える著作を発表してきた。

ハーヴェイの本来の専門は,経済地理学と都市社会学であるが,マルクス経済学の理論的・実証的研究でも多くの業績を発表している。その研究の特色は,「空間」の観点から,資本主義の原論から帝国主義段階に至る体系を再構成した点にある。近年は『新自由主義』などの著作において,グローバル化が進む現代資本主義の現状分析を提出するとともに,資本主義システムそのものに対するオルタナティブを構築する運動論を展開しつつある。同氏は,『〈資本論〉入門』などの啓蒙書を世に送り出すとともに,自らの『資本論』講義をYouTubeで発信し,世界的に多くの視聴者を獲得してきた。さらには自らも住民運動,労働運動に積極的に関与してきており,実践面においても精力的な活動を繰り広げている。彼の著作が翻訳された言語は15以上に及び,今日,世界で最も影響力のあるマルクス経済学者である。

授賞対象著書 は,2010年にハードカバーで出版され,ドイッチャー賞を受賞した。その後,2011年にペーパバック版が出され,イギリスの『ガーディアン』紙の「世界の経済書ベスト5」(2011)に選出された。

概要は以下の通りである。ハーヴェイは前半(1~4章)で,恐慌の「多原因論」を採用する。「利潤圧縮説(労賃上昇説)」,「利潤率の傾向的低下説」,「過少消費説」の3つは必ずしも相反する理論ではなく,それぞれ別の原因を説明するものとして同時に並存しうるものである。本書の後半(5~8章)では,ハーヴェイは自らの専門である経済地理学の知見を生かした,資本主義発展の共進化論と地理的不均等発展論を展開する。資本主義の基本原理は「終わりなき蓄積」と「永続的な複利的成長」という2つの社会的DNAによって形成される。7つの活動領域(生産過程,技術,日常生活の再生産,社会的諸関係,対自然関係,世界に関する精神的諸観念,社会的行政的諸制度)は相対的に自立しているが,資本主義の基本原理を軸として相互に作用し合い,共進化することによって,歴史的過程と地理的過程の統一である資本主義システムを形成する。資本の流れの連続性を遅滞ないし中断させる事情が1つでもあれば恐慌が発生し,資本の価値破壊が起きる。恐慌の原因となる制限が一旦は回避されても,すぐに別の制限が登場するので,恐慌は決して解決されない。反資本主義の構想と運動に関する「共革命的」過程という見解によれば,オルタナティブ思想

D.ハーヴェイ氏の受賞を祝福する
河村哲二代表幹事

記念講演中のD.ハーヴェイ氏

と反体制的社会運動は出発点に止まらず，運動し続ける限りどこから出発してもよい。むしろ社会的諸勢力間の同盟を構想することが至上命令となる。

以上が，本書におけるハーヴェイのユニークな貢献である。本書は マルクス経済学に基づく同氏の研究を集大成した作品でもあり，経済理論学会ラウトレッジ国際賞を受けるのにふさわしい業績であると評価できる。

第5回(2018年度) 経済理論学会ラウトレッジ国際賞
推薦依頼

2014年にRoutledge社と協力して英文図書を対象にした図書賞を設けました。この国際賞は，マルクス経済学，ポスト・ケインジアン経済学，その他すべての異端派経済学を含む経済学(ポリティカル・エコノミー)における成果を全世界に示すことによって，経済学の新しい発展の方向を切り開こうとするものです。国際賞は経済学(ポリティカル・エコノミー)における顕著な功績で過去四半世紀の期間(1993〜2017年)に英文図書になった本に基づいて現存の経済学者に与えられる「lifetime achievement award」です。

特別会員(overseas academic advisers)を含む経済理論学会員が，それぞれ1件を推薦できます。添付の推薦書(詳細版または簡易版)に書き込み，2018年5月8日までにjspeprize@jspe.gr.jpに返送してください。
郵送される場合には次の住所にお送りください。

〒240-8501
横浜市保土ヶ谷区常盤台79-4
横浜国立大学国際社会科学研究院
植村博恭宛

候補者名	
推薦図書	Title, Publisher, Published Year
推薦者名	

第9回(2018年度) 経済理論学会奨励賞募集要項

2018年1月27日
経済理論学会奨励賞選考委員会

石倉雅男(委員長), 大野 隆, 坂口明義, 清水真志, 大黒弘慈, 芳賀健一

　経済理論学会の第9回奨励賞の対象となる会員の著作を募集いたします。以下の要項に従い, 多数の応募が寄せられることを期待します。
　経済理論学会は, 2009年の会員総会で「経済理論学会奨励賞にかんする規則」等を決定し, 優れた成果をあげた新進研究者を顕彰するために奨励賞を設けました。なお, 規則第1条【趣旨】に謳われている「経済学の基礎理論」は, 狭義の経済理論のみならず, 総合学会としての経済理論学会にふさわしく広範な領域を含んでいますので, ご留意ください。また, この賞の選考についての詳細は, 「奨励賞選考にかんする細則」によることとされていますので, 応募の際には, これらを学会のホームページでご参照くだされば幸いです。

1. 選考対象

　募集締め切り時を基準に過去3年以内(今回の場合, 2015年6月1日〜2018年5月31日)に公表された著作(論文, 著書)で, 公表時点においてその著者が, 経済理論学会の40歳以下の会員であるもの。
　なお, 上記の期間内に『季刊 経済理論』に掲載された, 上記の応募資格をみたす論文は自動的に選考対象となります。

2. 応募方法

　自薦または他薦。応募者または推薦者は, 推薦対象の著作3部(コピーも可)を「推薦理由書」とともに選考委員会に送付してください。
　「推薦理由書」は, 学会のホームページからダウンロードできます。

3. 受付期間と応募宛先

2018年5月1日から5月31日(締切日消印有効)

〒186-8601
東京都国立市中2-1
一橋大学経済学研究科
石倉雅男 気付
経済理論学会奨励賞選考委員会
❖問い合わせ等がございましたら, ishikura@econ.hit-u.ac.jp までご連絡ください。

4. 授賞

2018年10月13日(土), 会員総会で公表し, 賞状と副賞(賞金)を授与します。

2018年度 経済理論学会 第66回大会の開催について

2018年3月1日
第66回大会準備委員会委員長 松尾 匡
大会準備委員会連絡先 Phone: 077-561-4857（直通）
E-mail: ritsumeipe@gmail.com

1. 日時と場所

2018年度経済理論学会第66回大会は，本年10月13日（土）・10月14日（日）の両日，立命館大学（びわこ・くさつキャンパス）において開催されます。

2. 共通論題

「転換する資本主義と政治経済学の射程
　　──リーマンショック10年」

2018年1月27日に開催された幹事会の討議を経て，本年度大会の共通論題は，「転換する資本主義と政治経済学の射程──リーマンショック10年」としました。

2018年は，2008年のいわゆる「リーマンショック」から10周年にあたります。このとき，1年間で23万人を超える非正規労働者が職を失ったことは記憶に新しいところです。さらに，その10年前の1998年は，前年から始まった景気後退によって日本経済が本格的なデフレ不況に突入した年です。それ以降，完全失業者が300万人を超え，自殺者も年間3万人台に乗せる極寒の時代が始まりました。どちらの不況期にも，大学卒業者の4割が職につけない状態となりました。世紀の変わり目前後数年の「就職氷河期」に社会に出た「ロストジェネレーション」と呼ばれる世代は，未だ多くの人々がいわゆる「フリーター」のまま年齢を重ねています。この20年は，豊かになったと言われた日本で貧困が再び蔓延し，たくさんの人々が命や家庭やまっとうな人生を奪われた暗黒の時代として歴史に刻まれることになるでしょう。

このようなプレカリアート化や中流労働者の没落は，多かれ少なかれ世界の主要国に共通して見られる問題になっています。「リーマンショック」が起こった当時は，「小さな政府」を志向してきた新自由主義がその元凶として批判され，社会リベラル派的政策に重心が移ったかに見えていました。しかしながら，国際競争の圧力と，ギリシャ危機を契機とした緊縮志向の巻き返しによって，結局どの政権も貧困層の拡大という状況に対して，改善に手がつけられず，大衆から見放されて終わっています。代わって，ブレグジット（イギリスのEU離脱）現象や，トランプ・ルペン・オルバン現象に見られるように，程度の差こそあれ，グローバリズムに背を向けて，「大きな政府」による経済介入を志向する右派政策が支持を集めています。日本における民主党政権の崩壊と「安倍一強」現象がこの一環であることは言うまでもありません。その一方で，欧米では右派側だけではなく，左派側からも民衆主義的な反緊縮運動が起こっています。

マルクス経済学をはじめとする批判的な政治経済学は，本学会のこの間の一連の共通論題に示されているように，それぞれの立場から，このような動きの背後にある資本主義の何らかの転換を探り，その解明に努めてきました。それは大きな成果をあげてきましたが，他方私たちはそこから，今日のこの状況を見通し，現代資本主義の犠牲となった大衆にとって光明となるオルタナティブな指針を提起することができてきたでしょうか。現在興っている上記の様々な運動の経済認識と政策は，批判的な政治経済学の諸潮流の中でどのように位置付けられ，評価されるべきものか，十分に議論されてきたでしょうか。

この20年の間に，資本主義経済の危機の分析を自らの使命とするマルクス経済学に対して，社会の様々な分野で，その歴史的な再評価がされてきました。特に，本学会が関係6学会と共同して取り組んでいる7学会合同企画「21世紀におけるマルクス」による，昨年のマルクス『資本論』第1巻発刊150周年の記念シンポジウム，今年のマルクス生誕200年記念シンポジウムは，このようなマルクス経済学を見直す試みを一層盛んにするものと期待されます。

しかしながら今日，政治経済学への社会的な要請は，マルクス経済学の再評価に留まらず，現代経済の本質に迫る理論の発信と政策提言にも問題意識を向けるよう求めているように見えます。そこで本学会の創立60周年を翌年に控えた今回，「リーマンショック」10年，日本が本格的なデフレ不況に突入して20年という，様々な意味で節目の年にあたり，資本主義のこの20年で見られた転換について，そしてこれから起こる転換のいろいろな可能性について，本学会の総合学会としての強みを生かし，多様なパースペクティブから，困窮した民衆の希望につながる分析がなされることを期待して，この共通論題を掲げました。そのため，報告者は，理論的立場，現状分析の立場，さらに実践の現場の経験をお持ちの方などを広く候補として，政治経済学に対する評価と期待を語っていただこうと思います。どの報告者でも結構ですので，自薦，他薦問わず，積極的にご推薦をお寄せいただきますようお願いいたします。

3. 分科会

分科会に関しては，下記のように編成します。

(1) 問題別分科会として，資本主義の基礎理論，現代資本主義，オールタナティブ社会，環境，開発，ジェンダー，学説史・思想史，経済史を設置します。また，特設分科会として，『資本論』関連，震災関連を設置します。会員3名（2名ないし4名は不可）が自薦により，セットで申し込むことも可能です（報告者3名のうち，1名に限り，非会員も可）。

(2) 会員諸氏からの自由テーマでの報告希望にもとづき，幹事会でテーマ別の一般分科会を編成します。例年通り，共通論題の報告希望が多数の場合には，関連分科会を設置します。書評分科会（非会員の著作も可）も設置します。会員3名（2名ないし4名は不可）が自薦の形でテーマを設定し，セットで申し込むことも可能です。

(3) 英語分科会は，日本国内の会員および外国の会員・非会員からの自由テーマでの報告申し込みを受け付けます。次の情報を含めて，インターネット（https://jspeenglish.jimdo.com/paper-submission/）にて申し込みを行ってください。：(a) Name (First, FAMILY), (b) Email Address, (c) Postal address, (d) Academic affiliation, (e) The title of the proposed paper, (f) An abstract (up to 500 words)。締め切りは，2018年5月7日（月）です。

(4) 各報告にコメンテーターをつけます（ただし，書評分科会，英語分科会を除く）。報告希望者は各自でコメンテーターを依頼し，承諾を得てください。

(5) 報告者は，氏名のローマ字表記と報告論題の英訳もあわせて提出してください。なお，セット企画の場合は，テーマ・タイトルや責任者名（英文と和文）を連絡してください。

4. 大会関連会員向け連絡方法

第61回大会以降，大会関連会員向け連絡方法を以下のようにすることが幹事会で了承されました。本年もそれを踏襲いたします。

(1) 大会報告希望・推薦アンケート

『季刊 経済理論』4月号と学会ホームページおよびJSPEメーリングリストで告知し，会員はインターネットあるいは郵送（自己負担）で回答する。

(2) プログラム・出欠アンケート

『季刊 経済理論』7月号と学会ホームページおよびJSPEメーリングリストで告知し，会員はインターネットあるいは郵送（自己負担）で回答する。

(3) 報告要旨集

学会ホームページに報告要旨集のpdfファイルを掲載し，ダウンロード可能にする。大会当日，大会参加者には冊子を配布する。

5. 大会報告の申し込み方法

共通論題または分科会の報告を申し込まれる会員は，次ページのアンケート項目に回答をお願いします。回答は，インターネットまたは郵送のどちらかで，2018年5月7日（月）までにお願いします。

- インターネットによる回答の場合は，経済理論学会ホームページhttps://jspe.gr.jp/内の「大会案内」にアクセスし，必要事項を入力した後，送信してください。
- 郵送による回答の場合は，はがき等に，次ページのアンケート項目を記入し，下の宛先にお送りください。郵送料は自己負担でお願いします。

〒525-8577 滋賀県草津市野路東1丁目1-1
立命館大学経済学部 佐藤 隆研究室気付
経済理論学会第66回大会準備委員会

6. 大会参加費等の支払について

大会当日は受付が大変混雑します。スムースな大会運営のため，下記(1)の事前申込にご協力ください。

(1) 事前申込の場合は，本年9月28日（金）までに事前申込参加費2000円の振込を完了してください。事前申込の振込用紙については，『季刊 経済理論』7月号に同封いたしますので，確認の上，ご利用ください。9月28日を過ぎると振込ができなくなります。28日を過ぎての申し込みは，当日申込のみを承ります。

(2) 当日申込の場合は，当日申込参加費3000円を受付にて現金でお支払い下さい（お釣りのないようご準備いただければ幸いです）。

(3) 懇親会費は事前申込・当日申込ともに5000円です。事前申込の場合は事前申込参加費2000円とあわせて振込を完了してください。当日申込の場合5000円を受付にて現金でお支払いください。

なお，土曜日の昼食は学内の生協をご利用いただけます。日曜日の昼食は学内のコンビニエンスストア（ユニオンショップ）が営業していますので，各自ご購入ください。詳細はプログラムをご連絡する時にご案内する予定です。

7. 大会報告原稿の提出と締め切り日の厳守

報告者は報告要旨（A4, 1ページ）と報告本文（A4, 20ページ以内）について，所定の書式用紙（テンプレート）に記入したものとpdfファイルの両方を，大会準備委員会に提出してください。テンプレートは経済理論学会ホームページhttp://www.jspe.gr.jpにアクセスし，ダウンロードしてください。

- 報告申込者には，2018年5月7日（月）以降，大会報告原稿の提出等について，詳しいご案内をいたします。
- 締め切り日は，2018年9月5日（水）までとします。期日までに提出のない場合は報告要旨集への掲載はできません。

8. 大会報告要旨集

報告要旨集に関しては，大会参加者には，冊子体の報

告要旨集を大会当日，受付にて配布します。報告要旨集の事前郵送は行いません。事前に報告要旨をご覧になりたい方は，9月中旬以降に経済理論学会ホームページhttp://www.jspe.gr.jpを通じて大会ホームページにアクセスし，報告要旨集pdfファイルをダウンロードしてください。

9. 若手セミナーの実施

若手研究者・院生・学生(非会員を含む)の研究交流のための若手セミナーにつきましては，詳細が決まり次第，学会HP，メーリングリストでお知らせします。

大会報告・名簿記載事項変更・会員著作アンケート

アンケートの回答方法は，「5. 大会報告の申し込み方法」に記載している通り，インターネットまたは郵送でお願いします。このアンケートは，会員名簿記載事項の変更通知と，会員の過去1年間の著作調査も兼ねていますので，これらに該当する方も下記項目1と4に回答をお願いします。

[1]会員の氏名・住所・電話・E-mailなど(2018年4月現在)
氏名
所属
住所 〒
電話番号
E-mailアドレス
- 会員名簿記載事項の変更　有／無(どちらかを選んでください)

[2]共通論題報告申し込み
❶自薦か他薦か(どちらかを選んでください)
- 自薦の場合は，❷論題，❸報告要旨(200字以内)，❹関連業績，をご記入ください。
- 他薦の場合は，❷他薦報告者の氏名と所属，❸本人了承の有無，❹関連業績，を記入してください。

[3]分科会の報告申し込み
❶分科会の種類(報告を希望する分科会を下記から選んでください)
共通論題関連分科会　問題別分科会(資本主義の基礎理論，現代資本主義，オールタナティブ社会，環境，開発，ジェンダー，学説史・思想史，経済史のいずれか選択)　特設分科会(『資本論』関連，震災関連のいずれか選択)　一般分科会　書評分科会　英語分科会

ただし，都合により希望の分科会に配置されない場合があります。
(なお，セット企画の場合は，タイトルや責任者名[英文と和文]を連絡してください)
❷論題(日本語)
❸氏名のローマ字表記と論題の英訳
❹報告要旨(200字以内)
❺関連業績
❻予定コメンテーターの氏名，所属と本人了承の有無

[4]会員の過去1年間の著作について
2017年4月から2018年3月までに刊行された単行本に限る。院生会員については論文でも可。著作一覧を『経済理論学会ニュース』に掲載する予定です。

表題，出版社名，発行年月日，著者名(共著者名も記入してください。編著者，編者の場合はそのことを付記してください)

❖10月は観光シーズンのため，京都市内の宿泊の予約は困難が予想されます。会場最寄り駅の南草津駅をはじめ，草津市内にビジネスホテルは数軒ありますが，京都市内で宿泊が確保できなかった観光客が滋賀県の宿泊施設に流れてくる傾向があります。参加ご希望の方はお早めの宿泊の確保をお願いします。

Article Summaries

An Essay on the Systemic Crisis of the Contemporary Financialized Capitalism:
Focusing on Capital Markets and the Over-accumulation of Moneyed Capital

Takuyoshi TAKADA
(Chuo Univ., Professor Emeritus)

Key words:
Financialization, Over-accumulation of Moneyed Capital, Capital Markets

Abstract:

The 2007-10 world financial crisis with ensuing great recession was an epochal consequence of the profound transformation of modern capitalism since the 1970s. A series of factors including the predominance of neo-liberalism, the globalization led by MNEs, the financialization with complex financial innovations, and the rapid diffusion of ICTs have been collectively responsible for this transformation.

The multiple factors of the crisis make it difficult for researchers to apply a common approach in analyzing the elusive phase of capitalism after the crisis. In this essay, the author applies the financialization approach focusing on the structural vulnerability of contemporary global financial system which is predominated by powerful institutional investors in capital markets.

The capital markets with innovative securitization functions debilitated the traditional commercial bank-dominated financial intermediation. The transition from the bank-dominated intermediation to the investment-bank-dominated originate-and-distribute model was promoted by increasing demand for qualified securities among large institutional investors with superfluous moneyed capital.

Institutional investors such as pension funds, insurance companies, saving banks, sovereign funds and other "cash pools" collectively manage massive moneyed capital desperately looking for qualified assets in global capital markets. The global proliferation of institutional investors with vast assets under management has transformed modern capitalism into capital-market-dominated capitalism.

The chronic shortage of qualified securities provided leading investment-banks with lucrative business opportunities which were scarce after the bust of IT bubbles in late 1990s. They collected a lot of loans and mortgages with low rating from originators and securitized them into "transhes" of CDOs with AA and higher rating. The securitization process was separated into a chain of componential procedures which were assigned to various affiliated paper companies called shadow banks. Shadow banks such as SPEs, SIVs and CLOs financed their balance-sheets by borrowing in wholesale money markets.

The complex process of securitization and the opacity of CDOs had cumulative destabilizing effects on the financial system as a whole. The Achilles heel of the system lied in the heavy dependence of investment banks and its shadow banks upon the extremely volatile money markets. When FRB tried to control the excessive credit expansion by raising the official rate, and caused some disruptions in housing markets, the modest move triggered an abrupt chain reaction of credit contraction in money markets, leading the whole system on the brink of collapse. Many governments including the US and some EU member countries embarked on the desperate measures to rescue sinking financial organizations.

The unprecedented sequence of the crisis has embossed the structural vulnerability of the capital-markets-dominated modern capitalism. Contemporary financialized capitalism is deeply entrapped by floating capital markets. In order to thematize the present systemic crisis of capitalism, we need to analyze the historical background of financialization since the 1970s. By focusing on the stress in capital markets caused by the over-accumulation of moneyed capital, the financialization approach applied in this essay may capture the driving force of the process and expose some methodological implication for future studies.

Long Cycle of World Capitalism and Recursion of Principle compatible/incompatible Situations

NITTA, Shigeru
(Senshu Univ.)

Key words:
Das Kapital, Uno Three Stage Theory, Long Cycle of World Capitalism

Summary:

Marx investigated free competitive capitalism in the 19th century. But since the end of 19th century capitalism altered. Hilferding and Lenin conceptualized its altered capitalism as "financial capital" or "imperialism". They thought that such altering of capitalism could be persuaded by logic of concentration and centralization accompanied with free competition.

On the other hand, Uno Kozo thought that "financial capital" arose from "upsizing of fixed capital in the heavy industries", which were specifically historical concrete phenomena and were not logical. And "purification tendency" of impure real historical capitalist society since 16-17th centuries was reversed by increment of state intervention into economy as imperialistic policies; protective custom, social policy, colonialism, and so on. Principle theory is investigation of "pure capitalist society" which is regarded "as if eternally cyclical" and which assumed at limit of "purification tendency "of impure real historical capitalist societies. Stage theory of" financial capital "and" imperialism" based on "Reversion of purification tendency", caused by "upsizing of fixed capital in the heavy industries" which were specifically historical concrete phenomena. Therefore Uno thought that principle theory and stage theory must be separated. Political economy must be composed of three steps; principle theory, stage theory, and analysis of real situations based on former two theories. Such a new methodology was needed to explain the historical perspective they lived.

But, nowadays, we have arrived at the entirely varied historical perspective point. In the 1980-1990s, we saw the "Re-reversion of purification tendency". That is so-called neo-liberalism, global mega competition. And moreover, in the 2000-2010s, we have been seeing the "Re-re-reversion of purification tendency". For instance, state capitalism such as Sovereign Wealth Fund has been increasing more and more. Uneven development between old industrialized countries and new industrializing countries such as east Asia and China is noticeable which may be seen shaking the hegemonic order of Pax Americana and raising the imperialistic international tension. It means that historical tendency of "purification and its reversal" is not historically one-time phenomenon. But it is recursive and cyclical phenomena. That is long cycle of world capitalist system. On such a perspective of history, principle theory "as if eternally cyclical" can be based on long cycle of world capitalist system. Stage theory may be substituted to historical theory of world system. Of course, analysis of real situations based on former two theories.

At the age of 150 years since "Das Kapital", 100 years since "Imperialism", and 40 years since death of Uno Kozo, it is suggested that such a methodological change is needed.

The Financialization of Japanese Economy and the Hegemonic Change of Class Power

WATANABE Masao
(Hitotsubashi Univ., Professor Emeritus)

Key Words:
Financialization, Japan, Class

Summary:
The main aim of this paper is to explore the class background of the financialization of the Japanese economy in the post-1970s period. While numerous researchers have argued for the increasing salience of financialization in recent decades, there have been few serious attempts to consider the class dynamics behind it. To fill the gap of this kind of ideological circumstances, I try to detect the formative change of class hegemony from the managerial class or production capitalists to the institutional investors or money capitalists.

So my argument will be constituted with three parts. The recent change of accumulative behavior of individual enterprises will be discussed in the first part of this paper. Then I will change my focus to the development of the state policy of financial deregulation in 80's and 90's, which has been successfully introduced to facilitate or promote the financialization of each company's capital accumulation.

With these socio-political backdrops, the formative change of the class power will be taken place in 1990's, which will be discussed in the last part. The article illustrates and explains the diversity of forms of capitalist classes, and the ways in which the capitalist fractions interplay with each other for power and hegemony.

In Japan, the hegemonic power of managerial class used to be normally overwhelming. However, it is now under siege and surrounded by the institutional investors. The symbolic episode is the political effort by the Japanese authorities to introduce the Stewardship Code, a set of principles or guidelines released in 2010 originally in the UK.

The Subprime Financial Crisis and the "Subprime Mortgage Securitization Mechanism"

KOBAYASHI Masato
(Komazawa Univ.)

Key words:
subprime financial crisis, Subprime Mortgage Securitization Mechanism, credit contraction

Summary:
The global financial crisis, which began around the end of 2006 and reached its peak in September 2008, was deeply related to the securitized products backed by the subprime mortgages. This crisis therefore should be named as "subprime financial crisis."

This crisis was rooted in the profit-seeking activities of the US major investment banks, which purchased so many subprime mortgages from mortgage originators such as mortgage banks, issued many securitized products such as MBS, CDO, etc., and sold them globally to the financial institutions such as hedge funds, pension funds, commercial banks and investment banks themselves each other.

As their securitization business expanded globally, as an area in the financial sector grew up gradually a shadow banking system, which we name as "Subprime Mortgage Securitization Mechanism." This SMSM was led by US major investment banks and mortgage banks, and assisted by the servicers, the rating agencies and the insurance companies. While the SMSM expanded the housing credit and accelerated the rise of house prices in the US, it also stimulated the housing and construction industries in the US and the demand for the home-related goods, which increased the goods export to the US from Asian countries including China and Japan. Thus the SMSM contributed to the global extension of real economy.

But the SMSM defused US housing bubble through the following factors: The phased raise of FF rates starting in July 2004, the rise of LIBOR (London Inter Bank Offered Rate), the upturn of subprime mortgage rates (indexed to 6-month LIBOR) after "teaser rate" period, the nationwide and wave-like payment-shocks to the subprime-mortgage debtors, the upturn in defaults (delinquency and foreclosure) of subprime mortgage since midyear 2005, the increase of houses for sale. This chain of factors led to the downturn of FHFA House Price Indexes since midyear 2007, namely to the end of the housing bubble since 1998. Since then a negative spiral between the downturn of house prices and the upturn of mortgage defaults was observed and both of them grew more serious.

The subprime financial crisis was caused through the chain of factors as follows. The upturn in defaults of subprime mortgage (mentioned above) led to the loss of dividends due to the holders of securitized products, which triggered selling off and dumping the securitized products and the rapid decline of their market prices. This brought about huge loss of many commercial banks with high-leveraged operation especially in the EU and caused a systemic risk and sudden credit contraction in the EU inter-bank market in August 2007. This credit contraction continued and was keeping the cash flow so tight in the commercial banks as well as investment banks, which forced them to sell off more securitized products in order to better their balance sheet, which is so-called deleverage action. The negative spiral between the price crash of securitized products and the credit contraction finally forced the Lehman Brothers Holdings Inc. to go bankrupt with historically enormous amount of liabilities.

In the process of the subprime financial crisis, more than 450 financial institutions including commercial banks collapsed in the US from 2007 to 2012.

The Overstock and Its Dissolution under Depression

SHIOMI, Yuri
(Univ. of Tokyo, Graduate Student)

Key words:
depression, overstock, idle equipment

Summary:
This article aims to clarify the process that the economic depression is brought to an end. Many studies on Marxian political economy provided the various theories about economic crisis and business cycle, but they often focused on phases of boom and crisis mainly. And, compared it, phases of depression and recovery has been taken less notice. For a grasp of whole business cycle mechanism, we have to get the theory of the phase less attended. On this study, I shall draw the theory of the process of depression and economic recovery by featuring the idea of 'overstock' held by industrial capital.

We take two steps for our research. The first step is to give a definition of idea 'depression.' We should distinguish the depressive phase from not only the prosperous and boom phase, that is expanded process, but also the crisis phase, that is sudden and sharp shrinking period. And, if we use the word 'depression' as a stationary period, we can find the most important factor that causes our 'depression' in various phenomena on post-crisis phase. It is 'overstock' that we consider in our second step of research.

The idea of overstock does not mean simple oversupply to demand. Its excessiveness is an excess of commodity capital to money capital needed to keep the full operation of productive capital. Such overstock that implies idle equipment hinders positive accumulation by two aspects. One is that the idleness of fixed capital cause lower profit rate so capitalist has to dissolve overstock, and it also means to dissolve idle equipment, rather than to resume accumulation. The other is that the fact having idle equipment shows a lack of operating funds. If capitalist with overstock resumes accumulation at the time, it is obvious that he will soon face to additional idleness. Therefore, overstock is given the highest priority to deal by industrial capitalist under depression.

In the last section, we consider how capitalists dissolve overstock and prepare capital accumulation during depression. For the dissolution, capitalists need money as operating funds. And they can get it through selling their overstocked commodities. Whether the economic condition is prosperous or not, industrious capital needs to keep operating his productive capital. It means there is the lowest and fundamental limit of selling commodities that are needed for keeping production even if during a depressive period. Selling the commodities and getting money, the capitalist use it to produce the commodity that implies purchase the materials from other capitalists. Under such chain process, we can see the recovery of the standard of prices, profit rates, and operation of credit system.

【刊行趣意】

本誌は社会的・歴史的視野をもった経済学の理論の発展に貢献することを目的とした季刊ジャーナルとして，経済理論学会によって刊行されます。

取り扱う領域は，狭義の経済理論だけでなく，近・現代の経済および経済政策の分析，現代資本主義の理論，社会主義その他のオルターナティヴの検討，政治経済学・社会経済学の新領域，古典的理論の再検討などを含みます。

本誌は経済理論学会が1961年以来刊行してきた『経済理論学会年報』を引き継ぐものですが，投稿資格は学会会員に限定されません。経済学における批判的な研究の公器として編集され，投稿された論文は厳正な学術的な審査のもとに採否が決定されます。本誌刊行の趣旨をご理解いただき，積極的な投稿，批評，また購読によってご支援くださるようお願いします。

【投稿規程】

❶ 本誌は厳格なレフェリー制度に基づき投稿を受け入れています。刊行の趣意に合致した投稿を歓迎します。
(a) 投稿は「論文」「研究ノート」の2つのカテゴリーで受け付けています。
(b) 投稿者は経済理論学会会員に限りません。非会員の投稿も会員のものとまったく同じ手続きで審査され，掲載されます。
(c) 匿名，あるいは組織名での投稿は受理しません。
(d) 受け付ける原稿は，未公刊のものに限りますが，口頭発表，コンファレンス・ペーパー，ディスカッション・ペーパーの類は，未公刊とみなします。
(e) 他雑誌との重複投稿等は絶対におやめください。

❷ 投稿は日本語によるものを原則とします。それ以外の言語の場合には，その都度，編集委員会でその取り扱いを判断します。

❸ 「研究ノート」は，興味深い論点の簡潔な解明やサーベイ，有益な資料紹介や研究ガイドなどを内容とするものです。

❹ 投稿はカテゴリーごとに以下の字数の上限を設けており，上限を超えた投稿は受理しません。なお上限には，図表・参照文献などを含みます。
(a) 「論文」：日本語24,000字，英語12,000words
(b) 「研究ノート」：日本語12,000字，英語6,000words

❺ 投稿に際しては，次の提出物を投稿受付窓口（後掲：桜井書店）にお送りください。
(1) A4判横書きで明瞭に作成した投稿論文正本1部（日本語の場合は1ページ35字×30行，英語の場合は1ページ約500words程度），(2) 審査用副本3部，(3) 正本・副本の電子ファイル（1枚のCD-Rに収めてください），(4) 論文要旨4部。なお，正本には，氏名，所属，郵送先，電話番号，e-mailアドレスを付記してください。

❻ 審査用副本はレフェリー審査のため執筆者が特定されるような記載を削除した原稿です。本文や注での執筆者の別の論文への言及や文献リストも含めて，執筆者の特定につながるものはすべて削除してください。上記に該当する恐れのある箇所は，編集委員会で点検し，削除させていただくことがあります。

❼ 論文要旨は，冒頭に投稿論文のキーワードを3つ記載し，本文800字～1,000字（英語の場合は400～500words）の範囲で，無記名で作成してください。また，審査用副本と同様，執筆者が特定されるような記述を含まないようにしてください。

❽ 投稿は随時受け付けますが，編集委員会では，事務の都合上，3月，6月，9月，12月の各10日前後を実質的締め切りとし，それまでの到着分を一括してレフェリー審査を行っています。投稿者には，原稿が到着した時点で受け取った旨通知します。

❾ 受取通知から概ね3か月で審査結果をお知らせします。審査がながびく場合にも，その頃に通知します。
(a) 「そのまま掲載可」の場合または「わずかな手直しで掲載可」となった場合は，「改善要望」と「提出原稿作成の手引き」を送付しますので，これにしたがって，電子ファイルとハードコピーで原稿を再提出してください。

また，その際に，英語によるタイトル，著者名のローマ字表記，英文キーワード3点，英文サマリー（論文は300words～600words，研究ノートは200words～400words）を付してください。掲載号は，編集委員会が決定します。掲載には受取通知から最短で7か月を要します。
(b) 「継続審査」扱いとして，「改善要望」と期限を伝える場合もありますが，これは期限内に改善された原稿が再提出された場合，前回と同じ基準で再審査を行い採否を決定するもので，掲載を確約するわけではありません。

❿ 掲載が決定された場合，その原稿の著作権を経済理論学会に委譲してください。本誌の印刷の際に使用した電子ファイル，抜き刷りの代わりになる電子ファイル等は，原則として執筆者ご本人からの要求であってもお渡しすることはできません。ただし，原著者の著作権使用の申し出については，所定の基準・手続きによって無償で許可します。詳しくは経済理論学会ホームページの「機関誌」「投稿案内」を参照してください。

⓫ 希望により所定額（10,000円）で抜刷り30部を作成します。

⓬ 経済理論学会の会員でない著者からは，投稿時に投稿料5,000円，掲載号刊行時に掲載料5,000円を徴収します。

（2018年1月27日改訂）

投稿宛先
『季刊 経済理論』事務局
〒113-0033　東京都文京区本郷1-5-17 三洋ビル16
桜井書店気付
電話 03 (5803) 7353　　fax 03 (5803) 7356
e-mail　sakurai@sakurai-shoten.com

編集後記

■本号は昨年10月28〜29日にかけて中央大学多摩キャンパスにて開催された経済理論学会第65回大会の特集号です。勢力の強い台風22号が関東地方に接近していましたが，全国から200名を超える会員が集い，共通論題および22の分科会で白熱した議論を闘わせました。

■第65回大会の共通論題は「『資本論』150年・『帝国主義論』100年と資本主義批判」でした。第64回大会の共通論題は「21世紀の世界とマルクス：『資本論』150年を迎えるにあたって」でした。そこで深められた資本主義一般の理解に，資本主義の発展段階を説いた『帝国主義論』の意義を付け加えることによって，現代のグローバリゼーションを批判するのが今大会の目的だったように思います。共通論題での3報告とも金融資本と蓄積の関係を論じており，その関係がどのように変化してきたのか，2007-2008年の危機をどのように理解すべきかという問いに対して，それぞれの立場からマルクス経済学を発展させた報告でした。参加者を交えた討論においても活発な意見交換が行われました。奨励賞は柴崎慎也会員と薗田竜之介会員に授与されました。ラウトレッジ国際賞はニューヨーク市立大学のD.ハーヴェイ教授に授与され，記念講演が行われました。教授のご都合により，講演要約を本号に収録できなかったのは非常に残念です。

■われわれは危機後の経済を分析するための新しい視座を探し求めているわけですが，そうした動きは主流派経済学においても生じています。今年，*Oxford Review of Economic Policy*誌は「Rebuilding Macroeconomic Theory」という特集を組みました(Vol. 34, Issue 1-2)。Blanchard, Krugman, Stiglitzなどの錚々たる経済学者が寄稿し，従来の理論の不適切さやマクロモデルの将来について論じています。マルクスが，古典派経済学についてはもちろんのこと，自らが批判・否定しようとする立場の人々の考え方や理論についても極めて深い知識を持っていたことには驚かされます。マルクスの時代以上に複雑さを増している今日，マルクスを活かしつつ現代世界を理解するには，マルクス経済学以外のわれわれが批判・否定しようとする経済学の変化を深く知ることも必要ではないでしょうか。彼らが主流派なのですから，さもなければ我々は「井の中の蛙」になりかねません。主流派経済学も転換期に差し掛かっています。私は，彼らの動向にも関心を払っていきたいと思っています。

■昨年12月から編集委員長に就任しました。委員長としてまだ日が浅く，右往左往する日々が続いています。第1号の編集に際して多くの方々にご協力を賜りました。改めてお世話になった学会員に御礼申し上げるとともに，こうした仕事を陰ながら行ってきた歴代の編集委員長に敬意を表します。今後ともよろしくお願い申し上げます。

（黒瀬一弘）

○編集委員会
明石英人，黒瀬一弘，佐々木啓明，佐々木隆治，
渋井康弘，薗田竜之介，新田滋，安田均，
山下裕歩，結城剛志

○本号編集担当
黒瀬一弘

○編集委員長
黒瀬一弘
〒980-8576
仙台市青葉区川内27-1
東北大学大学院経済学研究科
電話022-795-6284（研究室直通）
kazuhirokurose@tohoku.ac.jp

○副委員長
新田 滋
〒214-8580
川崎市多摩区東三田2-1-1
専修大学経済学部
電話044-911-1043（研究室直通）
nittashigeru@gmail.com

ISSN 1882-5184

季刊
経済理論

第55巻 第1号
『資本論』150年・『帝国主義論』
100年と資本主義批判

2018年4月20日発行

編集・発行
経済理論学会
代表幹事 河村哲二
URL http://www.jspe.gr.jp/

経済理論学会事務局
〒176-8534　東京都練馬区豊玉上1-26-1
武蔵大学経済学部　清水 敦研究室内
電話03-5984-3781（研究室直通）
e-mail secretariat@jspe.gr.jp

発売
株式会社 **桜井書店**
〒113-0033 東京都文京区本郷1-5-17　三洋ビル16
電話03-5803-7353　FAX 03-5803-7356
URL http://www.sakurai-shoten.com/

ブックデザイン
鈴木一誌＋下田麻亜也

印刷・製本
株式会社 **三陽社**

ⓒ Japan Society of Political Economy,
2018 Printed in Japan
ISBN978-4-905261-88-9

定価は表紙に表示してあります。
本誌の無断複写（コピー）は著作権法上での例外を除き，禁じられています。
落丁本・乱丁本はお取り替えします。